Frank Adloff, Volker M. Heins (Hg.)
Konvivialismus. Eine Debatte



X T E X T E

X T E X T E

Das vermeintliche »Ende der Geschichte« hat sich längst vielmehr als ein Ende der Gewissheiten entpuppt. Mehr denn je stellt sich nicht nur die Frage nach der jeweiligen »Generation X«. Jenseits solcher populären Figuren ist auch die Wissenschaft gefordert, ihren Beitrag zu einer anspruchsvollen Zeitdiagnose zu leisten. Die Reihe X-TEXTE widmet sich dieser Aufgabe und bietet ein Forum für ein Denken ›für und wider die Zeit‹. Die hier versammelten Essays dechiffrieren unsere Gegenwart jenseits vereinfachender Formeln und Orakel. Sie verbinden sensible Beobachtungen mit scharfer Analyse und präsentieren beides in einer angenehm lesbaren Form.

Denken für und wider die Zeit

Frank Adloff, Volker M. Heins (Hg.)

# Konvivialismus. Eine Debatte

[transcript]

Dieser Band bezieht sich auf den im September 2014 erschienenen Titel Les Convivialistes: »Das konvivialistische Manifest. Für eine neue Kunst des Zusammenlebens« (herausgegeben von Frank Adloff und Claus Leggewie in Zusammenarbeit mit dem Käte Hamburger Kolleg / Centre for Global Cooperation Research Duisburg, übersetzt aus dem Französischen von Eva Moldenhauer).
Das »Manifest« gibt es auch als Open-Access-Version unter:
*www.diekonvivialisten.de*

**Bibliografische Information der Deutschen Nationalbibliothek**
Die Deutsche Nationalbibliothek verzeichnet diese Publikation in der Deutschen Nationalbibliografie; detaillierte bibliografische Daten sind im Internet über http://dnb.d-nb.de abrufbar.



Umschlaggestaltung: Kordula Röckenhaus, Bielefeld
Satz: Justine Haida, Bielefeld
Printed in Germany
Print-ISBN 978-3-8376-3184-5
PDF-ISBN 978-3-8394-3184-9
EPUB-ISBN 978-3-7328-3184-5

Gedruckt auf alterungsbeständigem Papier mit chlorfrei gebleichtem Zellstoff.
Besuchen Sie uns im Internet: *http://www.transcript-verlag.de*
Bitte fordern Sie unser Gesamtverzeichnis und andere Broschüren an unter: *info@transcript-verlag.de*

# Inhalt


**Einleitung**
Was könnte Konvivialismus sein?
Frank Adloff, Volker M. Heins | 9

## Demokratie, Politik und Staat

**Wer kann dazu schon »nein« sagen?**
Oder: die Grenzen der Demokratie
Dirk Jörke | 23

**Taking politics seriously**
Gedanken zu einer republikanischen Bürgersolidarität
Danny Michelsen, Franz Walter | 33

**Soll der Staat ein gesetzliches Maximaleinkommen festlegen?**
Volker M. Heins | 45

## Zivilgesellschaft

**Zivilgesellschaft und Engagement konvivialistisch gedacht**
Dritte Arena oder neuer Weg?
Rupert Graf Strachwitz | 59

**Immer im Takt bleiben?**
Zu einer konvivialistischen Affektpolitik
Frank Adloff | 71

**Engagement und Beteiligung**
Das konvivialistische Manifest als Anstoß zu ihrer Neuverschränkung
Adalbert Evers | 85

## Ökonomie

**Konvivialität und *Degrowth***
Zur Rolle von Technologie in der Gesellschaft
Andrea Vetter, Benjamin Best | 101

**Wofür wollen wir wirtschaften?**
Solidarisch-kritische Reflexionen zum konvivialistischen Manifest
Christian Felber | 113

**Kubanische Genossenschaften zwischen Sozialismus und Marktwirtschaft**
Kooperativ und konvivial?
Heike Walk | 121

**Commoning**
Zur Kon-struktion einer konvivialen Gesellschaft
Britta Acksel, Johannes Euler, Leslie Gauditz, Silke Helfrich, Brigitte Kratzwald, Stefan Meretz, Flavio Stein, Stefan Tuschen | 133

## Kultur

**Religion und das konvivialistische Manifest**
Micha Brumlik | 149

**»Nichts geht ohne Leidenschaften?«**
Zur Mobilisierung von Affekten im konvivialistischen Manifest
Christine Unrau | 157

**Konvivialismus als Kunst und Komplexität als Erfahrung**
Sacha Kagan | 167

**Konvivialistische Kunst?**
Über das freundschaftliche Zusammenleben im urbanen Raum
Gesa Ziemer | 179

## Identitäten, Klassen und Sozialpolitik

**It's the middle class, stupid**
(Post-)Wachstum, Ungleichheit, Lebensqualität
Steffen Mau | 193

**Konviviale Integration in postmigrantischen Gesellschaften**
Naika Foroutan | 205

**Von der Strukturanalyse zur Morallehre – und zurück**
Für eine neue Ökonomie des Zusammenlebens
Stephan Lessenich | 217

## Konvivialität international

**Konvivialismus und Multikultur**
Postkoloniale Reflexionen
Ina Kerner | 227

**Konvivialismus als neuer Internationalismus**
Claus Leggewie | 237

**Was tun? Zur politischen Verantwortung der Wissenschaft im Zeitalter der Economentalität**
Henning Hahn | 249

**Autorinnen und Autoren** | 259

# Einleitung

## Was könnte Konvivialismus sein?

*Frank Adloff, Volker M. Heins*

Wer eine literarische Beschreibung dessen sucht, was Konvivialität sein könnte, findet sie in Stefan Zweigs Schilderungen der »individuellen Freiheit« und der »wunderbar weisen Unbekümmertheit« des Alltagslebens in Paris vor dem Ersten Weltkrieg: »Es gab keinen Zwang, man konnte sprechen, denken, lachen, schimpfen, wie man wollte, jeder lebte, wie es ihm gefiel, gesellig oder allein, verschwenderisch oder sparsam, luxuriös oder bohèmehaft, es war für jede Sonderheit Raum und gesorgt für alle Möglichkeiten. [...] Paris kannte nur ein Nebeneinander der Gegensätze, kein Oben und Unten« (Zweig 1970: 153, 155). Das Leben mag sich geändert haben, aber das Wort *convivialité* ist heute im Französischen durchaus gebräuchlich und hat sich auch im Englischen als gängiges Fremdwort sowie neuerdings auch als Fachbegriff in Diskussionen über das Zusammenleben in Einwanderungsgesellschaften etabliert.[1] Die Wortschöpfung geht zurück auf den Politiker und Gastronom Jean Anthelme Brillat-Savarin und sein Buch »Physiologie du goût« (1825). Brillat-Savarin, der heute als ein früher Ernährungsexperte und eindringlicher Warner vor den Gefahren der Fettleibigkeit gilt, verstand unter Konvivialität die Situation, die sich oft bei Tisch ergibt, wenn unterschiedliche Leute über einer guten langen Mahlzeit einander näher kommen und in angeregten Gesprächen die Zeit verfliegt. Dieser gemeinsame Bezug auf Dinge und Werkzeuge, der das Verhältnis der Menschen zueinander verwandelt und befördert, liegt auch Ivan Illichs »Tools for Conviviality« (1973) zugrunde, einem Klassiker der Sozialkritik und der politischen Ökologie. Ausgehend von Illich hat der Begriff der Konvivialität später Eingang gefunden in andere Debatten, etwa in die britische Diskussion um den Multikulturalismus (vgl. Gilroy 2004).

Das konvivialistische Manifest einer Gruppe von französischsprachigen Intellektuellen um den Soziologen Alain Caillé geht über die bisherigen Verwen-

**1** | Vgl. etwa das Schwerpunktheft zum Thema »conviviality« des European Journal of Cultural Studies, Vol. 17, Nr. 4, August 2014.

dungsweisen hinaus, indem es aus der Konvivialität einen »Ismus« macht. Aus einem Attribut sozialer Beziehungen, das am Beispiel munterer Tischgesellschaften – einer säkularisierten Version des Urbilds vom christlichen Abendmahl – gewonnen wurde, wird etwas Neues: eine moralische Überzeugung, eine transformatorische »Kunst des Zusammenlebens« und eine »Minimaldoktrin« (S. 47), die in Konkurrenz tritt zu den großen politischen Ideologien des 20. Jahrhunderts.[2]

Während der Begriff der Konvivialität eine Praxis des Zusammenlebens bezeichnet, die offenkundig wertgeschätzt wird, macht der »Ismus« deutlich, dass es auf einer theoretischen Ebene um die Systematisierung einer sozial- und politiktheoretischen Perspektive gehen muss (vgl. auch die ähnlich gelagerte Differenz zwischen den Begriffen »liberal« und »Liberalismus«). Die Nähe zum Begriff der Zivilgesellschaft liegt dabei auf der Hand: Dieser beschreibt ja nicht nur eine Praxis der freiwilligen Assoziation, sondern zeichnet diese auch mit dem Attribut der Zivilität normativ aus und verweist darüber hinaus auf ein utopisches Projekt der Selbstregierung (vgl. Adloff 2005). Der Fokus ist somit ein doppelter: Wir können uns mit dem Konvivialismus als sozialwissenschaftlicher oder politischer Idee einerseits und mit der Konvivialität als gelebter Praxis andererseits befassen, wobei sich die wichtige Frage stellt, wie beide Ebenen miteinander zusammenhängen.

Die starke Resonanz des Manifests, das inzwischen von einer Vielzahl von prominenten Intellektuellen unterzeichnet worden ist (unter anderen von Jeffrey Alexander, Luc Boltanski, Axel Honneth, Eva Illouz, Hans Joas und Chantal Mouffe), greift diese Doppelperspektive auf und hat den Konvivialismus endgültig zu einem publikumswirksamen Slogan gemacht. Hinzu kommt, und dies ist für die Frage nach der politischen Wirkung des Texts besonders relevant, dass das Manifest auch von vielen zivilgesellschaftlichen Organisationen und Initiativen in Frankreich diskutiert und unterzeichnet wurde.[3]

---

**2** | Seitenzahlen ohne weitere Quellenangaben beziehen sich hier und im Verlauf des gesamten Buches auf folgenden Text: Das konvivialistische Manifest. Für eine neue Kunst des Zusammenlebens, hg. Frank Adloff und Claus Leggewie in Zusammenarbeit mit dem Käte Hamburger Kolleg/Centre for Global Cooperation Research Duisburg, Bielefeld: transcript 2014. Die deutsche Fassung des Manifests ist zudem online verfügbar unter: www.diekonvivialisten.de

**3** | Die wichtigste Entwicklung im Bereich der Zivilgesellschaft war dabei die Überwindung von lange bestehenden inhaltlichen Differenzen und dann im Oktober 2013 die Gründung des organisatorischen Daches Les Etats généraux du pouvoir citoyen durch Le Pacte civique, le collectif Roosevelt, le movement des Colibris, ATTAC und die Gruppe Dialogues en humanités. Aktuell wird der Name des Dachverbands geändert in Mouvement convivialiste pour le bien vivre. Und die Dialogues en humanité nennen

Das Ziel einer Beschäftigung mit Konvivialismus als einer Idee einerseits und einer praktischen Bewegung andererseits könnte gerade in der Identifikation von übergeordneten gesellschaftlichen Problemen und neuen Leitideen des Wandels bestehen. Schließlich müsste es im Sinne des Manifests darauf ankommen, Wissenschaft, praktische konviviale Experimente und zivilgesellschaftliche Akteure miteinander zu vernetzen. Denn nur eine Forschung mit (statt über) konvivialen Initiativen kann zu neuen relevanten Einsichten und Entwicklungschancen beitragen. Damit steht nicht nur die Frage nach dem Praktischwerden von Wissenschaft im Raum, sondern auch die sozial- und politiktheoretische Reflexion auf Bedingungen und Möglichkeiten von Konvivialität, und somit auch die Frage nach dem Verhältnis von empirischen Sozialwissenschaften und normativen Debatten (die klassische Problemlage der kritischen Theorie wird hier nicht zufällig implizit aufgerufen).

Das Ziel der Konvivialisten ist eine Gesellschaft, in der Individuen, Gruppen und Gemeinwesen auf neue Art und Weise miteinander verbunden sind, einander in ihrer Unterschiedlichkeit achten und dabei zum Wohle aller kooperieren. Konvivialität ist mehr als das, was Hobbes als »complaisance« bezeichnet hat, das heißt die Bereitschaft zum mechanischen »Entgegenkommen« und zur wechselseigen Anpassung aneinander (Hobbes 1996: 127). Vielmehr glauben die Konvivialisten an moralischen Forschritt, verstanden als umfassende, nicht nur quantitative Verbesserung der materiellen Lebensverhältnisse bei gleichzeitiger Verfeinerung der Umgangsformen. Moralischer Fortschritt ist möglich, weil sich die Einzelnen im Medium von Kooperation und wechselseitiger Sympathie gemeinsam entwickeln und außerhalb eines solchen Zusammenhangs gar nicht gedacht werden könnten. Das Manifest spricht in diesem Zusammenhang von der Existenz einer geteilten Form des Anstands (»common decency«, S. 66). Dieser Ausdruck George Orwells, den der politische Philosoph Jean-Claude Michéa (2014 [2007]) erneut in die Debatte eingeführt hat, verweist auf die Vorstellung, dass Menschen nicht primär rationale Egoisten sind, sondern eine psychologische und kulturelle Disposition zu Großzügigkeit und Solidarität zeigen, auf der die normativen Strukturen von Politik und Gesellschaft gründen können.

Während diese Ideen alles andere als Aufsehen erregend oder skandalös sind, dürften zwei Faktoren die Debatte befeuern.

Erstens der zusammengesetzte und vieldeutige Charakters des Manifests, dem man ansieht, dass viele Köchinnen und Köche ihre geistigen Zutaten beigesteuert haben. So signalisiert das Manifest zum Beispiel eine gewisse EU-Skepsis, wenn es die ökonomische und monetäre Integration als »unbedacht« kritisiert und vage für eine Politik der »Reterritorialisierung« eintritt (S. 73,

sich in Dialogues convivialistes en humanité um. Übersetzungen des Manifests liegen derzeit auf Deutsch, Englisch, Italienisch und Portugiesisch vor.

76f.). Diese Skepsis gegenüber dem bürokratischen Kontinentalismus und den Großmachtphantasien, die das EU-Projekt antreiben, speist sich aus einer Wertschätzung jener mediterranen Kultur der Einfachheit, des Maßes und der regionalen Verbundenheit, die die Literaturkritikerin Iris Radisch (2013) jüngst im Werk und Leben von Albert Camus freigelegt hat. Schon Camus stellt der Besinnung auf den Wert des Maßes die potenzielle Selbstvernichtung der Menschheit gegenüber – ein Topos, der auch das sozialökologische Denken seit seinen Anfängen begleitet, sei es mit Blick auf eine mögliche atomare Selbstvernichtung, sei es aktuell angesichts der globalen Erderwärmung. Doch kann das Maß für Camus nicht einfach reaktiviert werden, es ist nicht nur eine bürgerliche Tugend, es muss erkämpft werden: »Das Maß ist nicht das Gegenteil der Revolte. Die Revolte ist das Maß, sie befiehlt es, verteidigt es und erschafft es neu durch die Geschichte und ihre Wirren hindurch« (Camus 2003: 339). Die Denkfiguren und Narrative dieser *pensée méditerranée* haben freilich, wie der englische Kritiker Malcolm Bull (2014) mit Hinweisen auf Ezra Pound und andere Figuren aus dem Umkreis des italienischen Faschismus gezeigt hat, ihrerseits eine zwiespältige Geschichte. Das »mediterrane« oder »lateinische« Denken wurden nicht nur, wie bei Camus, gegen das barbarische und maßlose Deutschland der Vergangenheit mobilisiert, sondern auch gegen die Juden, Amerika und den Westen. Neuerdings hat Giorgio Agamben dieses Vokabular ein weiteres Mal gegen Deutschland aufgerufen (vgl. Assheuer 2013). Das Manifest ist, so kann man es zugespitzt formulieren, politisch polymorph.

Dafür spricht auch, dass man aus dem Konvivialismus einen versteckten Imperativ herauslesen könnte, sich nicht von der Gesellschaft abzuwenden oder sich aus ihr zurückzuziehen. In diesem Sinne hat Maximilian Steinbeis (2014) das französische Burkaverbot als eine illiberale »Verpflichtung zur Geselligkeit« kritisiert. Einer solchen Verpflichtung widerspricht freilich die Aussage, der Konvivialismus sei ein »Pluriversalismus« und überwinde die homogene Nationalgesellschaft zugunsten einer Politik der Entfaltung von »Vielfalt« (S. 42, 58). Hier liegt denn auch die Differenz zu einer – manchen noch wohlvertrauten – Debatte um die Frage, wie viel Gemeinschaft moderne Gesellschaften benötigen: die sog. Kommunitarismusdebatte der 1990er Jahre, die ihren Ausgang in den USA nahm (vgl. Honneth 1993). Dort wurde genauso wie im Manifest der neoliberale Ellenbogenkapitalismus kritisiert, doch bestand das Gegenrezept hauptsächlich darin, Gemeinschaftsbildungen fördern zu wollen, um Desintegration, Hyper-Individualisierung und Entsolidarisierung Einhalt zu gebieten. Das Manifest geht über diesen Zugang hinaus: Es bezweifelt nicht, dass Menschen Gemeinschaftsbezüge brauchen und diese auch immer wieder herstellen, doch fragt es nicht primär danach, was im Innern von Gemeinschaften passiert (oder passieren sollte), sondern wie unterschiedliche Gemeinschaften wechselseitig zueinander stehen können oder sollen. Also nicht Verhältnisse von Vertrautheit, sondern der Umgang unter Fremden wird zum Ausgangspunkt der Überlegungen gemacht: Wie zusammenleben, ohne sich gegenseitig zu schaden? Der Pluralismus und Individualismus der Moderne ist dem Konvivialismus viel stärker eingeschrieben als dem Kommunitarismus. So kann zum Beispiel normativ gefragt werden, ob ein Unternehmen, eine Großstadt, eine internationale NGO oder ein Amt konvivial organisiert ist, während es wohl kaum sinnvoll wäre, die vier Beispiele nur zu ihren gemeinschaftsstiftenden Effekten zu befragen.

Zweitens versuchen die Initiatoren des Manifests, die Motive von verschiedenen Protestbewegungen und eine Vielzahl sozialer Trends in sich aufzunehmen und auf einen gemeinsamen Nenner zu bringen. Daraus ergeben sich wichtige Fragen: Wer sind die sozialen Träger des Konvivialismus, welche Erfahrungen motivieren sie, was sind die politischen und gesellschaftlichen Ziele, die in der »Minimaldoktrin« niedergelegt sind, und welche Hindernisse stehen einer neuen Kunst des Zusammenlebens im Weg? In diesem Zusammenhang ist auch zu debattieren, welche Funktion der Begriff des Konvivialismus selbst übernehmen könnte. Um einflussreich zu werden, muss er mehr sein als nur ein moralistischer Appell und eine Chiffre für das gute Leben. Geht man davon aus, dass Begriffe wie Wachstum, Entwicklung, Leistung und Wettbewerb Leitmetaphern darstellen, die in verschiedensten sozialen Feldern (Wirtschaft, Politik, Wissenschaft, Bildung, Lebenswelt, Medien und Kultur) zeitgenössischer Gesellschaften Resonanz finden, dann geht es um nicht weniger als die Etablierung einer neuen, alternativen Metametapher. Konvivialismus als Konzept will einen begrifflichen Rahmen all denjenigen anbieten, die mit der Idee des guten Lebens mehr und anderes verbinden als die Früchte von Siegen im Status- und Konkurrenzkampf. Zumal diese Früchte ohnehin immer höher hängen, wenn man nur daran denkt, unter welchem Druck die Mittelschichten heute bereits stehen, um von den Schichten darunter erst gar nicht zu sprechen (vgl. Mau 2012; Bude 2014). Es sei nur an die zunehmende berufliche Prekarität der Mittelschichten erinnert oder an die extreme Zuspitzung von Vermögensungleichheiten.

Konvivialismus als Leitidee des Maßes und der Selbstbeschränkung dürfte, wenn sie denn erfolgversprechend sein soll, nicht nur negativ als Verzichtszumutung verstanden werden, sondern müsste gerade als positiver Leitbegriff in den Mittelschichten und über diese hinaus Resonanz finden. Der Konvivialismus kann nur verfangen, wenn er zeigen kann, dass mit ihm gerade diese Schichten symbolisch und materiell gewinnen könnten (vgl. Caillé 2014). Deren Mitglieder müssten freilich erkennen, dass erstens die Postwachstumsgesellschaft ohnehin auf uns zukommt und es zweitens dann besser wäre, auf Egalitarismus und Gelassenheit statt auf immer schärfere Statuskämpfe zu setzen. Dafür stehen derzeit die Zeichen besser denn je. Konvivialismus ist allerdings noch weit davon entfernt, ein Denken in der klar konturierten Alternative zu fördern: Entweder Wachstum und Wettbewerb oder Konvivialität?

Das Manifest steckt voller Hinweise auf soziale Bewegungen und kulturelle Impulse unseres noch jungen Jahrhunderts. Die Bewegungen, auf die angespielt wird, streiten für die Regulierung des Finanzkapitalismus, für neue Menschenrechte des digitalen Zeitalters, für nachhaltige Landwirtschaft, religiösen Dialog, neue Ansätze der globalen Armutsbekämpfung und die Reterritorialisierung politischer Entscheidungsvollmachten. Ferner knüpft der Konvivialismus an starke Indizien an, die in den fortgeschrittenen Gesellschaften der Gegenwart auf einen moralischen Fortschritt in der alltäglichen Organisation des Zusammenlebens hindeuten. Diese Indizien zeigen sich in einer Reihe von sozialen Beziehungen: zwischen Mehrheitsgesellschaften und Minderheiten, zwischen den Geschlechtern, zwischen Eltern und Kindern und sogar zwischen Menschen und Tieren.

Nicht in allen, aber doch in einigen westlichen Nationen verzeichnen wir seit mehreren Jahrzehnten einen starken Rückgang rassistischer Einstellungen und Praktiken sowie eine entsprechende Stärkung des Bewusstseins innerhalb von ethnisch-religiösen Minderheiten und Einwanderergruppen, zur Gesellschaft dazuzugehören (vgl. Heins 2013: 20). Ebenso erleben wir einen Schwund homophober Haltungen und eine Rücknahme entsprechender Gesetze, jedenfalls in Westeuropa und Nordamerika; eine langsame, aber doch nachweisbare Unterwanderung traditionell männlicher Dominanz sowie ein verbessertes Eltern-Kind-Verhältnis, das sich unter anderem im Sinn für die Rechte von Kindern, dem Rechtsanspruch auf gewaltfreie Erziehung sowie darin zeigt, dass heranwachsende Kinder länger bei ihren Eltern wohnen bleiben möchten.

Von großer kultureller Bedeutung ist ferner die Tatsache, dass die evolutionäre Anthropologie manche Verhaltensähnlichkeiten zwischen Menschen und einigen Primaten entdeckt. Die metaphorische Ähnlichkeit mit Wölfen, Füchsen und Löwen, die die klassische politische Theorie zum Ausgangspunkt ihrer Staatskonstruktionen machte, wird abgelöst durch neue Einsichten in unsere buchstäbliche Verwandtschaft mit einigen Tieren und die Idee, dass der Mensch des Menschen Affe sein könnte.[4] Menschenbilder entfalten durchaus eine performative Kraft; man kann auch zugespitzt sagen, dass Anthropologien wie selbsterfüllende Prophezeiungen wirken können, da sie ihren Gegenstand nicht einfach nur neutral beschreiben, sondern ihn geradezu hervorbringen. Deshalb ist es nicht irrelevant, dass Empathie, Kooperationsfähigkeit und Fairnesseinstellungen gerade von den Wissenschaften entdeckt werden,

---

**4** | In der indischen Hauptstadt Neu-Delhi werden Makaken, kleine flinke Affen mit kräftigen Körpern, die auf manchen öffentlichen Plätzen zu einer regelrechten Plage geworden sind, nicht mehr getötet, sondern durch städtische Angestellte verscheucht, die gekonnt die Schreie und Bewegungen von Languren, einer größeren Primatenart, nachahmen.

die noch vor wenigen Jahren den Egoismus des Menschen herausstellten (vgl. Tomasello 2014).

Dass alle diese Trends auch gegenläufige oder paradoxe Entwicklungen freisetzen, bedeutet nicht, dass sie nicht Fortschritte darstellen und ein Versprechen für die Kunst des Zusammenlebens enthalten (vgl. Hartmann/Honneth 2004). Noch wichtiger ist, dass der Konvivialismus über andere Stichworte der aktuellen Gesellschaftskritik hinausgeht. Das propagierte »con-vivere« des Manifests bedeutet nicht nur Toleranz, Kommunikation oder Anerkennung, sondern in erster Linie »Zusammenarbeit« (S. 47). Das Manifest verschiebt die Aufmerksamkeit von Haltungen auf Handlungen und auf die beiden Begriffe der »Kooperation« und der »Zugehörigkeit« (S. 59). Diese Begriffe bilden den Grundstock eines politischen Vokabulars, das die Artikulation der Gemeinsamkeiten einer Reihe neuerer sozialer und kultureller Entwicklungen erleichtern soll. Dabei steht Marcel Mauss (vermittelt über Alain Caillé) für die Gedankenfigur Pate, dass es Kooperation auch unter Fremden geben kann, die nur in geringem Maße über einen gemeinsamen Werte- und Normenkanon verfügen. Kooperation kann also aus sich heraus entstehen und bedarf längst nicht immer vorgängiger Gemeinsamkeiten (vgl. Adloff 2013). Mauss beschrieb zum Beispiel, wie der Austausch von Gaben zwischen Gruppen von Menschen diese zu Verbündeten macht, ohne ihre prinzipielle Agonalität, d.h. ihre kämpferische Auseinandersetzung aufzuheben. In der agonalen Gabe – also in einer Form von Praxis – erkennen sich Menschen als Menschen gegenseitig an und bestätigen sich wechselseitig ihrer Wertschätzung. Der Konvivialismus greift diesen Gedanken auf und betont, dass allein die Anerkennung einer gemeinsamen Menschheit und einer allen gemeinsamen Sozialität die Basis für ein konviviales globales Zusammenleben sein kann (S. 61). Flankiert wird dies durch zwei Gegenpole: die hohe Bedeutung von Individualität und die Tatsache, dass es immer Konflikte zwischen Menschen gab und geben wird; diese gilt es nicht abzuschaffen, sondern zu beherrschen.

In der Fokussierung auf Kooperation könnte der besondere Wert des Manifests liegen, dessen Diagnosen und Forderungen für sich genommen wenig Neues bieten. Das gilt insbesondere für die Forderung nach einer kontrollierten Rücknahme des Wirtschaftswachstums im Interesse einer qualitativen Verwandlung der Lebensverhältnisse – eine Idee, die zum Beispiel bereits Herbert Marcuse in seinem 1964 erstmals erschienenen Buch »One-Dimensional Man« ausbuchstabiert hat (vgl. Marcuse 1991: 248). Auch die Formel der »gesunden Gesellschaft« (S. 48), die den Auswüchsen des Neoliberalismus entgegengesetzt wird, stammt aus dem Umkreis der Frankfurter Schule und findet sich als Buchtitel in der Bibliographie von Erich Fromm (1956). Das Manifest macht sich angreifbar, wenn es sich auf Gedankenfiguren von Fromm, E. F. Schumacher (»Small is Beautiful«) oder Illich, aber implizit auch auf solche von frühen »Aussteigern« wie Henry David Thoreau oder Frühsozialisten wie Robert Owen bezieht. Denn über diese naiven Weltverbesserer und Sozialromantiker lächelt die an Marx und Adorno, an Weber, Foucault und Luhmann geschulte »liberale Ironikerin« (Rorty) ja nur. Dennoch bleibt abzuwarten, ob das Aufrufen eines älteren Humanismus nur als sozialromantische Naivität verbucht werden wird, oder ob auch produktiv an solche Traditionslinien angeknüpft werden kann.[5]

Nicht neu ist selbstverständlich auch der Alarmismus des Manifests, das nichts weniger als den Weltuntergang prophezeit, sollte sich das Publikum nicht rasch zum Konvivialismus bekennen (S. 45, 59). Wir glauben, dass der Konvivialismus auch dann ein sinnvolles Postulat ist, wenn man vom Alarmismus des Manifests Abstriche macht. Dieser Alarmismus ist nicht zuletzt deswegen fragwürdig, weil er eine einzige Quelle allen Übels beschwört, nämlich das Leitbild des *homo oeconomicus*, dem die Figur des Gaben tauschenden und damit konvivialen Subjekts gegenübergestellt wird. Hinzu kommt, dass das Manifest das Klischee vom aggressiven Kapitalismus der »angelsächsischen Welt« (S. 54) bedient. So gesehen ist der *homo oeconomicus* einerseits ein Popanz, hinter dem sich eine spezifisch französische Krisenwahrnehmung versteckt. Andererseits erscheinen in letzter Zeit auch in den USA Texte von etablierten Soziologen, die fragen, ob der Kapitalismus die nächsten Jahrzehnte überleben wird. Randall Collins (2014) geht davon aus, dass der globale Norden auf massive soziale Umwälzungen zusteuert, die durch die Massenarbeitslosigkeit der Mittelschichten hervorgerufen werden. Der technische Fortschritt im Bereich der Informationstechnologien werde die Mittelschichten in den nächsten 25-40 Jahren weitgehend arbeitslos machen, was den Kapitalismus als System gefährden würde.[6] Auch der britisch-amerikanische Soziologe Michael Mann (2014) betrachtet es als wahrscheinlich, dass die Eigentumsordnung des Kapitalismus die nächsten Jahrzehnte nicht überleben wird – starke Regulierungen und Verstaatlichungen sieht er als fast unausweichlich an. Krisenprognosen

**5** | Es ist doch jedenfalls bemerkenswert, in welchem Maße die demokratische Ermittlung von Kriterien der »Lebensqualität« heute sogar in die offizielle Politik Eingang findet. Unter dem Projekttitel »Gut leben – Lebensqualität in Deutschland« plant die Bundesregierung bis 2016 zahlreiche Veranstaltungen, um Wortmeldungen zu diesem Thema von allen Bevölkerungsgruppen einzusammeln und auszuwerten. Ähnliche Projekte gab es bereits auf städtischer Ebene in den USA, etwa in Jacksonville, Florida, oder Santa Cruz, Kalifornien.

**6** | Andere Wissenschaftler bestreiten allerdings, dass die neuen technologischen Prozesse primär die Mittelschichten treffen werden. Frey and Osborne (2013) halten in einem viel zitierten Artikel knapp die Hälfte aller gegenwärtigen Arbeitsplätze für potenziell gefährdet, argumentieren aber, dass vor allem die schlecht qualifizierten und schlecht bezahlten Jobs unter Druck geraten, während die Mittelschichten gut davonkommen.

mehren sich also nicht nur in Frankreich: Die kapitalistische Wachstumsgesellschaft scheint diesen Beobachtern zufolge durch interne sozialökonomische Prozesse und externe ökologische Folgen in die Zange genommen zu werden.

Dennoch ein Vorbehalt: Dass individuelle Nutzenmaximierung und die Herrschaft des Marktes alle Gefahren der Gegenwart erklären sollen, ist eine wenig überzeugende These. Die schlimmsten Feinde jeder Kunst des Zusammenlebens – nehmen wir: europäische Rassisten oder die barbarischen Gotteskrieger, die im Nahen Osten Jagd auf ganze Bevölkerungsgruppen machen – sind gewiss nicht auf individuelle wirtschaftliche Nutzenmaximierung aus. Auch Kriege sind in der Regel selbst für die Sieger in wirtschaftlicher Hinsicht ein Verlustgeschäft, wie bereits der britische Journalist Norman Angell (1910) noch vor dem Ersten Weltkrieg behauptet hatte. Dehumanisierende Ideologien sind nicht einfach auf utilitaristische Kalküle oder den verallgemeinerten Warentausch zurückzuführen. Man muss die eigenständige Logik und Wirkmächtigkeit von Ideologien und Weltbildern ernst nehmen. Zwar sind utilitaristische Einstellungen und dehumanisierende Typisierungen (als Frau, Jude, Ungläubiger, Schwarze usw.) gleichermaßen Ausdruck einer Anerkennungsvergessenheit (Honneth 2005), doch kann man nur erstere in einen Zusammenhang mit dem Warentausch im Kapitalismus setzen. Es gibt verschiedene Wege, die zur Verdinglichung und Missachtung anderer Menschen führen.

Schließlich irren sich die Autoren des Manifests, wenn sie nahelegen, dass Gesellschaften in dem Maße, wie sie sich wirtschaftlich öffnen und liberalisieren, ihre Solidaritätsreserven unterminieren und nur noch selbstzentrierte Ichlinge hervorbringen. Die Debatte um bürgerschaftliches Engagement und Sozialkapital hat in den letzten Jahren wenig Anlass zum Alarm gegeben. Tatsächlich zeigt auch eine neuere Bertelsmann-Studie, dass der gesellschaftliche Zusammenhalt in wirtschaftsliberal geprägten angelsächsischen Ländern nicht nur sehr hoch ist, sondern auch deutlich höher ausfällt als zum Beispiel in Frankreich oder anderen Mittelmeerländern. Dies gilt für Indikatoren wie Vertrauen in die Mitmenschen, Akzeptanz von Diversität, Solidarität und Hilfsbereitschaft und andere Aspekte (vgl. Dragolov u.a. 2013: 28ff.).

Eine Hoffnung, die die Herausgeber mit dem vorliegenden Band verknüpfen, besteht darin, diese und andere Verkürzungen aufzubrechen und dem beschworenen »erweiterten Humanismus« (S. 58) durch eine größere Vielstimmigkeit glaubhafter zu machen. Das 2013 in Frankreich erschienene konvivialistische Manifest ist nur der Ausgangspunkt einer Debatte, die in Deutschland anders geführt werden wird als im Nachbarland.

Konvivialismus als »neue Kunst des Zusammenlebens« will sich nicht auf einzelne Reformen in Teilbereichen der Gesellschaft beschränken – es geht um eine veränderte Gesamtperspektive, die in jedem gesellschaftlichen Bereich Geltung beanspruchen könnte. Auf die Frage, wo man denn mit Konvivialität anfangen solle, würden die Konvivialisten typischerweise antworten: Jeder und jede kann sich an jedem gesellschaftlichen Ort für mehr Konvivialität einsetzen. Dementsprechend haben wir uns darum bemüht, Autor/innen aus verschiedenen Disziplinen und mit ganz unterschiedlichen Expertisen zu gewinnen. Sie wurden von den Herausgebern gebeten, das Manifest aus ihrer Sicht zu kommentieren. Jeder Essay sollte sich mit ein paar wenigen Kernaussagen des Manifests auseinandersetzen und diese kommentieren, kritisieren, präzisieren oder mit Hinweisen auf andere Quellen oder die Empirie anreichern. Das Ziel der Beiträge und des Bandes insgesamt ist es, die Brauchbarkeit des Leitbegriffs des Konvivialismus und der Kernaussagen des Manifests aus spezifischen Blickwinkeln zu bestimmen.

Die dem Band zugrunde liegende Gliederung folgt den im Manifest angesprochenen Themen. So wird zunächst (»Demokratie, Politik und Staat«) danach gefragt, ob das Manifest tatsächlich eine neue und überzeugende politische Perspektive anbieten kann. Danach (»Zivilgesellschaft«) wird die Rolle der Zivilgesellschaft für das Projekt des Konvivialismus diskutiert. Welche Impulse vermag das Manifest zivilgesellschaftlichen Akteuren und Debatten zu geben? Natürlich muss sich das Manifest zu ökonomischen Problemstellungen verhalten. Also, wie steht es zu Konzepten von Postwachstum und gemeinwohlorientiertem Wirtschaften? Welche Rolle können ökonomische Alternativen wie Genossenschaften und Commons spielen?

Auch im Feld der Kultur stellt sich die Frage, ob sich neue Formen der Konvivialität etablieren können. Werden Religion, Leidenschaften und Kunst im Manifest angemessen und wegweisend diskutiert? Der Gliederungspunkt »Identitäten, Klassen und Sozialpolitik« versammelt Beiträge, die Trägergruppen von Konvivialität ermitteln, den Konvivialismus danach befragen, inwieweit er den Multikulturalismus bereichern kann und welche Basis er denn eigentlich haben könnte.

Schließlich endet der Band (»Konvivialität international«) mit der Problematik, wie lokale, nationale und transnationale Fragen aus Sicht des Konvivialismus zu adressieren wären. Taugt der Konvivialismus als eine internationale Perspektive?

Die versammelten Beiträge fallen in ihrer Zustimmung oder Kritik des Manifests sehr unterschiedlich aus. Mal erscheint das Manifest als zu utopisch oder realitätsblind, mal als nicht radikal genug. Eine Distanz zum Manifest ist in den Essays rundweg spürbar, doch was diesen Debattenband aus Sicht der Herausgeber charakterisiert und heraushebt, ist die Ernsthaftigkeit der Auseinandersetzung mit den Vorschlägen des Manifests. Auch die überaus kritischen Beiträge des vorliegenden Bandes akzeptieren die These des Manifests, dass neue Formen und Regeln des Zusammenlebens erfunden und ausprobiert werden müssen. Diese Gemeinsamkeit ist vielleicht schon mehr als man normalerweise von solch einem breiten Spektrum an Beiträgen und Autor/innen erwarten kann. So stimmt der Band die Herausgeber zuversichtlich, dass die Leitidee der Konvivialität weiterhin zum Denken und Handeln anregt.

Als die Herausgeber die Idee diskutierten, einen Debattenband zum Konvivialismus herauszugeben, bekamen wir von Anfang an ein positives Feedback und große Unterstützung vom transcript Verlag, der ja auch schon das konvivialistische Manifest mit viel Engagement verlegt hat. Karin Werner und ihrem Team sei hierfür herzlich gedankt. Unterstützung erfuhren wir ebenfalls vom Käte Hamburger Kolleg/Centre for Global Cooperation Research, Duisburg. Dem Kolleg und insbesondere Christine Unrau sei hierfür gedankt ebenso wie Claudia Figalist und Minh Nguyet Pham (beide vom Institut für Soziologie, Erlangen), die uns besonders tatkräftig und zuverlässig zur Seite standen und das Korrekturlesen und Vorformatieren der Texte übernommen haben.

## Literatur

Adloff, Frank (2005): Zivilgesellschaft. Theorie und politische Praxis. Frankfurt a.M./New York: Campus.

Adloff, Frank (2013): »Mauss'sche Gaben – Eine Kooperation sui generis?«, in: Journal für Religionsphilosophie 2, Heft 2, S. 85-97.

Angell, Norman (1910): The Great Illusion: A Study of the Relation of Military Power in Nations to their Economic and Social Advantage. New York: G.P. Putnam's & Sons.

Assheuer, Thomas (2013): »Gegen Deutschland? Frankreich diskutiert ein Pamphlet des Philosophen Giorgio Agamben: Der Süden soll sich unter der Führung Frankreichs zur Wehr setzen«, in: Die Zeit, 11. April.

Bude, Heinz (2014): Gesellschaft der Angst. Hamburg: Hamburger Edition.

Bull, Malcolm (2014): »Pure Mediterranean«, in: London Review of Books, 20. Februar, S. 21-23.

Caillé, Alain (2014): »Résponse à Christian Lazzeri«, in: Revue du MAUSS Semestrielle, Nr. 43, 233-235.

Camus, Albert (2003 [1951]): Der Mensch in der Revolte. Essays. Reinbek bei Hamburg: Rowohlt.

Collins, Randall (2013): »Das Ende der Mittelschichtarbeit: Keine weiteren Auswege«, in: Immanuel Wallerstein/Randall Collins/Michael Mann/Georgi Derluguian/Craig Calhoun: Stirbt der Kapitalismus? Fünf Szenarien für das 21. Jahrhundert. Frankfurt a.M./New York: Campus, S. 49-88.

Dragolov, Georgi/Ignàcz, Zsófia/Lorenz, Jan/Delhey, Jan/Boehnke, Klaus (2013): Radar gesellschaftlicher Zusammenhalt. Gesellschaftlicher Zusammenhalt im internationalen Vergleich. Gütersloh: Bertelsmann Stiftung; www.gesellschaftlicher-zusammenhalt.de

Frey, Carl Benedikt/Osborne, Michael A. (2013): The Future of Employment: How Susceptible are Jobs to Computerisation? Oxford University, Oxford Martin School Working Paper; www.futuretech.ox.ac.uk/publications

Fromm, Erich (1956): The Sane Society. London: Routledge & Kegan Paul.

Gilroy, Paul (2004): After Empire. Melancholia or Convivial Culture? Abington, UK/New York: Routledge.

Hartmann, Martin/Honneth, Axel (2004): »Paradoxien des Kapitalismus«, in: Berliner Debatte Initial, Jg. 15, Heft 1, S. 4-17.

Heins, Volker M. (2013): Der Skandal der Vielfalt. Geschichte und Konzepte des Multikulturalismus. Frankfurt a.M./New York: Campus.

Hobbes, Thomas (1996): Leviathan, übersetzt von Jutta Schlösser. Hamburg: Meiner.

Honneth, Axel (Hg.) (1993): Kommunitarismus. Eine Debatte über die moralischen Grundlagen moderner Gesellschaften. Frankfurt a.M./New York: Campus.

Honneth, Axel (2005): Verdinglichung. Eine anerkennungstheoretische Studie. Frankfurt a.M.: Suhrkamp.

Mann, Michael (2014): »Das Ende ist vielleicht nah – aber für wen?«, in: Immanuel Wallerstein/Randall Collins/Michael Mann/Georgi Derluguian/Craig Calhoun: Stirbt der Kapitalismus? Fünf Szenarien für das 21. Jahrhundert. Frankfurt a.M./New York: Campus, S. 89-122.

Marcuse, Herbert (1991 [1964]): One-Dimensional Man. Studies in the Ideology of Advanced Industrial Society. Boston: Beacon Press.

Mau, Steffen (2012): Lebenschancen. Wohin driftet die Mittelschicht? Berlin: Suhrkamp.

Michéa, Jean-Claude (2014): Das Reich des kleineren Übels. Über die liberale Gesellschaft. Berlin: Matthes & Seitz.

Radisch, Iris (2013): Camus: Das Ideal der Einfachheit. Eine Biographie. Reinbek bei Hamburg: Rowohlt.

Steinbeis, Maximilian (2014): »Verpflichtet zur Geselligkeit«, in: Süddeutsche Zeitung, 24. Juli.

Tomasello, Michael (2014): »The ultra-social animal«, in: European Journal of Social Psychology, Jg. 44, Heft 3, S. 187-194.

Zweig, Stefan (1970 [1942]): Die Welt von Gestern. Erinnerungen eines Europäers. Frankfurt a.M.: Fischer.

# Demokratie, Politik und Staat

# Wer kann dazu schon »nein« sagen?

## Oder: die Grenzen der Demokratie

*Dirk Jörke*

Im Oktober 2013 kam es zu einem Brand in einer Textilfabrik in Bangladesch, bei dem über 100 Menschen starben. Die hohe Zahl an Toten kam nicht zuletzt dadurch zu Stande, dass Notausgänge fehlten. Wenige Monate später stürzte ebenfalls in Bangladesch das Dach einer Textilfabrik ein. Dabei kamen über 1000 Menschen zu Tode. Wie so viele andere war auch diese Fabrik ohne Baugenehmigung errichtet worden. Beide Katastrophen haben für kurze Zeit die Produktionsverhältnisse der globalen Textilindustrie in den Fokus der Nachrichten gerückt, und viele Textilfirmen haben sich in der Folge zu ethischen Standards des Produzierens bekannt. Ob es dadurch jedoch zu nachhaltigen Verbesserungen etwa hinsichtlich der Sicherheitsbestimmungen oder der Löhne gekommen ist, wird von vielen NGOs bezweifelt.

Die irische Textilkette Primark hat in den vergangenen Jahren nach Deutschland expandiert. Mittlerweile gibt es hierzulande 16 Filialen, weitere sollen folgen. Kommt man zufällig an einer Primark Filiale vorbei, dann sieht man regelmäßig vornehmlich junge Menschen mit großen, nicht selten vollgestopften Papiertüten in den Händen. Diese enthalten extrem billige Saisonware (T-Shirts gibt es ab 2,50 Euro, Schuhe ab 5,00 Euro), die im nächsten Jahr im Müll oder in der Altkleidersammlung landet, sei es weil deren modische Halbwertszeit abgelaufen ist, sei es weil sie die erste Maschinenwäsche nicht überstanden haben. Aufschlussreich ist auch ein Besuch der Filialen. Dort fällt zweierlei auf: Zum einen, dass es in der Regel unheimlich voll ist, zum anderen liegen viele Textilien auf dem Fußboden, man macht sich nicht die Mühe, die Billigware sorgsam zu behandeln. Kurzum, es herrscht ein großes Gewimmel. Als älteres Semester – und als Angehöriger des Bildungsbürgertums – fühlt man sich fehl am Platz, und es macht sich eine ordentliche Portion Zivilisationskritik im Kopf bemerkbar.

Was hat dieser kurze Ausflug in die Abgründe der kapitalistischen Konsum(un)kultur mit dem konvivialistischen Manifest im Allgemeinen und dessen demokratietheoretischen Überlegungen im Besonderen zu tun? Zweierlei:

Erstens zeigt es als ein Beispiel von unzähligen, wie berechtigt und notwendig die dort artikulierte Kulturkritik ist. Zweitens weist es aber auch darauf hin, dass es sich beim Konvivialismus um ein sehr elitäres Projekt handelt, womit es notwendig in Widerspruch zu der ebenfalls im Manifest artikulierten Forderung nach einer »Demokratisierung der Gesellschaft« (S. 66) geraten muss, zumindest dann, wenn damit ein zivilgesellschaftliches Verständnis verbunden wird, das nicht exklusiv geraten soll.

Im Folgenden möchte ich etwas näher auf den zweiten Aspekt eingehen und zeigen, inwieweit die demokratietheoretischen Ausführungen des Manifests nicht zu überzeugen vermögen. Meine kritischen Gedanken stehen unter zwei Vorbehalten. Zum einen möchte ich damit nicht die Berechtigung der kultur- und kapitalismuskritischen Gehalte des Konvivialismus bestreiten. Ganz im Gegenteil, gerade die explizite Kritik am vorherrschenden und immer weiter expandierenden Utilitarismus und der Wachstumsideologie ist ein wichtiger Aspekt, und es ist zu hoffen, dass er nicht in den üblichen akademischen und zivilgesellschaftlichen Milieus verbleibt, sondern weitere Kreise der Gesellschaft erreicht und vielleicht auch zunehmend das Denken und Handeln der politischen Eliten zu bestimmen vermag. Zum anderen kann ich trotz aller Kritik am konvivialistischen Manifest keine normativ überzeugende Alternative formulieren. Meine Kritik verbleibt daher in gewisser Weise negativ. Ich denke aber, dass die so häufig in derartigen Texten zur Weltverbesserung vorkommende quasi-religiöse – und damit meine ich: bekenntnishafte-demokratische – Emphase eher Teil des Problems als Teil der Lösung ist.

Die Ausführungen des Manifestes zu Politik und Demokratie sind sehr allgemein und verbleiben zumeist im Unverbindlichen, etwa wenn mit guten Gründen für die Einführung eines Höchsteinkommens plädiert wird, über dessen Höhe jedoch folgende Aussage gemacht wird: »Dieses Niveau kann relativ hoch sein, darf jedoch nicht über das hinausgehen, was der Anstand gebietet« (S. 66). Oder, wenn die Verfasser wenig später sich für das »rechte Gleichgewicht« zwischen privaten und öffentlichen Gütern aussprechen. Oder, wenn es drei Seiten später heißt, der »Markt und das Streben nach monetärer Rentabilität sind völlig legitim«, wenn sie denn die »Postulate der gemeinsamen Menschheit« (S. 69) beachten würden. Diesen und zahlreichen ähnlichen Formulierungen ist anzumerken, dass es sich bei dem konvivialistischen Manifest um ein Konsenspapier handelt und dass sich die Autoren sehr – und m.E. viel zu sehr – darum bemühen, möglichst niemanden vor dem Kopf zu stoßen. Das ist jedoch wenig zielführend. Der Forderung nach einem anständigen Höchsteinkommen werden nur wenige – etwa Investmentbanker in den globalen Finanzmetropolen oder auch die Spitzenmanager multinationaler Unternehmen – widersprechen, wenn überhaupt, werden diese Personen doch wahrscheinlich die Auffassung vertreten, dass ihr Gehalt angesichts ihrer exorbitanten Leistungen durchaus »anständig«, wenn nicht gar vergleichsweise niedrig ausfällt. Wer, mit anderen Worten, soll also festlegen, was »anständig« meint oder auch, wo genau die Grenze zwischen öffentlichen und privaten Gütern verlaufen soll? Und auf welche Weise soll das geschehen? Die Antwort, die sich eher zwischen den Zeilen im Manifest hierzu findet, lautet, dass dies unbedingt auf demokratische Weise zu erfolgen hat. Das kommt etwa in der Formulierung zum Ausdruck, »das Beste ist der Wunsch, weltweit wirklich demokratische, zivilisierte und konvivialistische Gesellschaften zu errichten« (S. 72). Dem kann man nicht widersprechen. Aber man fragt sich, wie wir dorthin kommen. Etwas konkreter wird es eine Seite später mit dem Verweis auf die »partizipative Demokratie« und die »Erfahrungen der weltweiten Sozialforen« (S. 73). Zudem betonen die Autoren die Legitimität von Konflikten, solange diese nicht in Hass umschlagen, auch der »Mobilisierung der Affekte und Leidenschaften« (S. 72) wird das Wort geredet.

Obwohl es bei diesen eher knappen Hinweisen bleibt, wird die Nähe zur Demokratietheorie von Chantal Mouffe, die auch zu den Erstunterzeichnerinnen gehört, deutlich. Mouffe gehört ohne Zweifel zu den derzeit am meisten diskutierten Theoretikerinnen der Demokratie. In zahlreichen Schriften hat sie seit nunmehr fast 30 Jahren Bausteine zu einer alternativen Konzeption der Demokratie formuliert, die sie als agonistisch bezeichnet. Es ist hier nicht der Ort für eine ausführliche Rekonstruktion von Mouffes Demokratietheorie. Wenige Stichworte müssen daher genügen.

Mouffe hat ihre Demokratietheorie vornehmlich in einer Reihe von Aufsätzen entwickelt, in denen sie sich mit grundlegenden Strömungen der gegenwärtigen politischen Theorie auseinandersetzt. In den Fokus ihrer Kritik sind dabei sowohl kontextualistisch argumentierende Autoren kommunitaristischer Provenienz wie auch Vertreter universalistischer Positionen geraten. Ihre Kritik dieser beiden Grundpositionen normativer Demokratietheorie ist dabei spiegelbildlich. Stimmt sie mit kontextualistischen Autoren darin überein, den Anspruch liberaler Theorien auf Neutralität zurückzuweisen und ein ethisches Fundament der Demokratie einzufordern, so lehnt sie die substantialistische und tendenziell exklusive Ausbuchstabierung dieses Fundaments, wie sie für die meisten kommunitaristischen Ansätze charakteristisch ist, ab. Dem Universalismus folgt sie hingegen – bei aller Kritik am Begründungsprogramm – weitgehend in der Befürwortung von Pluralität und Toleranz.

Ihre Kritik am Neutralitätsanspruch deliberativer Demokratietheorien entfaltet Mouffe in Auseinandersetzung mit John Rawls und Jürgen Habermas. Auch wenn sie durchaus die Differenzen zwischen beiden Konzeptionen betont, vertreten ihr zufolge beide insofern einen gemeinsamen Ansatz, da sowohl Rawls als auch Habermas den Nachweis zu erbringen versuchen, dass politische Institutionen, Normen und Regelungen, die keine Gesellschaftsmitglieder systematisch benachteiligen, vorstellbar und rational rechtfertigbar sind. Dieses Vorhaben muss ihr zufolge jedoch scheitern, da beide die *differen-*

*tia specifica* des Politischen verkennen würden. »Das Politische« ist für Mouffe gekennzeichnet durch Konflikte und Antagonismen; es besteht ein ständiger Kampf um die Vormachtstellung im »Feld der Diskursivität«. Diese Auseinandersetzung ist niemals abgeschlossen; es kann lediglich partielle Verfestigungen geben, die sich dann teilweise als Unterdrückungsverhältnisse erweisen. Aber auch diese sind nicht völlig stabil, sondern werden immer wieder sukzessive aufgelöst. Gerade diesen Aspekt des permanenten Konfliktes um die Einrichtung des Sozialen verkennen nach Mouffe deliberative Demokratietheorien, die »das Politische« moralphilosophisch einzuhegen trachten.

Entscheidend für Mouffe ist nun, dass bei aller Betonung der Konfliktualität und der Rolle von Affekten die Auseinandersetzung in demokratischen Bahnen verbleibt. Das heißt konkret, dass die jeweiligen Kontrahenten als Gegner, nicht jedoch, im Sinne Carl Schmitts, als Feinde betrachtet werden sollen. Mouffe unterscheidet hier zwischen einem antagonistischen und einem agonistischen Verständnis von politischen Konflikten. Voraussetzung für das agonistische Modell ist die wechselseitige Anerkennung als Angehörige einer demokratischen Gemeinschaft. Dazu gehört nicht zuletzt die Bereitschaft, mit den Widersachern politisch zu streiten, sich dann aber auch geschlagen zu geben, wenn die eigene Position nicht mehrheitsfähig – oder mit Mouffe gesprochen – nicht hegemonial ist. Was damit ausgeschlossen werden soll, ist jedoch nicht nur das Umschlagen des Konfliktes in einen gewalttätigen Kampf, sondern auch die Ersetzung der politischen Auseinandersetzung durch die moralische Abwertung der generischen Partei. Was Mouffe damit zu Recht kritisiert, lässt sich gegenwärtig, in der Art und Weise wie die Mehrheitsgesellschaft dem Rechtspopulismus zu begegnen versucht, gut beobachten. In der Etablierung eines *cordon sanitaire* würden sich zwar die anständigen BürgerInnen ihres moralisch überlegenen Standpunktes vergewissern, auf der politischen Ebene bleibe das Problem jedoch ungelöst. Im Gegenteil, durch die Moralisierung würden die Anhänger des Rechtspopulismus aus dem demokratischen Raum ausgeschlossen, was eine politische Auseinandersetzung verunmöglicht. In der Konsequenz stehen sich dann zwei Lager gegenüber, die sich immer weniger als Gegner, sondern vielmehr als Feinde wahrnehmen.

Mouffes Kritik am Umgang mit Rechtspopulisten verweist aber auch auf ein Problem. Ihr agonistisches Modell ist sehr anspruchsvoll und setzt eine Form demokratischer Sittlichkeit voraus, die in Gesellschaften, die nicht nur durch ein hohes Maß an Pluralität, sondern ebenso durch das auch im konvivialistischen Manifest kritisierte Vordringen betriebswirtschaftlichen Denkens und den damit einhergehenden »Kampf aller gegen alle in einer Logik verallgemeinerter Gier« (S. 40) charakterisiert sind, schlichtweg nicht im ausreichenden Umfang existiert. Wenn denn diese Diagnose tatsächlich zutreffen sollte, ergibt sich eine nicht unerhebliche Kluft zwischen Sein und Sollen und man fragt sich, wie diese Kluft überwunden werden kann.

In den Schriften von Mouffe, aber auch im konvivialistischen Manifest findet sich an dieser Stelle der Hinweis auf globalisierungskritische Bewegungen und internationale NGOs, die als Avantgarde einer neuen demokratischen »Weltzivilgesellschaft« (S. 73) angesehen werden. Doch damit zehrt das Modell einer agonistischen oder auch konvivialistischen Demokratie wesentlich von den Praktiken und Werten jener Menschen, die sich in sozialen Bewegungen engagieren, politisch weit links eingestellt sind und in der Regel über höhere Bildungsabschlüsse verfügen. Sozio-strukturell sowie habituell unterscheiden sich die Aktivisten von Attac oder auch der Occupy-Bewegung somit erheblich vom Rest der Bevölkerung.

Die Idee des konvivialistischen Manifestes scheint nun darin zu bestehen, dass sich die Einstellungen und Praktiken dieser zivilgesellschaftlichen Elite immer weiter ausbreiten sollen, um auf diese Weise gleichsam eine soziale Basis der partizipativen Demokratie und der Weltzivilgesellschaft zu etablieren. Die Frage ist, wie dies geschehen soll. Gerade wenn man die im Manifest formulierte Gesellschaftsdiagnose ernst nimmt, oder die Zeitung aufschlägt (Anfang 2015 bestimmten die Pegida-Demonstrationen in Dresden die innenpolitische Debatte, und es gab in Paris einen Terroranschlag auf ein Satiremagazin und einen jüdischen Supermarkt), oder sich eben in die Shoppingmalls verirrt, wird deutlich, dass hier eine enorme theoretische wie letztlich auch praktische Lücke klafft. Anders ausgedrückt, die Therapievorschläge im konvivialistischen Manifest passen schlichtweg nicht zur Krankheitsdiagnose, es ist so, als ob man einem Querschnittsgelähmten ein ausgiebigen Fitnesstraining auf dem Laufband verordnete.

Die Illusion dieses Manifestes wie auch so vieler ähnlich argumentierender sozialwissenschaftlicher wie zeitdiagnostischer Beiträge besteht mithin in dem Glauben, der als erforderlich angesehene Wandel könne auf demokratischem Wege erfolgen. Das ist insofern verständlich, als man damit ja normativ auf der richtigen Seite steht. Wer kann schon gegen Demokratie sein, vor allem wenn sie ganz zivilgesellschaftlich-partizipativ sein soll? Allerdings sind damit (mindestens) zwei Probleme verbunden. Zum einen steht die normative Selbstvergewisserung in einer nicht unerheblichen Spannung zu den Aussichten, die geforderten konvivialistischen Strukturen und Praktiken auf einem demokratischen Weg zu etablieren. Zum anderen ist der Lobgesang auf die partizipative Demokratie aus demokratietheoretischer Perspektive zu hinterfragen. Ich werde zunächst auf den zweiten Punkt eingehen, um dann abschließend die Grenzen der »Sakralisierung der Demokratie« (H. Joas) zu thematisieren, ohne freilich eine normativ überzeugende Lösung anbieten zu können.

Was ist problematisch an der »partizipativen Demokratie«? Zunächst einmal scheinen die Aussichten für eine partizipative Erneuerung der Demokratie gar nicht so schlecht zu sein. Ist es hierzulande doch in den vergangenen zwanzig Jahren geradezu zu einer Explosion neuer Beteiligungsverfahren jenseits der repräsentativen Demokratie gekommen. Zu erwähnen sind hier Mediationsverfahren, Bürgerforen oder Konsensuskonferenzen. Auch wurden in den Kommunen und Bundesländern im wachsenden Umfang Referenden durchgeführt, etwa zum Stuttgarter Hauptbahnhof, zum Nichtraucherschutz in Bayern, zur Schulpolitik in Hamburg oder auch zur Bebauung des Tempelhofer Feldes in Berlin, um nur die prominentesten Beispiele zu nennen. Hinzu treten Formen des Konsumboykotts oder eines politischen Konsums, durch den Bürgerinnen und Bürger politische Entscheidungen zu beeinflussen trachten. Demokratische Beteiligung erfolgt mithin immer mehr in unterschiedlichen Kanälen und beschränkt sich nicht länger auf traditionelle Formen des Wählens und des Engagements in Parteien. Zu beobachten ist eine Ausdifferenzierung, die von verfassungsrechtlich gerahmten Formen wie Referenden über Mediationsverfahren unter Beteiligung staatlicher Repräsentanten bis hin zu informellen Praktiken wie der Mitarbeit in Bürgerinitiativen, der Beteiligung an Demonstrationen und eben auch einem politisch bewussten Konsum reicht. Zielten formalisierte Verfahren direkt auf die Entscheidungsfindung des Staates, so richten sich die neuen Beteiligungsformen mehr auf eine bürgergesellschaftliche Aneignung des Politischen.

Allerdings deutet eine Reihe von neueren Studien darauf hin, dass diese neuen Kanäle politischer Beteiligung vornehmlich von Angehörigen der Mittelschichten, die zudem zumeist über eine überdurchschnittliche Schulbildung verfügen, genutzt werden. Der zunehmende Trend, dass sich die Unterschichten aus den Kanälen der demokratischen Beteiligung zurückziehen, gilt somit nicht nur für Wahlen. In stärkerem Maße lässt er sich bei den erwähnten unkonventionellen Formen der Beteiligung wie Bürgerkonferenzen, runden Tischen oder Konsensuskonferenzen beobachten. Denn nicht alle Bürgerinnen und Bürger verfügen über jene Ressourcen, derer es für die erfolgreiche Partizipation an argumentativen Verfahren bedarf. Hierzu zählen neben Zeit und einer zumindest rudimentären Sachkenntnis eben auch rhetorische Fähigkeiten und ein selbstbewusstes Auftreten. Gerade letztere sind in spätmodernen Gesellschaften jedoch ungleich verteilt. Daher ist es auch nicht verwunderlich, wenn diese neuen Formen der Beteiligung vornehmlich von den gut ausgebildeten Mittelschichten dominiert werden. Diese Prozesse sind mithin alles andere als frei von Macht, und wer über das entsprechende Geschick verfügt, weiß diese Mikromacht entsprechend einzusetzen. Insofern in deliberativen Verfahren und zivilgesellschaftlichen Protestformen besonders die Kompetenzen und Wertvorstellungen gut ausgebildeter Mittelschichtsangehöriger honoriert werden, wohnt dem partizipativen Demokratieverständnis, wenn schon nicht in der Theorie, dann aber in ihrer praktischen Umsetzung innerhalb kapitalistischer Gesellschaften ein elitärer Bias inne.

Das kann zu zwei Effekten führen. Zum einen, und das ließ sich etwa bei den Volksabstimmungen zum Nichtraucherschutz in Bayern, zur Schulpolitik in Hamburg oder auch zur geplanten, aber dann verhinderten Wohnungsbebauung auf dem Tempelhofer Feld in Berlin beobachten, führt die soziale Selektivität zu Entscheidungen, die den Interessen derjenigen, die sich beteiligt haben, stärker entsprechen dürften als derjenigen der bildungsfernen Milieus. Damit verschärft sich aber eine Entwicklung, die bereits bei konventionellen demokratischen Verfahren zu beobachten ist: die Orientierung der Parteien an der Mitte. Zum anderen droht Demokratie zu einer Spielwiese zu verkommen, insofern nämlich zu fragen ist, was überhaupt durch die alternativen Beteiligungsformen entschieden werden kann und was nicht. So besitzen viele deliberative Verfahren lediglich einen empfehlenden Charakter, bei Bürgerhaushalten geht es oftmals um vergleichsweise kleine Beträge, wenn nicht – wie in Solingen, deren Beteiligungsprogramm 2011 mit dem »European Public Sector Award (2011) für erfolgreiches Verwaltungshandeln in Europa« ausgezeichnet wurde – das Ziel sogar darin besteht, Haushaltskürzungen scheindemokratisch absegnen zu lassen. Zur Auswahl steht dann etwa, ob das Schwimmbad oder das lokale Theater geschlossen werden soll. Wirklich relevante Fragen sind freilich der direkten Mitbestimmung durch die Bürgerinnen und Bürger entzogen. Zu denken ist hier insbesondere an die diversen Maßnahmen zur »Eurorettung«. Aufschlussreich war in diesem Kontext die Reaktion der europäischen Entscheidungseliten auf das Vorhaben des ehemaligen griechischen Ministerpräsidenten Papandreou, die griechischen Bürgerinnen und Bürger über das »Euro-Rettungspaket« abstimmen zu lassen. Papandreou musste bekanntlich kurz darauf zurücktreten.

Nun lässt sich an dieser Stelle gegen meine Argumentation einwenden, dass es ja das Ziel des konvivialistischen Manifestes ist, diese schein- oder postdemokratischen Verhältnisse zu transformieren. Doch dafür spricht nicht viel. Folgt man der sicherlich zugespitzten Zeitdiagnose von Ingolfur Blühdorn (2012, 2013), ist das jedoch insofern wenig überraschend, als gerade in jenen sozialen Schichten, die sich in den partizipativen Verfahren engagieren, ein neues Wertmuster beobachten lasse. Vorherrschend seien nicht mehr emanzipatorische Orientierungen oder die Sorge um das Gemeinwohl, sondern als Konsequenz einer »Emanzipation zweiter Ordnung« hätten sich viele Menschen von den damit einhergehenden Zumutungen befreit. Das politische Engagement stelle heutzutage eher eine Art »postdemokratische Performanz« dar, mit der zwar auf der einen Seite demokratische Selbstbilder bestätigt würden, auf der anderen Seite dies jedoch nicht damit einhergehe, Ziele der Selbstverwirklichung, und das heißt in der postmodernen Welt, vor allem Karriere und Konsum, opfern zu müssen: »Konkret geht es bei der postdemokratischen Performanz wohl darum, demokratische Rechte, Normen und Verfahrensweisen in einer solchen Weise zu implementieren, dass einerseits die Gültigkeit demokratischer Werte erlebbar und demokratische Erwartungshaltungen bedient werden, andererseits aber systemische Notwendigkeiten, administrative

Effizienz sowie die postdemokratischen Wertpräferenzen und Selbstverwirklichungsansprüche moderner Bürger möglichst nicht beeinträchtigt werden« (Blühdorn 2012: 87). Kurzum, es komme vielen zivilgesellschaftlichen Akteuren und politisch engagierten Bürgerinnen gar nicht mal so ungelegen, dass sie sich zwar auf diverse Weisen zu demokratischen Werten bekennen können, es sich dabei aber erstens eher um ein sporadisches Engagement oder auch nur den Einkauf im Biomarkt handelt und zweitens die eigene konsum- und karriereorientierten Lebensweisen dadurch nicht in Frage gestellt werden. Um diese Diagnose zuzuspitzen: Wenn es denn zum Konvivialismus gehört, sich gelegentlich mit Freunden zu einem gemeinsamen Essen zu treffen und die Zutaten hierfür aus dem Biomarkt stammen, so passt eine konvivialistische Lebensweise perfekt zur »postdemokratischen Performanz«. Wenn dazu aber der Verzicht auf die nächste Urlaubsreise nach Ostasien oder die Aufgabe der Bildungsprivilegien der eigenen Kinder gehören sollte, dann sollte man es mit dem Konvivialismus lieber nicht übertreiben.

Doch selbst wenn man sich dieser abgeklärten Zeitdiagnose von Blühdorn nicht anschließen möchte und stattdessen davon ausgeht, dass viele derjenigen, die sich gegenwärtig zivilgesellschaftlich engagieren, zu einem weitergehenden Wandel ihrer Lebensweise bereit sind oder bereits nach konvivialistischen Prinzipien leben, so bleibt doch die Frage, wie all jene davon überzeugt werden sollen, die ihr Leben – etwa ihre Konsummuster – eben nicht ändern wollen. Dieses Problem stellt sich umso schärfer, als die Verfasser des konvivialistischen Manifestes zu Recht auch in globalen Zusammenhängen denken. Die Attraktivität eines Lebensstils, der nun nicht unbedingt konvivialistischen Werten entspricht, scheint ja in den vergangenen Jahren global eher zugenommen zu haben. Man denke etwa an die Beliebtheit deutscher Luxusautos in Ostasien.

An einer Stelle ist die Rede von einer »Weltversammlung«, in der sich die Vertreter der »Weltzivilgesellschaft« neben Philosophen und Sozialwissenschaftlern, aber auch Vertretern »der verschiedenen ethischen, spirituellen und religiösen Strömungen« zusammen finden sollen, allerdings nur jene, die »sich in den Prinzipien des Konvivialismus wiedererkennen« (S. 74). Was ist aber mit all jenen, die sich nicht oder vielleicht auch nur noch nicht zum Konvivialismus bekannt haben? Sollen diese ausgeschlossen werden? Wäre eine derartige Versammlung noch als »demokratisch« zu bezeichnen? Wer entscheidet darüber, ob jemand oder eine Gruppe zur »Weltversammlung« zugelassen wird? Soll die Versammlung repräsentativen Prinzipien genügen? Wie sollen die internen Abstimmungsprozesse aussehen? Herrscht das demokratische Mehrheitsprinzip oder doch der Zwang zum deliberativen Konsens, der ressourcenstarke oder autoritäre Minderheiten begünstigt? Diese und viele weitere Fragen mögen auf den ersten Blick etwas pedantisch wirken. Allerdings ist einer politikwissenschaftlichen Perspektive zu entnehmen, dass institutionelle wie prozedurale Fragen immer auch Fragen nach Macht und Herrschaftsausübung sind.

Es ist daher auch nicht zielführend zu suggerieren, »die Weltzivilgesellschaft« könne sich in einer derartigen »Weltversammlung« schon irgendwie demokratisch auf eine konvivialistische Weltordnung verständigen, und von heute auf morgen werden sich dann alle Menschen nach diesen Prinzipien richten. Also keine Shoppingexzesse, keine Fernreisen und keine wirtschaftliche Gier mehr.

Um meine Vorbehalte abschließend auf den Punkt zu bringen. Vergleicht man das konvivialistische mit dem Kommunistischen Manifest, so fällt auf, dass Letzteres nicht nur geschichtsphilosophische Thesen enthält, sondern darüber hinaus gleich zu Beginn verdeutlicht, dass grundlegende gesellschaftliche Transformationsprozesse immer auch gewaltförmig vonstattengingen: »Die Geschichte aller bisherigen Gesellschaft ist die Geschichte von Klassenkämpfen« (MEW 4: 462). Zwar bezeichnet Marx in seiner Kritik der Hegelschen Rechtsphilosophie die Demokratie als »das aufgelöste *Rätsel* aller Verfassungen« (MEW 1: 231), doch ihm war bewusst, dass der Weg hin zur Demokratie ein Weg des nicht nur friedlichen Kampfes der Arbeiterklasse sein würde. Etwas weniger geschichtsphilosophisch fundiert kommt Colin Crouch am Ende seines vieldiskutierten Büchleins über »Postdemokratie« ebenfalls zu der Feststellung, dass die sozialdemokratischen Errungenschaften des 20. Jahrhunderts, also die Einführung des allgemeinen Wahlrechts und die Etablierung von Sozialstaatlichkeit, nur als Resultat von sozialen Kämpfen möglich waren. Und er fährt fort: »Daran sollten wir uns immer erinnern, wenn wir demonstrierende Globalisierungsgegner für ihre Gewalttätigkeit, ihren Anarchismus oder die Tatsache kritisieren, dass sie keine realistischen Alternativen zum Kapitalismus präsentieren« (Crouch 2008: 157). Noch einen Schritt weiter geht Thomas Piketty (2014) in seinem viel diskutiertem Buch »Das Kapital im 21. Jahrhundert«. Dort entfaltet er die These, dass die Abschmelzung der Einkommens- und Vermögensunterschiede zwischen 1920 und 1970 vornehmlich auf die sozialen und ökonomischen Erschütterungen infolge der beiden Weltkriege zurückzuführen ist.

Es mag dem Zeitgeist entsprechen, diese historischen Einsichten in den Zusammenhang von sozialen Kämpfen oder auch zivilisatorischen Katastrophen und gesellschaftlichen Transformationsprozessen zu verleugnen und stattdessen von rein demokratisch induzierten Veränderungen auszugehen, doch das ist sozialwissenschaftlich wenig überzeugend, so wenig auch der Verzicht auf eine »Sakralisierung der Demokratie« seinerseits normativ zu überzeugen vermag.

Doch wie lässt sich diese Spannung zwischen Norm und Wirklichkeit am Ende, wenn schon nicht völlig auflösen, so doch zumindest ein wenig abmildern? Mit Blick auf das konvivialistische Manifest scheint mir die Antwort vornehmlich darin zu bestehen, sich von der Illusion eines deliberativ-argumentativen Demokratieverständnisses zu verabschieden und stärker die Rolle des Konfliktes und der Leidenschaften, die dort ja auch erwähnt wird, zu betonen. Dieser politische Konflikt kann und sollte sich demokratischer Verfahren – hier in erster Linie durch parlamentarische Mehrheiten gestützte Gesetze vor allem im Bereich des Steuer-, der Wirtschafts- und der Bildungspolitik – bedienen. Man sollte sich jedoch nichts vormachen: wenn überhaupt demokratisch induzierte Transformationsprozesse möglich sind, dann handelt es sich um Mehrheitsbeschlüsse, die eben gerade nicht konsensgestützt sind. Und auch von einer zweiten Illusion sollte sich die demokratietheoretische Diskussion befreien. Demokratische Mehrheiten, die tatsächlich eine Veränderung – etwa der Steuerpolitik, oder auch, wie im konvivialistischen Manifest gefordert, der Spitzengehälter – bewirken, werden sich allein auf nationalstaatlicher Ebene ergeben. Die supranationale, oder gar globale Ebene mit ihren aufwendigen Verhandlungsprozessen spielt dagegen jenen organisationsstarken Akteuren in die Hände, die in den letzten Jahren als »die Märkte« verniedlicht worden sind.

## Literatur


Blühdorn, Ingolfur (2012): »Die postdemokratische Konstellation. Was meint ein soziologisch starker Begriff der Postdemokratie«, in: Jürgen Nordmann/Katrin Hirte/Walter Ötsch (Hg.), Demokratie! Welche Demokratie? Postdemokratie kritisch hinterfragt, Marburg: Metropolis S. 69-91.

Blühdorn, Ingolfur (2013): Simulative Demokratie. Neue Politik nach der postdemokratischen Wende, Berlin: Suhrkamp.

Crouch, Colin (2008): Postdemokratie, Frankfurt a.M.: Suhrkamp.

Marx, Karl (1843): »Zur Kritik der Hegelschen Rechtsphilosophie«, in: Karl Marx/Friedrich Engels, Werke Bd. 1, 15. Aufl., Berlin: Dietz 1988.

Marx, Karl/Engels, Friedrich (1848): »Manifest der kommunistischen Partei«, in: Karl Marx/Friedrich Engels, Werke Bd. 4, 15. Aufl., Berlin: Dietz 1988.

Mouffe, Chantal (2007): Über das Politische, Frankfurt a.M.: Suhrkamp.

Mouffe, Chantal (2014): Agonistik. Die Welt politisch Denken, Berlin: Suhrkamp.

Piketty, Thomas (2014): Das Kapital im 21. Jahrhundert, München: Beck.

# Taking politics seriously

## Gedanken zu einer republikanischen Bürgersolidarität

*Danny Michelsen, Franz Walter*

Im konvivialistischen Manifest wird der Versuch unternommen, einige der wichtigsten neueren Ansätze einer politischen Ethik reziproker Verpflichtungen zu einem praktisch-politischen Programm als Alternative zum (Neo-)Liberalismus zusammenzufassen. Bei der Suche nach den Grundprinzipien einer »Kunst des Zusammenlebens« wird neben der Rechtsstaatlichkeit – die Realisierung einer Kooperationsform, welche »es ermöglicht, einander zu widersprechen, ohne einander niederzumetzeln« – eine sozialmoralische Dimension des »guten« Zusammenlebens hervorgehoben, welche die Mitglieder des Gemeinwesens darauf verpflichtet, »gleichzeitig für einander und für die Natur Sorge zu tragen« (S. 47). Damit geht der Konvivialismus von einer Prämisse aus, auf die der Liberalismus explizit verzichtet: dass eine vitale politische Gemeinschaft auf die Ausrichtung des Handelns der Bürger an gemeinsam geteilten, über die Achtung vor dem Gesetz hinausgehenden Wertorientierungen angewiesen ist. Individuelle Rechte leiten sich aus dieser Perspektive immer erst aus den Pflichten ab, deren Einhaltung wir einander schuldig sind. Stellt man die Frage, welcher Art diese Pflichten sein sollen, stößt man auf einige Kernbegriffe der gegenwärtigen Sozialtheorie, etwa auf den Begriff der »Anerkennung«. Wenn Konflikte als »Kämpfe um Anerkennung« und diese wiederum als Versuche gedeutet werden, eine am Ideal der »Fürsorglichkeit (care)« orientierte Politik zu verwirklichen, welche die faktische »allgemeine Abhängigkeit des Menschen« ernst nimmt (S. 57), deutet dies darauf hin, dass es den Verfassern um so etwas wie die »Idee einer posttraditionalen, demokratischen Sittlichkeit« geht, wie sie Axel Honneth – einer der Unterzeichner des Manifests – mit seiner Anerkennungstheorie vorgeschlagen hat, die die »Ignoranz des Anderen«, wie sie sich im universalistischen Paradigma der Gleichbehandlung niederschlägt, um ein »moralisches Gebot der Fürsorge« zu ergänzen versucht. (Honneth 1994: 280; ders. 2000: 166) Pierre Rosanvallon hat darauf hingewiesen, dass der Siegeszug, den das Konzept einer »Politik der Anerkennung« (Taylor) und die Rhetorik der »Fürsorglichkeit« seit den

1980er Jahren erlebt haben, nicht zuletzt auf das wachsende Bedürfnis nach einer neuen Form von »Empathie-Repräsentation« zurückzuführen sei – in dieser Perspektive wird die Bestimmung differenzsensibler Normen prozeduralistischen Gerechtigkeitstheorien gegenübergestellt: die »kalte Allgemeinheit« des Marktes und einer unpersönlichen Bürokratie, die »mechanisch und unempfindlich« ist, soll der »lebendigen Allgemeinheit« des »empathischen Staates« weichen, in dem idealerweise alle Besonderheiten gleichermaßen Anerkennung erfahren – von einem Prinzip »universeller Fürsorglichkeit« geleitet (Rosanvallon 2010: 233ff.).

Die großen Parteien – die konservativen ebenso wie die sozialdemokratischen – haben die Attraktivität dieses Empathie-Ideals längst erkannt. In die Diskussion der politischen Linken in Frankreich wurde ein solches Paradigma eingebracht von der ersten Sekretärin der Sozialistischen Partei, Martine Aubry, die sich dabei auf die Politikwissenschaftlerin Joan Tronto berief. Ins Zentrum ihres Konzepts einer *société du ›Care‹* stellte die französische Anführerin der Sozialisten den Begriff *soin mutuel*, also das *gegenseitige* Kümmern. Durch das »Care«-Prinzip sollten weichere, sanftere, mitfühlende Züge in den politischen Diskurs kommen, auch eine neue Sensibilität für die Verletzlichkeiten zuvörderst sozial exkludierter oder durch ihr Alter pflegebedürftiger Bürger, als Replik auf die demonstrativ harte Rhetorik des damaligen Staatspräsidenten Nicolas Sarkozy. In Großbritannien haben in den vergangenen fünf Jahren v.a. die Konservativen mit Begriffen wie *care* und *compassion* Tugenden einer *Big Society* beschrieben, deren selbständigen Organisationscharakter sie der Anonymität des Wohlfahrtsstaates gegenüber stellten und mit der sie Kürzungen im öffentlichen Sektor zu legitimieren versuchten.

Es ist offensichtlich, dass das Ideal einer solchen Fürsorglichkeitsgesellschaft stets mit »Versuchungen des Unpolitischen«, genauer: mit Erwartungen verbunden ist, die letztlich zur Formierung einer Politik »unpolitischer Präsenz« führen könnten, welche sich »in bloßer Repräsentation auflöst« und die »Demokratie tendenziell auf eine Form des Ausdrucks sozialen Lebens reduziert« (ebd.: 246) – während sich eine demokratische Öffentlichkeit dadurch auszeichnet, dass sie die soziale Ordnung nicht nur symbolisch reproduziert, sondern auch Möglichkeiten bietet, die sie strukturierenden Regeln infrage zu stellen. Natürlich sind die Konvivialisten von manipulativen Formen der *care*-Rhetorik ebenso weit entfernt wie die neohegelianischen Anerkennungstheoretiker, aber Restbestände eines unpolitischen Fürsorglichkeitsideals sind in dem Manifest durchaus sichtbar, wenn z.B. das Thema politische Legitimität behandelt wird. Legitim, so wird behauptet, seien Staaten vor allem dann, wenn sie eine Politik der materiellen Umverteilung (durch die Gewährung von Höchst- und Mindesteinkommen sowie durch die Vermehrung von Gemeingütern) betreiben. Diese zweifellos wichtige Fokussierung auf Umverteilung als Kriterium der Output-Legitimität korrespondiert jedoch kaum mit Überlegungen für ein politisches *Empowerment* auf der Seite der Input-Legitimität, die demgegenüber auffallend blass bleibt: die vage Forderung, dass Regierungen für die »Vermehrung gemeinsamer und assoziativer Tätigkeiten« nach dem »Prinzip der Selbstverwaltung« zu »sorgen« haben, findet sich in ähnlich unbestimmter Form auch in dem *Big Society*-Programm der britischen Tories – mit derselben einseitigen Fokussierung auf die staatliche Handlungsebene als Impulsgeber. Die eigentlich drängende Frage, welche Reformen und Instrumente notwendig wären, damit die von den sozialen Akteuren auf der kommunalen Ebene generierte Macht wirksamer als bislang in die staatlich-politischen Institutionen übersetzt werden könnte, welche Anforderungen eine sich (und ihre Gemeingüter) selbst verwaltende Gesellschaft an jeden einzelnen Bürger stellen würde – solche demokratietheoretisch drängenden Fragen werden leider nicht einmal im Ansatz behandelt. Staaten sind keine Black Boxes – sie werden nur dann eine Politik der gerechten Umverteilung betreiben, wenn ihre Bürger bereit sind, sich für eine entsprechende Idee der Gerechtigkeit einzusetzen, und wenn sie Strukturen vorfinden, die es ihnen erlauben, wirksam für diese Idee zu werben. Im konvivialistischen Manifest lässt sich demgegenüber eine »machtvergessene« Konzentration auf die Output-Seite der Gerechtigkeit bei einem weitgehenden Fehlen institutionenpolitischer, auf die konkrete Realisierung politischer Mitbestimmung – auch im ökonomischen Sektor – zielender Überlegungen feststellen, die für das gegenwärtige Nachdenken über Gerechtigkeit überhaupt typisch ist (vgl. Forst 2011: 41).[1]

Allerdings meinen wir nicht nur, dass die genuin (institutionen-)politische Dimension der im Manifest skizzierten Vision eines guten Lebens viel zu vage bleibt; wir sehen darüber hinaus die Gefahr, dass das Projekt einer politischen Wertegemeinschaft durch die Konstruktion allgemein verpflichtender individual-ethischer Handlungsorientierungen aufgesprengt werden könnte, wenn nicht die Suche nach handlungsleitenden Normen für den öffentlichen Raum an eine realistische Analyse und eine Anerkennung der diese Sphäre prägenden Strukturen und Prozesse gekoppelt wird. Unseres Erachtens könnte man diese Kritikpunkte auflösen, wenn das Manifest um eine zeitgemäße Interpretation des republikanischen Konzepts von Bürgersolidarität erweitert würde.

1 | Zur Kritik an dieser Weigerung, »die politische Frage nach der Bestimmung der Strukturen der Hervorbringung und der Verteilung von Gütern radikal zu stellen«, vgl. Forst (2011: 41).

## Trennung von Politik und Individualmoral

Die Konvivialisten sind sich der Gefahren eines in »mörderisches Sektierertum« verfallenden »Moralismus und Idealismus« durchaus bewusst (S. 46), weshalb sie einerseits den Widerstreit inkommensurabler »nicht-zerstörerischer Identitäten und Unterschiede« als »notwendig« akzeptieren (S. 49), andererseits aber auf relativ unbestimmt bleibende moralische Imperative – die Vorstellung einer vom gemeinsamen »Anstand« und dem »Gebot der Gerechtigkeit« geleiteten »richtigen Politik« (S. 62, 66, 75) – als Schlüssel zur »Beherrschung« der aus diesen Differenzen erwachsenen Konflikte verweisen. Wenn also davon die Rede ist, dass Interessenkämpfe nur solange legitim seien, wie sie »den Rahmen der gemeinsamen Sozialität nicht gefährde[n]« (S. 62), dann stellt sich wie üblich die Frage, worin diese »Sozialität« denn eigentlich bestehen soll, welcher Art die Quellen der Solidarität sind, die benötigt wird, damit die Bearbeitung der pluralistische Gesellschaften durchziehenden Konflikte keine »zerstörerischen«, sondern integrative Effekte entfaltet.

Für die Konvivialisten steht fest, dass ein gutes Gemeinwesen einen von allen geteilten »Sinn für erfüllte Pflicht« voraussetzt, der uns dazu anleitet, das zu tun, was »der Anstand gebietet (*common decency*)«. (S. 66, 69) Anders als kommunitarische Denker wie etwa Charles Taylor sind sie aber nicht der Meinung, dass dieses Anstands- und Solidaritätsgefühl sich aus der patriotisch motivierten Loyalität zu den politischen Institutionen einer konkreten Rechtsgemeinschaft speist, sondern aus universell gültigen Gerechtigkeitsprinzipien, deren Durchsetzung die »Entwicklung neuer Formen der Menschlichkeit«, ja mithin die Notwendigkeit erfordere, »einen neuen, radikalisierten und erweiterten Humanismus zu *erfinden*« (S. 58, Hrvg. DM/FW). Ihrer Meinung nach brauchen wir nicht nur eine neue Menschlichkeit, sondern auch ein hohes Maß an »Kreativität«, um die »bestehenden politischen Spiele« umzugestalten und »andere Formen zu *erfinden*«. Eine solche Konstruktionsleistung setze jedoch eine umfassende »Mobilisierung der Affekte und Leidenschaften« voraus (S. 72f.), weshalb z.B. das Gefühl der Scham all jenen »spürbar gemacht werden« soll, die sich den Gerechtigkeitsprinzipien der Gemeinschaft widersetzen.

Dass eine Verpflichtung auf absolute Gebote der Menschlichkeit und die allgemeine Mobilisierung solcher intimen Gefühle im öffentlichen Raum Zwang erfordert, ist ein Gedanke, den die Konvivialisten dabei lieber vermeiden. Es gibt zwar gute Gründe zu fordern, dass eine liberale Demokratie, deren Verfassung – da sie sich an dem Prinzip der »gleichen Freiheit« (S. 61) orientiert – nach Ansicht vieler Liberaler eigentlich dem Telos einer allmählichen Reduzierung von Zwang verpflichtet ist, dennoch öffentliche Maßnahmen zur Förderung des Gemeinsinns ergreifen sollte, um dessen Austrocknung zu verhindern,[2] doch sollten bei der Rechtfertigung dieser Maßnahmen »politische« Pflichten nicht zu sehr mit ethischen Kategorien vermengt werden. Zunächst sieht es so aus, als ob auch die Konvivialisten den Wert und Nutzen dieses Trennungsgebotes anerkennen, unterscheiden sie doch gleich zu Beginn noch eindeutig zwischen »moralischen« und »politischen Überlegungen« (S. 49f.); doch letztlich bleibt die alles entscheidende Frage, wie die Garantie des Rechts jedes einzelnen, »seine Auffassung vom guten Leben, unter Berücksichtigung der Auffassung anderer, zu verwirklichen«, sich mit dem starken Gebot einer allgemeinen Sittlichkeit (S. 63f.) verträgt, unbeantwortet. Ungeachtet aller Bekenntnisse, dass es im politischen Raum keine universell gültigen, der konstitutiven Konflikthaftigkeit entzogenen letzten Prinzipien geben sollte, greift das »moralische« Vokabular immer wieder in den politischen Bereich über. Wenn zum Beispiel behauptet wird, dass es die Pflicht jedes Menschen sei, »die Korruption zu bekämpfen«, so ist damit nicht nur – wie im republikanischen Diskurs – gemeint, dass jeder, der öffentlich handelt, nicht nur seine materiellen Privatinteressen zurückstellen, sondern es darüber hinaus ablehnen soll, »generell in allen Tätigkeiten etwas für Geld (oder Macht oder institutionelles Ansehen) zu tun, was das Gewissen verurteilt«. (S. 64) Spätestens hier haben wir es anstatt mit einer Vision politischen Zusammenlebens mit einer politisierten Privatmoral zu tun,[3] die das Gewissen auch in politischer Hinsicht als handlungsleitend auszeichnet, während es aus republikanischer Perspektive keine im eigentlichen Sinne politisch relevante Kategorie darstellt. Denn das Gewissen kann im Grunde »nur sagen: Ich kann nicht, und ich will nicht. Da es zum eigenen Selbst des Einzelnen in Bezug steht, kann von ihm kein Handlungsimpuls erwartet werden« (Arendt 2007: 96). Der Eintritt in den öffentlichen Bereich erfordert nun mal einen aktiven Umgang mit dem Phänomen Macht, die generiert wird, sobald mehrere Bürger miteinander in ein Kooperationsverhältnis eintreten. Es ist das aktive Interesse an der Perspektive dieser anderen Bürger und nicht, wie bei der Bezugnahme auf das Gewissen, »das Interesse des Menschen an sich selbst«, das aus republikanischer Sicht das primäre Handlungsmotiv

**2** | Mögliche konkrete Maßnahmen wären z.B. ein verpflichtender Community Service während der Schul- und Hochschulausbildung oder die Einführung einer Wahlpflicht.

**3** | Auch andere Passagen des Manifestes offenbaren eine latente Macht- und Institutionenfeindlichkeit. So wird gefordert, dass sich die »Kämpfe um Anerkennung« in einer »konvivialen« Ordnung »nicht wie so häufig auf Machtkämpfe und narzisstische Konfrontationen beschränken« sollten. (S. 57) Was immer dies konkret bedeuten mag: offenbar wollen die Konvivialisten nicht akzeptieren, dass »das Wesen aller Politik«– und sei das Handeln einzelner Akteure noch so sehr von absoluten Gerechtigkeitsprinzipien geleitet – »Kampf, Werbung von Bundesgenossen und von freiwilliger Gefolgschaft« ist (Max Weber), also letztlich immer auf einen Wettbewerb um Machtressourcen hinausläuft.

des Bürgers sein sollte. Keiner der modernen republikanischen Denker hätte die Tatsache bestritten (und moralisch verurteilt), dass es »der private Eigennutz [ist], der in politischen Leidenschaften immer die größte Rolle spielt« und dass die »freien Einrichtungen«, die die Anteilnahme am öffentlichen Wohl schulen und forcieren sollen, darin nur deshalb erfolgreich sind, weil die von ihnen umrahmten Interaktionen die Bürger zu dem Bewusstsein gelangen lassen, »dass Pflicht wie Vorteil den Menschen gebieten, sich ihren Menschen nützlich zu erweisen; und weil er keinen besonderen Grund sieht, sie zu hassen, insofern er weder jemals ihr Sklave noch ihr Herr ist, neigt sein Herz leicht zum Wohlwollen« (Tocqueville 1976: 199, 593). In diesem »insofern« liegt denn auch eine zentrale Bedingung für die Aufrechterhaltung des Bürgersinns. Ein Verständnis von Freiheit als Abwesenheit von Herrschaftsstrukturen, die aufgrund der Konzentration ökonomischer und politischer Macht in den Händen Weniger diesen Wenigen die Gelegenheit bieten, willkürlichen Zwang gegen ihre Mitbürger auszuüben (im Sinne von Philip Pettits »freedom as non-domination«) zieht sich wie ein roter Faden durch den republikanischen Diskurs der Neuzeit. Doch bietet dessen (im Kern liberale) »neorömische« Variante – die Forcierung eines »empire of laws and not of men« (Harrington), eines auf die Begrenzung der »Mehrheitstyrannei« qua Expertengremien und juridisch dominierter Verfahren statt auf Partizipation in einer starken, inklusiven Öffentlichkeit setzenden Politikansatzes – allein offenbar keine zufriedenstellende Lösung für die Überwindung der Machtlosigkeit der politischen Gesellschaft gegenüber den sie beherrschenden ökonomischen Zwängen. Allerdings sind sich alle Republikaner darin einig, dass das Nachdenken über die »Heilkraft menschlicher Institutionen« (Arendt) einen unumgänglichen Ausgangspunkt für die Suche nach einer solchen Lösung bilden muss.

## Bürgersinn als »Verantwortlichkeit für die Welt« statt »Fürsorglichkeit«

Die Legitimität guter republikanischer Institutionen sollte sich nicht an einheitlichen ethischen Identitätskonstruktionen bemessen – mögen diese nun in rein konventionalistisch begründeten tradierten Werten einer konkreten Gemeinschaft oder in Gerechtigkeitsgeboten gründen, die dem politischen Diskurs entzogen sind –, sondern daran, ob sie eine gemeinsame diskursive Praxis der Selbstgesetzgebung ermöglichen. Damit diese diskursive Praxis gelingen kann, müssen die Institutionen bestimmte politische Tugenden fördern, zu denen vor allem der Gemeinsinn und die Urteilskraft zählen. Diese können sich jedoch nur in einer inklusiven und allgemeinen Öffentlichkeit ausbilden, die das eigentliche Bollwerk gegen Korruption und einen Garanten für die Ausbildung eines Gefühls gegenseitiger Anerkennung der Bürger als Gleiche und Verschiedene bildet.

In einer starken republikanischen Öffentlichkeit spiegelt sich ein »im Recht auf Dissens eingeschlossener Konsens«, der Hannah Arendt zufolge durch die »Kraft gegenseitiger Versprechen« zusammengehalten wird. Arendts Ausweisung der »menschlichen Fähigkeit, Versprechen abzugeben und Versprechen einzuhalten« als die »einzige im strengen Sinne moralisch zu nennende Pflicht des Staatsbürgers« liegt eine universalistische Idee demokratischer Solidarität zugrunde, die das aristotelische Modell der Bürgerfreundschaft nicht, wie kommunitaristische Ethiken, an die von vorpolitischen Gemeinschaften überlieferten Werte, sondern an einen Gemeinsinn als Staatsbürgersinn bindet, der sich »direkt aus dem Miteinander der Menschen« ergibt. (Arendt 1986: 146f.; dies. 1981: 241f.) Da aus Arendts Sicht eine handlungsfähige Öffentlichkeit erst durch dieses Miteinander-Sprechen in einem sichtbaren »Bezugsgewebe« entsteht, das nur solange Bestand haben kann, solange die Menschen bereit sind, ihren Faden in dieses Gewebe zu schlagen, um als Bürger gewissermaßen ihren Teil des Versprechens einzulösen, unterscheidet sich ihr Konzept »gegenseitiger Versprechen« grundlegend von prozeduralistisch verengten deliberativen Demokratietheorien und ihren Idealen »subjektloser Kommunikation«, die eine gute demokratische Praxis allein von einer konsequenten »Prozeduralisierung der Volkssouveränität« (Habermas) abhängig machen. Eine solch naiv-optimistische Vorstellung von Demokratie scheinen auch die Konvivialisten abzulehnen: neben *dem guten Verfahren* gilt hier wieder *der gute Mensch* als unabdingbar für eine gute Ordnung. Das republikanische Modell bildet gewissermaßen eine Synthese: es bedarf *des guten Bürgers*, aber diesen kann es nur geben, wenn sein Gemeinsinn durch die »Heilkraft menschlicher Institutionen« beständig geschult wird.

Doch die Konvivialisten weisen zurecht daraufhin, dass eine solche Öffentlichkeit sich nicht bilden kann, wenn sich das durch sie repräsentierte Gleichheitsideal nicht zuvor in sozioökonomischer Hinsicht realisiert: An dieser Stelle müssen wir unsere vielleicht etwas pedantische Kritik der konvivialen Neigung zur Moralisierung des Politischen natürlich stark einschränken, denn den Verfassern des Manifests geht es mit ihrem Plädoyer für eine »Politik der Würde« (S. 65) letztlich um genau dieses Urversprechen der Demokratie: radikale, aber plurale Gleichheit als Bedingung für die Ausbildung einer »gemeinsamen Sozialität« – und zwar Gleichheit nicht in einem schwachen, liberalen Sinne als Rechtsgleichheit, sondern darüber hinaus im Sinne relativer materieller Gleichheit als Voraussetzung dafür, dass alle Bürger in demselben Maße befähigt sind, ihre politischen Rechte auch tatsächlich in Anspruch zu nehmen. Wenn die Konvivialisten die Notwendigkeit betonen, dass mittels einer Begrenzung von Vermögen und Einkommen »die Schande des extremen Reichtums« möglichst vermieden werden soll und dass es eine Aufgabe von Politik sein müsse, »die Maßlosigkeit und die Korruption« zu bekämpfen, d.h. all jenen, die dem öffentlichen »Anstand« respektive den Prinzipien der »gemeinsamen Sozialität« zuwider handeln, das Gefühl der »Scham [...] spürbar« zu machen, so werden damit zentrale Vokabeln des republikanischen Tugenddiskurses aufgegriffen. Entscheidend ist jedoch, dass in der republikanischen Konzeption von Bürgersolidarität der Hinweis auf die Gefahren der Ungleichheit und die Verurteilung des rein passiv-konsumierenden zugunsten einer Wertschätzung des aktiv-partizipierenden Lebens sich aus einer Verantwortung für die Erhaltung der Freiheit des Gemeinwesens herleiten. Die Bewahrung dieses Bewusstseins ist von der Förderung einer allgemeinen »Verantwortlichkeit für die Welt« (Arendt) (und das heißt: für das Wohl einer Gesellschaft, die größer ist als die Bürgerschaft des jeweiligen Nationalstaates, in dem man lebt) abhängig. Kurzum: Ein republikanisches Gerechtigkeitsmodell fordert die Begrenzung des Privateigentums und die Sanktionierung übermäßiger Gier in erster Linie deshalb, weil eine Gesellschaft, deren kollektive Macht durch die private Macht egoistischer Nutzenmaximierer und durch die öffentliche Propagierung des Konsumismus zersetzt wird, die Freiheit verliert, über sich selbst zu bestimmen.

## Integration durch konfliktive Pluralität

Dass die Bereitschaft, politische Verantwortung zu übernehmen, nicht nur auf das im Versprechen angelegte Vertrauen in die Anderen als Bürger – welches nur solange Bestand haben kann, wie die Taten der anderen sich meines Vertrauens als würdig erweisen: daher die Abhängigkeit einer intakten Öffentlichkeit von der Bürgertugend –, sondern auch auf die Erfahrungen von Vertrauen und Anerkennung in den sozialen Beziehungen angewiesen ist, die unser Alltagsleben strukturieren, ist ein Punkt, den die Konvivialisten zurecht betonen. Kollektive »Fürsorge« und soziale Anerkennung im Sinne der reziproken Beziehung zwischen Subjekten, die ihre Abhängigkeit voneinander erkennen, sind zweifellos Ressourcen, die auch für das politische »Zusammenleben« wichtig sind. Aber eine »Gesellschaft der ›Fürsorglichkeit‹«, in der die Menschen aufeinander Acht geben, kann nur Bestand haben, solange sich dieselben Menschen auch wirklich als Bürger begreifen. Denkbar ist eine Gesellschaft fürsorglicher Untertanen, die der neoliberalen Kälte mit selbstverwalteten sozialen Initiativen auf der lokalen Ebene trotzen, jedoch keine freien Kapazitäten mehr haben und sich auch nicht dazu verpflichtet fühlen, im öffentlichen Raum für die Anerkennung der Bedürfnisse von Kranken und Schwachen einzutreten – denn die hier zu erwartenden Kämpfe erfordern in der Tat ein »politisches Löwenfell« statt »Fürsorglichkeit« und »Anstand«.

Auf die alte Utopie einer Harmonisierung der das private, soziale und politische Leben bestimmenden Funktionalitäten und Wertesysteme drohen letztlich alle Ansätze zurückzufallen, die private »Fürsorglichkeit« zu einem Ideal für eine gerechte politische Ordnung erheben. Doch im Politischen geht es notwendig rau zu: Dass die ständige Revitalisierung einer den Prinzipien von Freiheit und Gleichheit verpflichteten Verantwortlichkeit für die Welt die Perpetuierung und Zuspitzung der Konflikte erfordert, die aus den jeweils divergierenden Interpretationen dieser Prinzipien resultieren – darauf haben viele der Autoren, die der neuzeitlichen republikanischen Tradition verbunden sind, mit Nachdruck hingewiesen. Aus der im republikanischen Diskurs stets mitgedachten »Dialektik der Tugend« – der Tatsache, dass es »gerade die durch die Bürgertugend gewonnene Stabilität [ist], die vermittelst des durch sie ermöglichten ruhigen Lebens diese Tugend am stärksten bedroht« (Münkler 1993: 13f.) – ergibt sich, dass Meinungskämpfe nicht nur deshalb »notwendiger« und »natürlicher« Bestand jeder politischen Gesellschaft sind, weil jeder Mensch nach Anerkennung seiner Identitäten und Bedürfnisse strebt und die daraus resultierenden Rivalitäten »ebenso mächtig und fundamental [sind] wie das ebenfalls gemeinsame Streben nach Eintracht und Zusammenarbeit«, sondern weil darüber hinaus diese Konflikte eine *Voraussetzung* dafür sind, dass diese Bereitschaft zu »kooperativer Öffnung« (S. 48) lebendig bleibt.

Bedenkt man diese positive Wirkung des Konflikts auf den Bürgersinn, wirkt die Tatsache umso fataler, dass zahlreichen empirischen Untersuchungen zufolge gerade jenen Institutionen von den Bürgern besonders wenig Achtung entgegen gebracht wird, in denen Konflikte tatsächlich offen ausgetragen werden: die Parlamente nehmen in entsprechenden Institutionenrankings durchweg einen der letzten Listenplätze ein, während Gerichte und Polizei meist ganz oben stehen. Die Anforderungen der Bürgertugend stehen einer Bürgerschaft gegenüber, welche gutes politisches Handeln offenbar einseitig an das Konsenspostulat und an eine substantielle Vorstellung vom Gemeinwohl als Unparteilichkeit anstatt an eine pluralistische Vorstellung von Aktivbürgerschaft bindet, die die Zuspitzung von Meinungsdifferenzen zu – von einem »konfliktorischen Konsens« eingerahmten – »agonistischen Konfrontationen« (Mouffe) wertschätzt und ihre Abwesenheit als Gefahr für die Demokratie deutet.

## Für eine Demokratisierung der Repräsentationsbeziehungen

Zwar erfährt man in dem Manifest nur wenig über eine »konviviale« Institutionenordnung und Agenda der Demokratisierung, aber die Überlegungen gehen in die richtige Richtung: die der »Reterritorialisierung und Relokalisierung« politischer Institutionen als Voraussetzung zur Schaffung einer »partizipativen Demokratie« (S. 73). Infolge der gesellschaftlichen Differenzierung und zunehmenden Distanz zu den staatlich-politischen Institutionen verkompliziert sich dieses Projekt der gesellschaftlichen Aneignung staatlicher Macht: Politik findet sowohl in der staatlichen Sphäre, in den Parlamenten, als auch in der Zivilgesellschaft (in Bürgerinitiativen, Hochschulgruppen, NGO's, Nachbarschaftsvereinen usw.) statt, aber nur im ersten Fall ist Politik unmittelbar auf die Allgemeinheit des Gesetzes bezogen, die den vom Konzept der Volkssouveränität geforderten Kreislauf aus allgemeiner Autorisierung und allgemeiner Verbindlichkeit ermöglicht. Wo sich der Gegensatz zwischen institutionalisierter Politik und gesellschaftlicher »Subpolitik« (Ulrich Beck) jedoch allzu unversöhnlich gestaltet und wo es an einem allgemeinen Erscheinungsraum fehlt, in dem die konkurrierenden Interessengruppen sich so artikulieren können, dass die Auseinandersetzungen zwischen ihnen symbolisch wirksam werden, vermag sich diese Allgemeinheit kaum zu manifestieren. Die von der Zivilgesellschaft generierte Macht kann nur dann zu einer weithin akzeptierten »Bearbeitung« der sie durchziehenden Konflikte hinführen, wenn sie in einem positiven Sinne auf die politischen Institutionen der staatlichen Sphäre bezogen bleibt. Dies setzt jedoch eine radikale Demokratisierung (und das heißt in der Tat notwendig: »Reterritorialisierung«) der Repräsentationsbeziehungen voraus. Die Konvivialisten scheinen sich dessen durchaus bewusst zu sein, wenn sie anerkennen, dass eine Demokratisierung des öffentlichen Lebens eine Reihe von Institutionenreformen nötig macht, die das »Prinzip der Selbstverwaltung« stärken – Reformen, die staatliches Handeln erfordern und daher auf ein Engagement in jenen Institutionen angewiesen sind, die die Konvivialisten einseitig als »Spiele« verdammen, welche »lediglich Antworten von gestern« anzubieten haben und ihres Erachtens nur durch viel »Kreativität« »radikal« umgestaltet werden könnten.

Demgegenüber möchten wir dafür plädieren, neben Kreativität und der »Mobilisierung von Leidenschaften« die an den Realitäten der Politik geschulte *Erfahrung* als eine ebenso wichtige Orientierungsquelle für institutionelle Reformen anzusehen. Erst durch das Handeln in politischen Institutionen, das jeden Bürger dazu befähigt, nicht nur seine eigene Stimme hörbar zu machen, sondern seine Perspektive an der seiner Mitbürger zu spiegeln und zu erweitern, kann sich ein Bewusstsein dafür entwickeln, dass sich in einer inklusiven pluralistischen Öffentlichkeit konkrete Gerechtigkeitsnormen nicht in absoluter Form verwirklichen lassen. Visionen, die die Legitimität von Institutionen primär an hehre Gerechtigkeitsprinzipien knüpfen, ohne die auf die Umsetzung dieser Prinzipien zu programmierenden institutionellen Mittel näher zu beschreiben, nehmen den in den westlichen Verfassungsstaaten des 21. Jahrhunderts weit verbreiteten »Praxisentzug« (Arendt) der Bürger nicht ernst genug – oft neigen sie sogar zu einer ethischen Verklärung dieses Phänomens. Wir glauben, dass die liberaldemokratischen Verfassungen des Westens, die sich auf das Prinzip der gleichen Freiheit stützen und Instrumente zu ihrer Umsetzung zur Verfügung stellen – Meinungs- und Redefreiheit, frei gewählte Parlamente usw. – eine sichere Garantie für die Abwendung von Unmenschlichkeit und einen geeigneten Rahmen bilden, in denen jeder Bürger seine eigenen, über dieses prozedurale Minimum hinausgehenden positiven Vorstellungen von Menschlichkeit entwickeln kann. Wollen wir auf eine Verbesserung unserer Institutionen und dafür zum Beispiel auf eine Demokratisierung und Dezentralisierung des Repräsentationsprinzips hinwirken, brauchen wir deshalb neben Kreativität zunächst einmal *Loyalität* gegenüber unseren gewachsenen demokratischen Strukturen: denn sie sind der Ort, an dem entsprechende Reformen, notwendig begleitet durch schmerzhafte Rückschläge, verbindlich durchgesetzt werden müssen. Etwas mehr von dieser Loyalität, diesem zur Überwindung des modernen »Praxisentzugs« unabdingbaren Institutionenvertrauen, hätte dem Manifest sicher gut getan.

## Literatur

Arendt, Hannah (1981): Vita activa oder Vom tätigen Leben, München: Piper.

Arendt, Hannah (1986): »Ziviler Ungehorsam«, in: dies., Zur Zeit. Politische Essays, Berlin: Rotbuch-Verlag.

Arendt, Hannah (2007): Über das Böse. Eine Vorlesung zu Fragen der Ethik, München: Piper.

Forst, Rainer (2011): »Zwei Bilder der Gerechtigkeit«, in: ders., Kritik der Rechtfertigungsverhältnisse. Perspektiven einer kritischen Theorie der Politik, Berlin: Suhrkamp.

Honneth, Axel (1994): Kampf um Anerkennung. Zur moralischen Grammatik sozialer Konflikte, Frankfurt a.M.: Suhrkamp.

Honneth, Axel (2000): »Das Andere der Gerechtigkeit. Habermas und die Herausforderung der poststrukturalistischen Ethik«, in: ders., Das Andere der Gerechtigkeit. Aufsätze zur praktischen Philosophie, Frankfurt a.M.: Suhrkamp.

Münkler, Herfried (1993): Zivilgesellschaft und Bürgertugend. Bedürfen demokratisch verfasste Gemeinwesen einer sozio-moralischen Fundierung? Antrittsvorlesung, 10. Mai 1993, Humboldt-Universität zu Berlin. Online einsehbar unter http://edoc.hu-berlin.de/humboldt-vl/muenkler-herfried/PDF/Muenkler.pdf [eingesehen am 02.07.2015].

Rosanvallon, Pierre (2010): Demokratische Legitimität. Unparteilichkeit, Reflexivität, Nähe, Hamburg: Hamburger Edition.

Tocqueville, Alexis de (1976): Über die Demokratie in Amerika, München: Deutscher Taschenbuch Verlag.

# Soll der Staat ein gesetzliches Maximaleinkommen festlegen?

*Volker M. Heins*

Reichtum und Luxus sind Objekt der Begierde wie auch des Hasses. Im Oktober 2014 stürmte eine Menschenmenge in Ouagadougou im westafrikanischen Burkina Faso das Fünf-Sterne Azalai Hotel und brannte es nieder, um dem Bedürfnis nach mehr Demokratie handfesten Ausdruck zu verleihen. Der äthiopische Despot Haile Selassie wurde aus dem Amt geputscht, nachdem im Jahr 1973 die BBC einen Dokumentarfilm des britischen Filmemachers Jonathan Dimbleby sendete, in dem zu sehen war, wie der Herrscher während einer Hungersnot im Norden des Landes seine Hunde von einem Silbertablett mit Steaks fütterte. Geschichten dieser Art, die jedes Mal mit dem Tod oder der Vertreibung der Gierigen und Herzlosen enden, lassen sich in der modernen Zeit bis auf die unglückliche Marie Antoinette, Königin von Frankreich und Navarra, zurückverfolgen, die im Volk als Hure beschimpft und schließlich während der Französischen Revolution enthauptet wurde.

Das konvivialistische Manifest greift dieses Motiv des schändlichen Reichtums auf, das den Gegensatz bildet zum propagierten Ideal sozialer Nähe und Verbundenheit. So verlangt das Manifest neben einem garantierten Mindesteinkommen auch die Einführung eines gesetzlichen Maximaleinkommens: »[Legitime] Staaten«, so heißt es, »untersagen es den Reichsten nach und nach mit Hilfe der Einführung eines Höchsteinkommens, der Schande des extremen Reichtums anheimzufallen und ein Niveau zu überschreiten, das die Prinzipien der gemeinsamen Menschheit und der gemeinsamen Sozialität untergräbt. Dieses Niveau kann relativ hoch sein, darf jedoch nicht über das hinausgehen, was der Anstand gebietet (common decency).« (S. 65f.)

Der Kampf für ein Höchsteinkommen ist Teil des umfassenderen Kampfes gegen »Hybris« und »alle Formen von Schrankenlosigkeit und Maßlosigkeit« (S. 48, 71), den sich die Autoren des Manifests auf ihre Fahne geschrieben haben. Trotzdem wirft die zitierte Formulierung eine Reihe von wichtigen Fragen auf: Wo soll die Obergrenze eines legitimen Einkommens liegen? Wer soll diese Grenze bestimmen? Und nach welchen transparenten und legitimen

Kriterien? Ich möchte im Folgenden zeigen, dass die Forderung des Manifests eine lange Geschichte hat und aufgegeben wurde, weil es unmöglich ist, auf die genannten Fragen überzeugende Antworten zu geben. Die Lösung des Problems wachsender Einkommensunterschiede muss woanders gesucht werden, vor allem im Bereich einer nicht-konfiskatorischen Steuerpolitik, aber auch durch die Einführung neuer Sitten im Umgang mit großen Vermögen.

## Exzessiver Reichtum als Bedrohung des Zusammenlebens

»Reiche sind noch reicher als gedacht«, titelte die Frankfurter Allgemeine Zeitung im Juli 2014 unter Berufung auf eine neue Studie der Europäischen Zentralbank. Die Studie zeigt, dass der Reichtum der Superreichen immer wieder unterschätzt und von Statistikern manchmal sogar ganz außer Acht gelassen wird. Die wirklich Reichen sind reicher als wir glauben und uns vorstellen können. Hinzu kommen die wachsende Konzentration des privaten Vermögens und die viel beschworene dramatische Öffnung der Schere zwischen Reichen und Armen in vielen Ländern der Erde. In Deutschland besitzen inzwischen die reichsten fünf Prozent der Bevölkerung die Hälfte aller Vermögenswerte. In anderen Ländern sind die Verhältnisse noch krasser.[1] Neuere Zahlen der Crédit Suisse belegen, dass nur 0,7 Prozent der Weltbevölkerung 41 Prozent des Weltvermögens kontrollieren. Die wirkliche Lage ist wahrscheinlich noch dramatischer, weil die genannten Berechnungen die vielen Milliarden US-Dollar nicht berücksichtigen, die von einer kleinen Zahl von Spitzenverdienern in Übersee-Banken vor dem Zugriff nationaler Steuerbehörden versteckt werden (vgl. Zucman 2014).

Die wachsende Einkommens- und Vermögensungleichheit innerhalb von Ländern findet ihren Ausdruck nicht zuletzt in neuen Wortschöpfungen. Während Globalisierungskritiker wie Joseph Stiglitz schon lange von einer neuen »Plutokratie«, das heißt der politischen Herrschaft der Reichen sprechen, haben Analysten der Citigroup 2005 das Wort »Plutonomie« erfunden, um die Tendenz zu beschreiben, dass das Wirtschaftswachstum zunehmend abhängig ist vom Konsumverhalten und der Kaufkraft einer immer kleineren Gruppe von Vermögensbesitzern.

Große nationale Wahrnehmungsunterschiede gibt es allerdings in der Frage, wie bedrohlich diese Entwicklung ist und in welchem Verhältnis sie zu

1 | In der westlichen Welt ist dies neuerdings ein großes Thema, wie die folgenden Buchtitel aus Universitäten und Denkfabriken zeigen, die allesamt in diesem und im letzten Jahr erschienen sind: Owen Jones, »The Establishment: And How They Get Away With It«, Danny Dorling, »Inequality and the 1 %«, Darrell M. West, »Billionaires: Reflections on the Upper Crust« sowie Anthony B. Atkinson, »Inequality: What Can Be Done?«.

anderen Bedrohungen der Gesellschaft steht. Aufschlussreich sind in diesem Zusammenhang die Umfragen zu den »größten Gefahren in der Welt«, die das amerikanische Pew Research Center regelmäßig durchführt. Die Befragten können sich dabei neben der sozialen Ungleichheit für vier weitere Hauptgefahren entscheiden: religiöser und ethnischer Hass, Umweltzerstörung, Aids und andere Krankheiten sowie Nuklearwaffen. Interessant ist, dass in Deutschland und Frankreich jeweils ungefähr ein Drittel entweder vor Ungleichheit oder ethnisch-religiösen Konflikten die größte Angst hat, während andere Gefahren kaum eine Rolle spielen. Wachsende Ungleichheit wird in Deutschland etwas mehr gefürchtet als in Frankreich, in Frankreich mehr als in den USA, und in den USA deutlich mehr als in Russland, Nigeria oder der Türkei (vgl. Pew Research Center 2014). Diese Befunde regen zu weiteren Hypothesen an. Die Bevölkerungen wohlhabender Länder scheinen empfindlicher auf Einkommensungleichheit zu reagieren als die ärmerer Länder. Der Vergleich Deutschland – USA zeigt zudem, dass das Unbehagen an der Ungleichheit relativ unabhängig ist von der tatsächlich messbaren Ungleichheit.

## Die Herkunft der Idee

Sowohl exzessiver privater Reichtum als auch die Auseinanderentwicklung von Vermögen und Einkommen können zwei Übel begünstigen: erstens die soziale, politische und sozialräumliche »Absonderung« von privilegierten Gruppen von der übrigen Gesellschaft, und zweitens die »Zersetzung« der Gesellschaft durch einseitige Nutzenorientierung. Wenn privater Reichtum diese Konsequenzen hat, mag man ihn schändlich nennen. Nun ist die Idee, dass es wichtig ist, den Kampf gegen schändlichen Reichtum zu führen, nicht neu. Auch die konkrete Forderung nach der staatlichen Festsetzung eines Höchsteinkommens hat eine Geschichte, die bis in die frühe Moderne zurückreicht. Der Gedanke, dass übermäßiger privater Reichtum das gesellschaftliche Zusammenleben und die Freiheit von Republiken gefährden, findet sich zum Beispiel bei Machiavelli, Rousseau und Jefferson. Auch der Ursprung der Idee der Verteilungsgerechtigkeit ist alt und wird bereits in der hebräischen Bibel formuliert. Bei Moses und im Buch Levitikus ist die Rede von der gerechten Teilung des Landes unter den Stämmen und Familien Israels, sowie davon, dass nur Gott der legitime Eigentümer allen Landes ist. Andere Propheten wie Samuel warnen das Volk vor der grenzenlosen Gier eines möglichen falschen Königs: »Eure besten Felder, Weinberge und Ölbäume wird er euch wegnehmen und seinen Beamten geben.« (I Sam. 8:14)

Im 17. Jahrhundert sind diese und zahlreiche andere Aussagen unter der Überschrift der ›jüdischen Agrargesetze‹ immer wieder diskutiert und zum Vorbild einer Politik der Reichtumsbegrenzung gemacht worden. Von maßgeblicher Bedeutung ist hier besonders der englische politische Theoretiker James Harrington, der in seinem Buch »The Commonwealth of Oceana« (1656) die biblisch inspirierte Landverteilung ins Zentrum seiner Konstruktion einer idealen Republik rückt. Harrington dekretiert zum Beispiel, dass ein Landgut seinem Besitzer nicht mehr als 2.000 Pfund pro Jahr einbringen darf. Auch für die Mitgift – eine Form des Gabentausches anlässlich von Eheschließungen – wird eine Höchstgrenze von 1.500 Pfund festgesetzt (vgl. Nelson 2010: 78f.). Erträge, die über diese Summen hinausgehen, sollen vom Staat kassiert werden.

Harringtons Ausführungen sind aus zwei Gründen bemerkenswert. Erstens begründet er seine normativen Anforderungen an ein wohlorganisiertes Gemeinwesen mit dem Grundsatz des »Gleichgewichts« zwischen Bevölkerungsgruppen und Machtquellen, eine Metapher, die auch im Manifest (S. 66, 68) verwendet wird. Die Forderung nach einem staatlich limitierten Höchsteinkommen kann als sozialpolitisches Pendant zum verfassungstheoretischen Prinzip der checks and balances gedeutet werden. Zweitens verweist Harrington ausdrücklich und wiederholt auf den »Commonwealth of the Hebrews« als Vorbild. Der amerikanische Politiktheoretiker Eric Nelson wiederum hat gezeigt, dass ausgehend von Harrington die Bezugnahme auf jüdische Ideale der gerechten Landverteilung zu einer zentralen Inspirationsquelle des modernen republikanischen Denkens geworden ist. Neben dem Schutz des Privateigentums und der Forderung nach seiner Abschaffung tritt damit das Nachdenken über Formen und Grenzen seiner legitimen »Umverteilung« (vgl. Nelson 2010: 86f.).

Aus diesen Befunden ergibt sich zunächst einmal eine Kritik an der (Selbst-)Verortung des konvivialistischen Manifests in größeren geistesgeschichtlichen Zusammenhängen. Die Forderung nach Umverteilung und Schranken der persönlichen Bereicherung mag heute ein genuines Element des »mediterranen Denkens« sein (vgl. die Einleitung zum vorliegenden Band). Historisch trifft diese Beschreibung aber nur zu, wenn man das jüdische Element in diesem Denken nicht unterschlägt. Ansonsten muss man die Wurzeln jener Forderung eher in England als in Frankreich suchen, eher am Atlantik als am Mittelmeer.

## Pro und contra Maximaleinkommen

Der Protest gegen immense Bonuszahlungen für Banker und generell gegen die beängstigende Konzentration des Reichtums in den Händen einer kleinen Elite von Superreichen wird auch heute wieder von sozialen Bewegungen in Europa und Amerika artikuliert. Den Anfang machten der Movimiento 15-M in Madrid und Occupy Wall Street in New York City. Die von diesen Bewegungen formulierte Kritik speist sich aus unterschiedlichen Quellen. Die erste Quelle ist das Gefühl für die Ungerechtigkeit einer Situation, in der viele elementare Bedürfnisse der Mehrheit der Bevölkerung unbefriedigt bleiben, während einige Wenige immer mehr Reichtum anhäufen und kontrollieren. Der Eindruck der Ungerechtigkeit verschärft sich noch, wenn ein »kausaler« Zusammenhang zwischen dem Reichtum der Wenigen und der Armut der Vielen konstruiert werden kann (»Ausbeutung«).

Die Kritik des Manifests geht allerdings viel weiter, da seine Autoren fordern, selbst im Fall eines bedingungslosen Grundeinkommens die Höchsteinkommen, die innerhalb eines Landes oder weltweit erzielt werden können, staatlich zu begrenzen. Das Ziel ist, auch in einer Gesellschaft ohne Ausbeutung, in der alle Grundbedürfnisse befriedigt werden, Einkünfte oberhalb einer bestimmten Grenze vom Staat einziehen zu lassen. Für diese Forderung sehe ich prinzipiell zwei Argumente. Man kann darauf hinweisen, dass Einkommen jenseits einer bestimmten Höhe in politische Macht umgemünzt werden und damit die Einheit der politischen Gemeinschaft gefährden. Dieses Argument lässt sich auf Harringtons »Oceana« und die atlantische republikanische Tradition zurückführen. Eine zweite Strategie besteht darin, auf die menschliche Natur zu verweisen, deren Bedürfnisse mit einem bestimmten Einkommen allesamt befriedigt werden können. Einkommen jenseits einer bestimmten Grenze dienen dieser Logik zufolge nur der Befriedigung »falscher« Bedürfnisse, die wiederum im Interesse des gesellschaftlichen Zusammenlebens ungestillt bleiben sollen.

Beide Argumente haben Schwächen. Das erste Argument wäre nur dann überzeugend, wenn man zeigen könnte, dass die gemeinwohlgefährdenden Instinkte der Superreichen jenseits einer bestimmten Vermögensgröße zwangsläufig auf die Konstruktionsprinzipien der demokratischen Ordnung durchschlagen und diese untergraben. Aber die Anfälligkeit von legitimen politischen und rechtlichen Institutionen für Korruption durch private soziale Macht ist ein Problem, das durch das Design jener Institutionen gelöst werden muss, nicht durch die Begrenzung des privaten Reichtums. Die Sicherung der demokratischen Institutionen gegen die moralischen Defekte von Bürgern ist seit dem 18. Jahrhundert ein zentrales Motiv der politischen Wissenschaft (vgl. Heins 2015).

Noch problematischer ist das Argument der falschen Bedürfnisse, dass die Konvivialisten zwar nicht explizit verwenden, das aber im Hintergrund mitschwingt. Falsch sind für die Konvivialisten nämlich solche Bestrebungen und Bedürfnisse, die zur Absonderung von privilegierten Gruppen von der Gesellschaft führen. Aber der Schritt von dieser richtigen Intuition zur Einführung eines Höchsteinkommens ist alles andere als zwingend. Erstens gilt das Argument, dass staatliche Institutionen so zugeschnitten werden können, dass der Separatismus der Superreichen durch das Steuerrecht, die Raum- und Stadtplanung, die Entmarktlichung bestimmter Güter, die internationale

Kooperation zwischen Strafverfolgungsbehörden und zahlreiche andere Maßnahmen vereitelt wird. Zweitens ist nicht klar, mit welchem Argument die Befriedigung von extrem kostspieligen Bedürfnissen verhindert werden soll, die niemandem schaden. Nehmen wir das Beispiel des Raumfahrttourismus für Privatkunden, die bereit sind, zwischen zwanzig und vierzig Millionen US-Dollar für einen Trip mit einem russischen Soyuz-Raumschiff zu einer internationalen Weltraumstation zu bezahlen. Das konvivialistische Manifest erklärt nicht, warum niemand so reich sein darf, um sich diesen Spaß zu erlauben, und wer legitimerweise die Grenze ziehen soll zwischen dem Wohlstand, der zur Befriedigung gewöhnlicher Bedürfnisse ausreicht, und jenen exzentrischen Bedürfnissen, die nur durch sehr viel mehr Geld gestillt werden können.

So wie man ein Mindesteinkommen mit dem Hinweis auf vitale Bedürfnisse begründen muss, sollte man staatliche Eingriffe in die Autonomie von Privateigentümern ebenfalls mit den unabweisbaren Bedürfnissen von Nichteigentümern begründen. Dies ist die Strategie von John Rawls in seiner »Theorie der Gerechtigkeit« gewesen. Rawls hat argumentiert, dass die Gründerinnen einer Gesellschaft, wenn sie frei und gleich wären, weder den Utilitarismus der individuellen Nutzenmaximierung noch eine uneingeschränkte Meritokratie, aber auch nicht das Prinzip der einfachen Gleichheit von Einkommen und Vermögen wählen würden. Vielmehr würden sie sich entscheiden für eine Gerechtigkeitsstruktur, die wachsende Ungleichheiten in Kauf nimmt, sofern alle Gesellschaftsmitglieder von dieser Entwicklung einen Vorteil haben, insbesondere die Gruppe der »am meisten Benachteiligten« unter ihnen.

Einen solchen gerechtigkeitstheoretischen Zusammenhang lösen die Autoren des Manifests auf, indem sie die Forderung nach einer Höchstgrenze für Einkommen ganz unabhängig vom Wohlstand aller einzelnen begründen, und zwar mit vagen Imperativ der common decency. Die moralistische Formulierung von der »Schande des extremen Reichtums« legt den Schluss nahe, dass dem republikanischen Staat und seinen Beamten eine Definitionsmacht über die legitimen Bedürfnisse der Bürger zugesprochen werden soll. Plausibler ist der Vorschlag, den legitimen Warenkorb der Superreichen nicht substantiell zu definieren, sondern in Relation zum Durchschnittseinkommen eines Landes oder einer Region. Der Jurist Ian Ayres (Yale University) und der Ökonom Aaron Edlin (Berkeley) haben in diesem Sinne vor einigen Jahren dafür plädiert, das Einkommen der reichsten US-Bürger auf das 36-fache des nationalen Durchschnittseinkommens zu begrenzen. Dieser Vorschlag hat gegenüber dem Manifest den Vorteil, dass die Obergrenze des legitimen Einkommens auf die Einkommensentwicklung bezogen bleibt.[2] Auch ist allerdings das Element

2 | Die Debatte um solche und ähnliche Vorschläge wird in den USA zum Beispiel in dem Online-Magazin »Too Much: A Commentary on Excess and Inequality« (http://toomuchonline.org/) geführt. Einflussreicher ist allerdings das von Großbritannien aus

der Willkür bei der Bestimmung legitimer Einkommensunterschiede offenkundig.

## Steuerpolitische Alternativen

Alle diese Einwände bedeuten nicht, dass die Ausgangsdiagnose des Manifests falsch wäre: Die wachsende Ungleichheit der Einkommen ist tatsächlich ein ernstes gesellschaftspolitisches Problem, das in Verbindung mit einer Vielzahl anderer Faktoren dazu beiträgt, den gesellschaftlichen Zusammenhalt durch die Bildung von gegeneinander verschanzten Enklaven zu zerstören. Die Gefahr wird seit Langem gesehen und bereits von Émile Durkheim thematisiert. »Es kann keine Individuen geben, die von Geburt an reich oder arm sind, ohne daß es ungerechte Verträge gibt. Das gilt umso mehr dann, wenn der soziale Rang selbst erblich ist und das Recht alle möglichen Arten von Ungleichheit sanktioniert.« (Durkheim 1992: 454) Das ist ungerecht, weil die Gesellschaft auf »Gegenseitigkeit« beruht und die Vererbbarkeit von sozialem Status diese Gegenseitigkeit unterläuft. Erbschaftssteuern und andere Maßnahmen dienen folglich dem Ziel, die »Gleichheit in den äußeren Bedingungen des Lebenskampfes« (ebd.: 450) herzustellen.

Solche Vorstellungen klingen auch im konvivialistischen Manifest an, obwohl das Manifest mit keinem Wort auf die außerhalb Frankreichs vielfach diskutierten Alternativen zur Festsetzung eines Höchsteinkommens eingeht. Dazu zählen insbesondere die Vorschläge, die David Schweikart in »After Capitalism« (2002), Robert Shiller in »Finance and the Good Society« (2012) oder neuerdings Thomas Piketty in seinem Bestseller »Das Kapital im 21. Jahrhundert« (2014) gemacht haben. Schweikart fordert eine neue Steuer auf Kapitalvermögen als Teil eines umfassenden Programms der Gesellschaftsreform, und Piketty denkt an eine progressive jährliche Steuer auf individuelles Vermögen von 0,5 bis 2,0 Prozent, die von den Nationalstaaten erhoben und von einer internationalen Steuerbehörde überwacht werden soll.[3] Piketty selbst nennt diese Forderung »utopisch«, obwohl sie weitaus realistischer anmutet als die konvivialistische Forderung nach Einführung eines Maximaleinkommens. Unabhängig von ihren Realisierungschancen haben steuerpolitische Reformvorschläge den Reiz, dass sie ohne Spekulationen über wahre und falsche Bedürfnisse und ohne die Ermächtigung staatlicher Tugendwächter

operierende Tax Justice Network (www.taxjustice.net/). Eine hervorragende Quelle ist ferner die NGO Global Financial Integrity in Washington, DC, die illegale Finanzströme dokumentiert (www.gfintegrity.org/).

**3** | Ich vernachlässige hier die Kritik von Stiglitz, der Piketty vorwirft, die Begriffe Vermögen und Kapital nicht deutlich genug zu unterscheiden.

auskommen. Dies gilt auch für die zahlreichen steuerpolitischen Reformvorschläge, die in den vergangenen Jahren in den Vereinigten Staaten diskutiert worden sind, etwa Robert Shillers Ideen zur Einführung von progressiven Steuern, die nicht pauschal auf Einkommen, sondern auf bestimmte Typen des Luxuskonsums erhoben werden.

Innovative steuerpolitische Instrumente haben gegenüber der Einführung eines Höchsteinkommens noch einen weiteren Vorteil. Sie korrespondieren nämlich mit den Moralvorstellungen demokratischer Bevölkerungen, die nur an ganz bestimmten Formen des exzessiven Reichtums Anstoß nehmen. Kaum jemand regt sich auf über die Spitzengehälter von Fußballspielern, zumal wenn diese in spektakulären Auswärtsspielen den World Cup (wie zuletzt für Deutschland) holen. Dasselbe lässt sich über den Wohlstand von jungen Leuten sagen, die ihr Studium abbrechen, um Firmen vom Typus Facebook oder Microsoft zu gründen, mit denen sie schnell zu Milliardären werden. Soweit ich sehe, regt sich Empörung erst dann, wenn einer der drei folgenden Umstände vorliegt. Als schändlich gelten seit der Antike gewisse Formen der verschwenderischen Zurschaustellung des privaten Reichtums, insbesondere in Gesellschaften, in denen zugleich krasse Armut herrscht. Öffentliche Empörung regt sich zudem gegen Bürger, die enorme Einkünfte erzielen, ohne einen erkennbaren Beitrag zum allgemeinen Wohlstand geleistet zu haben. Die dritte Kategorie von Superreichen, denen man wünscht, dass sie sich schämen mögen, sind solche, die ihre ohnehin gigantischen Einkünfte noch nicht einmal zu versteuern bereit sind und sie stattdessen in Steueroasen wie der Schweiz, Luxemburg, Irland, Singapur, Bermuda oder anderen Ländern anlegen.

Im Vergleich zu den bisher skizzierten Vorschlägen ist der Kampf gegen die Steuerhinterziehung vielleicht der aussichtsreichste, weil er sich nicht nur auf das Gerechtigkeitsgefühl der Bürger, sondern auch auf einen weitgehenden Konsens und die Kooperationsbereitschaft der internationalen Staatengemeinschaft stützen kann. Seit der globalen Finanzkrise von 2008 gibt es große Fortschritte, zum Beispiel bei der international koordinierten Schwächung des Bankgeheimnisses und der Schaffung eines automatischen transnationalen Austausches von Bankdaten. Fachleute wie Gabriel Zucman von der London School of Economics schätzen, dass acht Prozent des globalen individuellen Privatvermögens in Übersee-Banken angelegt sind und Europa jährlich etwa 75 Milliarden US-Dollar an Steuereinnahmen verloren gehen (vgl. Zucman 2014: 138ff.). Nicht eingerechnet sind hierbei nicht-finanzielle Vermögenswerte wie Immobilien, Yachten, Rennpferde oder Kunstwerke.

Zucmans Vorschlag zielt auf die Einrichtung eines internationalen Finanzregisters, das die Eigentümer von Wertpapieren weltweit erfasst und vom Internationalen Währungsfond (IWF) in Kooperation mit nationalen Behörden aufgebaut werden könnte. Aber auch regionale Initiativen können einiges bewirken. So hat die Eröffnung des Internationalen Steuerzentrums in München 2013 die direkte grenzüberschreitende Kooperation bayerischer Steuerprüfer mit Steuerverwaltungen in Österreich, Italien, den Niederlanden und Kroatien beflügelt. Kern dieser Kooperation sind gemeinsame Betriebsprüfungen von Unternehmen, die in mehreren Ländern aktiv sind und bereits zu staatlichen Mehreinnahmen geführt haben.

Zu erwähnen bleiben schließlich noch steuerpolitische Initiativen von unten. So hat der amerikanische Pharmahändler Walgreen im vergangenen Jahr seine ursprünglich geplante Verlagerung des Steuersitzes in die Schweiz nicht umgesetzt, und zwar aus Angst des Konzernvorstands vor dem Zorn der Kunden und lokaler Politiker daheim im Bundesstaat Illinois. Dieser Protest hat zugleich die öffentliche Aufmerksamkeit darauf gerichtet, dass Kapitalgesellschaften in den USA insgesamt bis zu 40 Prozent Steuern an nationale und regionale Behörden zahlen müssen, während es in der Schweiz nur 20 und in Irland nur 12,5 Prozent sind. Dies wiederum hat zur Erhöhung des Drucks der Regierung Obama auf die europäischen Steueroasen geführt.

## Verwendungsweisen des Reichtums

Das erste Resultat meiner bisherigen Überlegungen lautet, dass Reichtum – egal welchen Umfangs – nicht per se schändlich ist, sondern nur dann, wenn er parasitären Ursprungs ist oder unversteuert bleibt. Staatlich organisierte Umverteilung ist notwendig, stößt aber auch an Grenzen. Die Vorstellung, dass es umso gerechter zugeht, je mehr Ressourcen den Reichen weggenommen werden, ist schon deshalb fragwürdig, weil sie einen Staat voraussetzt, der mächtig genug ist, um sich über die Interessen von Einzelnen hinwegzusetzen, und zugleich tugendhaft genug ist, um die abgeschöpften Ressourcen tatsächlich für konviviale Zwecke auszugeben.

Überlegungen in diese Richtung müssen daher ergänzt werden durch Ansätze, die nicht nur auf den Zwang des Staates, sondern auch auf einen Kulturwandel setzen. Es ist bezeichnend für den letztlich etatistischen Geist des Manifests, dass solche Aspekte vernachlässigt werden. Ich schlage daher vor, dass Forderungen nach Umverteilung nicht länger nur auf Mengen von Gütern zu beziehen, sondern auch auf das Verhalten, das Eigentümer im Umgang mit diesen Gütern an den Tag legen. Privates Eigentum, das uns wegen seines »Umfangs« empört, ist vielleicht weniger wichtig als Eigentum, das auf empörende Weise »genutzt« wird. Eine empörende Verwendungsweise großen privaten Reichtums ist zum Beispiel der Versuch, politischen Einfluss oder Amtsmacht zu kaufen. Wichtiger als Obergrenzen des Einkommens sind Grenzen der Käuflichkeit von Gütern. Die »Suche nach alternativen Reichtumskriterien« (S. 47), die das Manifest propagiert, muss ergänzt werden durch die Suche nach alternativen Verwendungsweisen privaten Reichtums. Dieser Prozess ist besonders in den Vereinigten Staaten weit fortgeschritten, die über eine lange Geschichte der Gründung und Unterstützung von gemeinnützigen Stiftungen durch Superreiche verfügen.[4]

Für die Zukunft eines konvivialen Kapitalismus wäre die Frage interessant, wie die Einstellungsmuster, die einem solchen Spendenverhalten zugrunde liegen, innerhalb der Schicht der Superreichen systematisch kultiviert werden können, unabhängig davon, dass sie natürlich auch noch ihre Steuern ordnungsgemäß bezahlen sollen. Klar ist, dass dies nicht durch staatlichen Zwang gelingen kann, sondern durch eine kulturelle Veränderung. Diese Akzentverschiebung geht zurück auf Montesquieu, der in »Geist der Gesetze« (19. Buch, Kapitel 14) schreibt, »dass man Sitten und Lebensstil [moeurs et manières], falls man sie ändern will, nicht auf dem Weg über Gesetze ändern darf. Das würde allzu tyrannisch erscheinen ... Wenn man durch Gesetze ändert, was am Lebensstil geändert werden muß, so ist das eine sehr schlechte Politik« (Montesquieu 1994: 302).

## Schlussfolgerung

Ich fasse zusammen. Die beiden Forderungen nach einem garantierten Mindesteinkommen und einem gesetzlichen Maximaleinkommen verhalten sich asymmetrisch zueinander, da sich nur die erste Forderung bedürfnis- und gerechtigkeitstheoretisch begründen lässt. Die zweite Forderung lässt sich jedoch nicht mehr gut begründen, sobald eine Gesellschaft ohne Not und Armut verwirklicht worden ist. Im Lichte des Ziels, »das demokratische Ideal neu zu definieren« (S. 52), ist es für die absehbare Zeit sinnvoller, über neue, nichtkonfiskatorische steuerpolitische Instrumente nachzudenken sowie über die Genese und Kultivierung alternativer sozialer Normen der Reichtumsverwendung.

Insgesamt halte ich das konvivialistische Manifest in seiner Grundorientierung für inkonsistent. Gegen die Intention der Theorie des Gabentauschs von Marcel Mauss, die dem Manifest zugrunde liegt, überschätzen seine Autoren die moralische Wunderkraft staatlichen Zwangs und vernachlässigen andere Formen der nicht-gesetzlichen Verpflichtung. Bereits Durkheim erkannte das Problem in aller Deutlichkeit. Der regulatorische Einfluss auf die kapitalistische Wirtschaft ist entweder schwach oder er wirkt direkt durch das »Gehirn«

**4** | Ein Beispiel: Joan Kroc, die Witwe des Gründers von McDonald's, hat vor einigen Jahren 200 Millionen US-Dollar für den unabhängigen Radiosender National Public Radio gespendet, wodurch das Überleben dieser wichtigen kulturellen Institution für eine ganze Generation gesichert wird.

des Staates. Wichtiger wäre es aber, eine Moral zu entwickeln, die so ähnlich wirkt wie »der große Sympathikus« (Durkheim 1992: 275) des vegetativen Nervensystems unseres Körpers, indem er geräuschlos und spontan die Balance der Gesellschaft aufrechterhält. Ein wohlverstandener Konvivialismus wäre nichts anderes als der Geist aller zwischen Individuen und Gesellschaft »vermittelnden Organisationen« (ebd.), die für Gegenseitigkeit und Zusammenarbeit sorgen.

Soll der Staat also ein gesetzliches Maximaleinkommen festlegen? Hier noch einmal drei Argumente, warum diese Frage verneint werden sollte.

1. Es bleibt unklar, welche Rolle die Begrenzung der Einkommens- und Vermögensgleichheit im Gesamtkonzept einer konvivialen Gesellschaft spielt. Man kann sich leicht eine Gesellschaft A vorstellen, in der die Reichsten zehnmal so viel besitzen wie der Durchschnitt, die aber weniger konvivial ist als eine Gesellschaft B, in der die Reichsten zwanzigmal so viel besitzen wie der Durchschnitt. Eine Bertelsmann-Studie aus dem Jahr 2013 mit dem Titel »Gesellschaftlicher Zusammenhalt im internationalen Vergleich« zeigt, dass das Vertrauen in die Mitmenschen, die Akzeptanz von ethnischer und religiöser Vielfalt und die Hilfsbereitschaft in wirtschaftsliberal geprägten angelsächsischen Ländern ähnlich hoch ist wie in den sprichwörtlich egalitären Gesellschaften Skandinaviens, und deutlich höher als in Frankreich oder anderen Mittelmeerländern (vgl. die Einleitung zum vorliegenden Band).

2. Die Forderung nach einem staatlich festgelegten Höchsteinkommen speist sich aus einer liberalismuskritischen Haltung, für die das bürgerliche Individuum unter einem höheren Rechtfertigungsdruck steht als der Staat. Das konvivialistische Manifest kombiniert französischen Dirigismus mit Elementen der katholischen Soziallehre. Im Namen von vagen Regeln des moralischen »Anstands« soll der Staat zu weitgehenden Eingriffen in das Privatleben der Bürger ermächtigt werden. Die Konvivialisten übersehen dabei, dass die Vorstellungen darüber, was als anständig oder schändlich gilt, umstritten sind und nicht einfach als unproblematisch vorausgesetzt werden dürfen. Sie übersehen zudem, dass auch der Staat gefräßig und tyrannisch sein kann. Nichts spricht dafür, dass Enteignungen oder eine massive Abschöpfung von privaten Vermögen den am meisten Benachteiligten tatsächlich zugute kämen. So diskutiert das Manifest an keiner Stelle die Legitimität der Ausgabeprioritäten reicher Staaten.

3. Die Kombination aus Moralismus und Etatismus, die das Manifest über weite Strecken prägt, führt zu einer Vernachlässigung der Rolle der »Zivilgesellschaft«, die zwar rhetorisch beschworen, aber nicht systematisch ernst genommen wird. Eine Forschungsstrategie, die symbolische Kämpfe um Anstand und

Schande in den Mittelpunkt rückt, könnte zeigen, warum es eben nur ganz bestimmte Formen des Einkommens von ganz bestimmten Berufsgruppen sind, zum Beispiel leistungslose Bonuszahlungen für Banker, die zu umfassenden moralischen Protesten führen. Diesen Protesten gelingt es oft, Vorstellungen von Anständigkeit zu etablieren, die mächtiger und einflussreicher sind als das allgemeine Grummeln über Banker, Athleten, Schauspieler, Manager, Lehrer und Professoren, die immer wieder als »überbezahlt« beschimpft werden. Zur Dynamik dieser Proteste gehört auch die Wertschätzung für die gemeinnützigen Stiftungsaktivitäten der Superreichen, die die Konvivialisten ebensowenig für erwähnenswert halten wie überhaupt die unterschiedlichen Verwendungsweisen privaten Reichtums. Gerade hierfür bietet der konvivialistische Begriff der common decency einen ersten Anhaltspunkt.

## Literatur

Durkheim, Émile (1992): Über soziale Arbeitsteilung. Studie über die Organisation höherer Gesellschaften, Frankfurt a.M.: Suhrkamp.

Heins, Volker M. (2015): »Fortschritt und Ironie in der Politischen Theorie«, in: Zeitschrift für Politische Theorie, Jg. 6, Nr. 1, S. 75-83.

Montesquieu, Charles de Secondat, Baron de (1994): Vom Geist der Gesetze (Hg. Kurt Weigand), Stuttgart: Reclam.

Nelson, Eric (2010): The Hebrew Republic. Jewish Sources and the Transformation of European Political Thought, Cambridge, Mass.: Harvard University Press.

Pew Research Center (2014): Greatest Dangers in the World (16. Oktober 2014), www.pewglobal.org/2014/10/16/greatest-dangers-in-the-world/.

Zucman, Gabriel (2014): »Taxing across Borders: Tracking Personal Wealth and Corporate Profits«, in: Journal of Economic Perspectives, Vol. 28, No. 4, S. 121-148; http://gabriel-zucman.eu/files/Zucman2014JEP.pdf.

# Zivilgesellschaft

# Zivilgesellschaft und Engagement konvivialistisch gedacht

## Dritte Arena oder neuer Weg?

*Rupert Graf Strachwitz*

## Einführung

Der Begriff der *civil society*, im 18. Jahrhundert durch Adam Ferguson (wieder) in die politische Theorie eingeführt, ist, als »Zivilgesellschaft« übersetzt, für eine begriffliche Unschärfe verantwortlich, indem erstens *civil* den Bezug zu »zivilisiert«, also einer Art des Umgangs von Menschen untereinander herstellt, zweitens als Gegensatz zu »militärisch« ein mit bestimmten Merkmalen ausgestattetes Ordnungsprinzip bezeichnet und drittens die Abgrenzung vom Herrschaftsanspruch des Staates unterstreicht. Dem Begriff ist es außerdem so ergangen wie vielen anderen auch: Er hat sich in seiner Bedeutung mehrfach verändert. Historische Ableitungen, die uns bis zur *societas civilis* der Antike oder zumindest doch in das 18. Jahrhundert zurückführen können, können daher den Begriff nicht so fassen, wie ihn die moderne internationale sozialwissenschaftliche Debatte reklamiert. Es ist nicht zu übersehen, dass heute in der öffentlichen Debatte auf unterschiedliche Begrifflichkeiten rekurriert wird.

Im konvivialistischen Manifest ist an mehreren Stellen von Zivilgesellschaft die Rede. In Anlehnung an Tocquevilles Beschreibung der amerikanischen Gesellschaft des 19. Jahrhunderts – weniger an französische Traditionen – ist es für die Verfasser um Alain Caillé ein Indiz der Legitimität eines Staates, wenn dieser »oberhalb und unterhalb der Ebene des Staates und des Markts für die Vermehrung gemeinsamer und assoziativer Tätigkeiten« sorgt, »die grundlegend sind für eine globale Zivilgesellschaft, in der das Prinzip der Selbstverwaltung in einer Vielzahl von Räumen bürgerschaftlichen Engagements diesseits und jenseits der Staaten und Nationen wieder zu seinem Recht kommt« (S. 66). Die Formulierung erinnert daran, dass freiwillige Kollektivität als Option prosozialen Verhaltens aus der Wirklichkeit der modernen

Gesellschaft nicht wegzudenken ist, sich im Spenden von Empathie, Ideen, Know-how, Reputation, Zeit und materiellen Vermögenswerten äußert und mehr Beachtung verdient.

Damit bezeichnet der Ausdruck Zivilgesellschaft hier einen Bereich, eine Arena kollektiven Handelns, die sich von der des Staates und des Marktes prinzipiell unterscheidet und mit einer spezifischen Handlungslogik ausgestattet ist. Diese Definition ist im 21. Jahrhundert gängig und außerhalb Deutschlands auch wenig strittig. Im Kapitel »Was tun?« wird dadurch der Eindruck erweckt, die Autoren wollten diese Zivilgesellschaft in ihrer Eigengesetzlichkeit, ihrem Eigensinn, als eigene Handlungsarena zulassen.

An anderer Stelle im selben Text ist dies anders. Die »Förderung der zivilgesellschaftlich organisierten (sozialen und solidarischen) Wirtschaft« (S. 76) weist, so scheint es jedenfalls, auf zivilgesellschaftliche Grundsätze hin, die nicht nur für eine der Arenen, sondern mindestens für zwei zu gelten hätten. Damit wird eine Position bestimmt, die dem skizzierten Bereichskonzept ein normativ bestimmtes Handlungskonzept gegenüberstellt. Dieses findet seine Tradition einerseits in Hegels System der bürgerlichen Gesellschaft, das nur zwei Arenen kennt, den Staat und die bürgerliche Gesellschaft, die hierarchisch so angeordnet sind, dass der Staat die bürgerliche Gesellschaft überwölbt. Zur bürgerlichen Gesellschaft gehören – auch in der Terminologie des Manifests – der Markt oder die Wirtschaft ebenso wie der assoziative Bereich. Ob dadurch im Umkehrschluss der Staat von den normativen Attributen dieses Konzepts prinzipiell freigestellt ist, sich also gewissermaßen alles erlauben kann, bleibt zu einem gewissen Grade offen. Andererseits knüpft das Handlungskonzept an Amitai Etzionis schon um 1970 entwickelte Theorie des Kommunitarismus, ein Plädoyer für die gesellschaftliche Selbstregulation durch engagiertes selbstbestimmtes Handeln an (s. hierzu auch Illich 1973: 43).

Diese Unklarheit darüber, was Zivilgesellschaft eigentlich ist, durchzieht viele Debatten um die Zivilgesellschaft, zumal in Deutschland. Dass die Klärung nicht irrelevant ist, wird deutlich, wenn man auch nur kursorisch die Literatur der jüngsten Zeit zum Vergleich heranzieht. Analog dazu, wenn auch in der Regel mit nicht unerheblichem argumentativem Abstand von der allgemeinen öffentlichen Debatte, wird nämlich von Autoren, die sich mit Grundfragen einer neuen politischen und wirtschaftlichen Ordnung beschäftigen, regelmäßig, teils implizit, teils explizit deutlich gemacht, dass eine Gesellschaft, die auf Zivilgesellschaft verzichtet, in der historischen Situation des 21. Jahrhunderts nicht überlebensfähig ist.

Vor diesem Beitrag wird dieser Beitrag diskutieren, ob es sich bei Zivilgesellschaft um eine dritte Arena oder einen neuen Weg handelt und welche Konsequenzen die Antwort für die Entwicklung einer konvivialistischen Gesellschaft haben könnte.

## Zivilgesellschaft als Arena

Zivilgesellschaft läßt sich als herrschafts- und hierarchiearme Arena definieren. Sie folgt einer eigenen und unterscheidbaren Handlungslogik, die François Perroux, der dem *homo oeconomicus*, der bei allem, was er tut, seinen wirtschaftlichen Vorteil bedenkt, eine deutliche Absage erteilte, um 1960 mit dem Attribut des Geschenks zur Abgrenzung von jenen des Tauschs und der Gewalt belegt hat. Die gewählten Attribute erscheinen zur Differenzierung hilfreich und öffnen den Blick dafür, dass das Zusammenleben in der Gesellschaft ausschließlich in den Kontexten von Staat und Markt fundamental unbefriedigend wäre, weil es dem Bedürfnis zu schenken als Ausdruck des Vertrauens nicht hinreichend Rechnung trüge. Eine alternative Interaktion von Bürgern und Bürgerinnen erscheint vielmehr unerlässlich. Zivilgesellschaft kann insoweit als die Summe dieser Interaktionen, anders ausgedrückt der formellen und informellen Institutionen und Aktionen angesehen werden, die ein Mindestmaß an Kohärenz aufweisen, wenngleich nicht notwendigerweise juristische Personen darstellen. Weitere Merkmale sind ein Mindestmaß an Nachhaltigkeit, nicht notwendigerweise eine längerfristige Beständigkeit, sowie neben dem subjektiven Gemeinwohlinteresse die primäre Ausrichtung an ideellen und nicht etwa wirtschaftlichen Zielen. Entscheidend ist ferner das uneingeschränkte Verbot der Ausschüttung von eventuellen Gewinnen an Mitglieder oder Eigentümer, nicht allerdings ein Verbot, Überschüsse überhaupt zu erwirtschaften.

In der Arena der Zivilgesellschaft tummeln sich in Größe, Arbeitsweise, Ausrichtung und Struktur höchst unterschiedliche Akteure, so sehr, dass Kritiker oft vorbringen, es gäbe, etwa zwischen Glaubensgemeinschaften, sozialen Bewegungen, Stiftungen, Geselligkeitsvereinigungen usw. keine zur Feststellung einer Zusammengehörigkeit hinreichenden gemeinsamen Merkmale. Dieser Einwand lässt sich zum Teil durch die genannten Kennzeichen ausräumen, zum Teil aber auch, indem unterschiedliche Funktionen systematisiert werden. Zu diesen Funktionen gehören die der Themenanwaltschaft, der Wächter, der politischen Deliberation und der Selbsthilfe; ferner die intermediäre Funktion, die der Dienstleistung und die der Solidaritätsstiftung oder Geselligkeit (s. hierzu ausführlich Strachwitz 2014: 81ff.). Unübersehbar ist, dass zivilgesellschaftliche Organisationen regelmäßig mehr als eine dieser Funktionen erfüllen. Andererseits wird deutlich, dass diese Betrachtungsweise eine gesamthafte Betrachtung der Zivilgesellschaft ermöglicht und zugleich über die getroffene Einteilung eine sinnvolle Zuordnung einzelner Akteure erleichtert.

Die Themenanwaltschaft besteht darin, bestimmte selbst gewählte Themen, etwa Umweltschutz oder Menschenrechte, in der Öffentlichkeit zu vertreten. Diese sind typischerweise von allgemeinem Belang; es ist jedoch nicht zu übersehen, dass häufig Themen von sehr begrenztem Belang mit einem hohen Anteil von Eigeninteresse die Aktivität von Themenanwälten bestimmen. Die Wächterfunktion bezieht sich dagegen auf ein Wachen über die Belange, die in einer aufgeladenen öffentlichen Diskussion oder in machtvollen, z.B. ökonomisch bestimmten Prozessen nicht beachtet zu werden drohen.

Die Funktion der Deliberation besteht darin, dass in der Zivilgesellschaft Entwicklungen und Lösungsansätze für allgemeine Problemstellungen diskutiert werden, ohne dass diese Debatten an eine Entscheidungskompetenz gekoppelt wären. Notwendige politische Entscheidungen, die nach unserem Verständnis ein demokratisch bestimmtes Verfahren voraussetzen, können vielmehr erst dann gefällt werden, wenn eine öffentliche Debatte einen Lösungsansatz erbracht hat, die oft genug von einer kleinen Gruppe angestoßen und argumentativ bestimmt wurde. Zudem entfalten viele Entwicklungen ihre Wirksamkeit unmittelbar durch die Debatte. Insofern ist die Anerkennung der Zivilgesellschaft als »vorpolitischer« oder »vorparlamentarischer« Raum eine unzulässige Verkürzung und dient oft genug als Totschlagargument gegen den Rang der deliberativen Demokratie.

Die Selbsthilfefunktion, klassischerweise etwa in Selbsthilfeorganisationen von Benachteiligten realisiert, ermöglicht den so Organisierten den Erfahrungsaustausch, die solidarische Hilfeleistung und die Erarbeitung von Positionen zu Fragestellungen, von denen die Mitglieder betroffen sind. Die intermediäre Funktion, klassischerweise von Förderstiftungen und -vereinen, Dachverbänden und ähnlichen Organisationen wahrgenommen, wird auch als Ausdruck der Grundfunktion jedes zivilgesellschaftlichen Zusammenschlusses gesehen, indem sie den sich dort freiwillig zusammenschließenden Bürgern ein Identifikations-, Kommunikations- und Aktionsfeld, in gewisser Weise ein Stück Heimat bietet.

Die Geselligkeitsfunktion, auch die Funktion der Solidaritätsstiftung genannt, lange Zeit demokratietheoretisch unterschätzt, wird bspw. in Schützen-, Trachten- und Karnevalsvereinen, in der Laienmusik und im Laientheater, gepflegt. Hier assoziieren und engagieren sich Menschen, und wenn es gelingt, gesellschaftspolitische Ziele wie Inklusion oder Integration zu implantieren, dann wird dort für diese Ziele mehr getan als durch alle staatlichen Maßnahmen möglich wäre. Ohne Zweifel ist auch der Sport in besonderer Weise an dieser Solidaritätsstiftung beteiligt.

Die Dienstleistungsfunktion, traditionell vom Wohlfahrtsstaat als besonders, vielleicht sogar als allein nützlich angesehen, erstreckt sich auf solche Dienstleistungen, die, wie man glaubt, vom Markt nicht angeboten werden. In Zeiten eines stark expandierenden Marktgeschehens treten hier zivilgesellschaftliche Organisationen zunehmend in einen Wettbewerb mit gewinnorientierten Unternehmen. Dies führt zu Konflikten zwischen fiskalischen und ordnungspolitischen Konzepten des modernen Staates. Wettberwerbsneutralität könnte bspw. dazu führen, dass Umsetzungsmöglichkeiten für bürgerschaftliches Engagement in großem Umfang verlorengehen könnten, was nicht nur das politische Ziel unterlaufen würde, gerade dieses Engagement zu fördern, sondern möglicherweise Engagierte aus den relativ staatsnützigen und strukturkonservativen Dienstleistungen in die relativ staatskritischeren, unbequemen, ja oft aufmüpfigen Themenanwaltschaften triebe. Im Übrigen wird gerade an dieser Funktion das Dilemma erkennbar, das durch die unterschiedliche Begrifflichkeit entsteht. Aus konvivialistischer Perspektive bleibt nämlich wie es scheint offen, ob nicht das gesamte Wirtschaftsgeschehen unter bestimmten Bedingungen dieser zivilgesellschaftlichen Funktion zuzuordnen wäre.

Mit dieser Einteilung wird ausdrücklich nicht versucht, im Sinne eines Systems die gesamte Lebenswirklichkeit systematisch zu ordnen oder gar zu erklären, sondern lediglich, und das ist schon viel, zu beschreiben, in welche unterschiedlichen Handlungslogiken und organisatorischen Bedingungen der Mensch sich einordnet, wenn er sich in der Gesellschaft bewegt. Für die politische Debatte ist in diesem Zusammenhang vor allem die Frage entscheidend, wo und wie das selbstorganisierte Handeln in der Zivilgesellschaft, das demokratisch legitimierte hoheitliche Handeln des Staates und das durchaus ebenso legitime von Eigeninteressen bestimmte wirtschaftliche Handeln des Marktes ineinandergreifen.

Die Handlungslogik der Zivilgesellschaft bedingt ein freiwilliges Wirken außerhalb von Hierarchien, in Netzwerken und informellen Kommunikationszusammenhängen. Robert Dahl stellte dies 1971 mit dem Begriff der Polyarchie heraus. Prognostiker wie Parag Khanna sprechen heute davon, dass wir auf ein neues Mittelalter zusteuern, in dem, grundlegend anders als in den letzten 200 bis 300 Jahren, der Staat eben nicht mehr eine allein (mag sein demokratisch) legitimierte Macht-Instanz darstellt, sondern in dem zahlreiche, unterschiedlich strukturierte und nur durch ihre Akzeptanz legitimierte Organisationen miteinander kooperieren müssen.

Es ist nicht zu übersehen, dass der Vertrauensverlust in den Staat und den Markt die Aufmerksamkeit für eine so beschriebene Zivilgesellschaft erhöht hat. Robert Putnam hat dieses Phänomen analysiert und theoretisch untermauert. Seine These, dass Sozialkapital vornehmlich in freiwillig zu Stande gekommenen Netzwerken und assoziativen Organisationen formeller wie informeller Art gebildet wird und den anderen Arenen erfolgreich zur Verfügung gestellt werden kann, ist heute weithin akzeptiert. Sozialkapital erweist sich für Putnam als der für den Erfolg eines gesellschaftlichen Arrangements entscheidende Faktor. Dabei unterscheidet Putnam nicht zwischen Netzwerken, die das vorherrschende System eher stützen und solchen, die es in Frage stellen. Es geht ihm um das selbstermächtigte Engagement des einzelnen Menschen in Zusammenschlüssen, über deren Zusammensetzung ebenso freiwillig entschieden werden kann wie über den Grad des Engagements.

## Bürgerschaftliches Engagement

Die Effekte des Engagements sind nicht immer so positiv gesehen worden. Im Zusammenhang mit einer globalen Gesellschaft fordert aber nicht nur das konvivialistische Manifest audrücklich Räume des bürgerschaftlichen Engagements ein. Insoweit Zivilgesellschaft die Arena des Schenkens ist, so wie dies auch Alain Caillé und andere Konvivialisten sehen, bedarf dies keiner weiteren Erklärung. Nach Schätzungen vollziehen sich mindestens 80 % des Engagements in der Zivilgesellschaft. Das Schenken – das bürgerschaftliche Engagement – erbringt durch sein Handeln einen Mehrwert, der der Gesellschaft zugute kommt. Bei der Beurteilung von Engagement aus der Sicht des gesellschaftlichen Bedarfs kommt es nicht oder nur nachrangig darauf an, welche unmittelbare Leistung durch dieses Engagement erbracht wird und ob diese für die Erfüllung der öffentlichen Aufgaben finanziell attraktiv ist. Vielmehr geht es darum, dass Menschen kontinuierlich die kommunikativen Prozesse des Schenkens an die Gemeinschaft erlernen und immer wieder üben – ob im Kirchenchor, im Sportverein oder in der Menschenrechtsgruppe. Hier befindet sich die Schule der Demokratie, mehr noch, die Schule der Bürgergesellschaft. Hier entsteht etwas, was sonst nicht entstehen würde – unabhängig von etwa erbrachten Dienstleistungen, auch wenn die Tätigkeit von geringem öffentlichem Interesse ist und überwiegend der Freizeitgestaltung ihrer Mitglieder dient.

Zu diesen Ergebnissen kollektiven bürgerschaftlichen Engagements, dem »zivilgesellschaftlichen Mehrwert« gehören beispielsweise Inklusion und Integration aller Mitglieder eines lokalen Verbundes, Partizipation an Entscheidungsprozessen sowie Beiträge zum sozialen Wandel und sozialen Frieden. Auch die Einübung eines zivilen Miteinanders, einer Zivilität, kann hierunter gefasst werden, womit eine Brücke zu einem Handlungskonzept von Zivilgesellschaft geschlagen wird. Wenn Menschen sich durch bürgerschaftliches Engagement in ihrem Wohn-, Arbeits- und sozialen Umfeld angenommen fühlen, wenn Menschen unterschiedlicher Herkunft sich zusammengehörig fühlen und gemeinsam allseits betreffende Herausforderungen annehmen und meistern können, wird dadurch für die Stabilität der Gesellschaft viel erreicht, auch wenn sich das Erreichte schwer messen und schon gar nicht hierarchisch ordnen lässt.

Gegen den Begriff des zivilgesellschaftlichen Mehrwerts ist eingewendet worden, dass er der Begrifflichkeit des Marktes entnommen und zur Charakterisierung spezifischer Errungenschaften der Zivilgesellschaft ungeeignet sei. Das Argument ist nicht schlechterdings von der Hand zu weisen, doch ist festzuhalten, dass mit dem zivilgesellschaftlichen Mehrwert gerade die Leistungen bezeichnet werden sollen, zu deren Erbringung Organisationen des Staates und Unternehmungen des Marktes nicht oder nur peripher in der Lage erscheinen. Wenn es solche Leistungen tatsächlich gibt, legitimieren gerade sie in herausragender Weise die Zivilgesellschaft als eigene Sphäre oder Arena gesellschaftlich relevanten Handelns. Mehr noch, sie ermöglichen einen anderen Blick auf die Argumente, die zur Begründung einer Sonderstellung herangezogen werden können. An diese Feststellung knüpft auch die Frage an, ob diese Handlungslogik geeignet erscheint, von anderen Parametern, etwa der Gewinnerzielungsabsicht beherrschte Abläufe vollständig übernommen zu werden.

Wenn sich Bürger und Bürgerinnen durch die Erfahrung selbstermächtigter erfolgreicher Beteiligung an Entscheidungsprozessen und Projekten in selbstorganisierten, überschaubaren Gruppierungen als Bürger bestätigt fühlen, ist dies für das Zusammenleben wertvoll. Wenn sie darüber hinaus partizipatorisches Verhalten einüben und dies für die Beteiligung in größeren Zusammenhängen, etwa der Gemeinde, nutzen, wird dadurch ein demokratietheoretischer Gewinn erzielt. Dass sich Gemeinwesen Im Übrigen wegen ihrer wachsenden Ausdifferenzierung zunehmend in selbstermächtigt zustande gekommenen Gruppierungen organisieren müssen und das längst brüchige staatliche Monopol der Gemeinwohldefinition überwinden, ist ein aus zivilgesellschaftlicher Perspektive wünschenswerter, aus staatlicher zu respektierender Effekt. Sozialer Wandel bezieht sich insoweit nicht nur auf eine Verbesserung der sozialen Verhältnisse, insbesondere für benachteiligte Teile der Gesellschaft, sondern beinhaltet auch (im Sinne des Manifests) experimentell angelegte Entwicklungsprozesse hin zu neuen Ausformungen einer im weitesten Sinn politischen Ordnung. In Mittel- und Osteuropa, auch in Ostdeutschland, ist der Beweis erbracht worden, dass auch unter widrigsten Umständen selbstorganisiertes Engagement für die Gesellschaft von durchschlagendem Erfolg gekrönt sein kann. Bis heute wird weithin unterschätzt, welche Bedeutung diese Entwicklung einer antistaatlichen Zivilgesellschaft für die historischen Veränderungen in Mittel- und Osteuropa einerseits und für die Entwicklung des Konzepts einer dritten Arena gehabt hat.

Das Engagement folgt, wie man hier besonders klar, wie man aber auch an vielen ganz anders gelagerten Beispielen sehen kann, eben doch einer anderen intrinsischen Logik und bleibt eben deshalb für die Gesellschaft unverzichtbar. Freiwilligkeit einerseits, die Erwartung sozialen Lohns und zwar gerade nicht in Form von Anerkennungen staatlicher Amtsträger, sondern in der Form des Erlebnisses von Veränderung, andererseits, scheinen wichtige Anreize zum Schenken zu sein. Und neben der Suche nach Sinnerfüllung, nach persönlicher Entwicklung stehen Dabei-Sein und Mitmachen-Dürfen, also Inklusion und Partizipation, oben an. Schenken hat heute mit Gestalten zu tun. Daraus wird die partizipative Dimension des bürgerschaftlichen Engagements deutlich, ebenso, dass sich dieses weder in den traditionellen sogenannten Vorfeldorganisationen, vor allem den Parteien und Gewerkschaften befriedigen noch sich an den Staat oder den Markt heranziehen lässt; als Vorhof ist es nicht wesentlich zu aktivieren.

## Zivilgesellschaft als Handlungskonzept

Ohne Zweifel findet vieles von dem, wovon hier die Rede ist, nicht ausschließlich in der Zivilgesellschaft statt. Mehr noch, die Ausgestaltung der Zivilgesellschaft als Arena sagt relativ wenig darüber aus, was eine gute Zivilgesellschaft für Merkmale tragen könnte. Dies erscheint zum einen deswegen relevant, weil zahlreiche, normativ durchaus positiv zu bewertende Organisationen der Sozialwirtschaft, z.B. Genossenschaften, als Hybride, in letzter Konsequenz als Marktteilnehmer gesehen werden, obwohl ihre Doppelfunktion nicht zu übersehen ist. Sie können durch Ausdrücke wie *low profit* oder »Zielorientierte Unternehmungen« von ausschließlich gewinnorientierten Unternehmungen unterschieden werden. Ob neben dem formalen Verbot der Ausschüttung von Überschüssen an Mitglieder oder Eigentümer möglicherweise auch ihre deutlich geringere »Produktion« von zivilgesellschaftlichem Mehrwert diese von eindeutig zivilgesellschaftlichen Organisationen unterscheidet, bleibt offen, andererseits aber auch, ob bestimmte traditionell der Zivilgesellschaft zugerechnete Unternehmungen trotz Vorliegen aller übrigen formalen Voraussetzungen eben doch der Wirtschaft zuzurechnen sind. Die Ausprägung solcher Hybride legt die Folgerung nahe, dass eine scharfe Abgrenzung der Arenen unmöglich ist. Vielmehr könnte ein Normengerüst beschrieben werden, das zwar möglicherweise in den Organisationen, von denen bisher die Rede war, stärker ausgeprägt ist als anderswo, das aber durchaus in jeder Form von Organisation, Parlament, Behörde, Universität, Verein, Konzern, Handwerksbetrieb und letztlich auch Familie, entwickelt werden kann.

Um dieses Normengerüst zu definieren und an seiner Gestaltung mitzuarbeiten, müssen ein paar neue Vokabeln gelernt oder altbekannte in Erinnerung gerufen werden. Pluralität und Respekt gehören ebenso dazu wie Anstand, das rechte Maß, Selbstbescheidung, Sinnstiftung. Immer mehr in den Vordergrund tritt Akzeptanz. Eine vor kurzem vorgelegte Untersuchung des Unternehmens RWE hat gezeigt, dass Großprojekte nur noch dann realisierbar und finanzierbar sind, wenn durch Einbeziehung aller denkbaren Betroffenen – neudeutsch *stakeholder* – im Vorfeld Akzeptanz hergestellt worden ist, herstellbar nur durch Respekt vor deren konträren oder abweichenden Meinungen. Legitimität ist insoweit oft nicht dasselbe wie Legalität. Nicht das Vorhandensein einer Gesetzesnorm, sondern ein Normenkonsens begründen solche Legitimität und schließlich – wenn auch gewiss nicht abschließend – Empathie, und zwar nicht als abstrakte, gruppen- oder gemeinschaftsbezogene Solidarität, sondern als Hinwendung zum konkreten Menschen »aus dem tiefen menschlichen Leid, das die Geburtswehen der Zivilisation mit sich brachten« erwachsen (Rifkin 2010: 153). Das Konzept des Konvivialismus scheint daran anzuknüpfen, sich jedoch eher an Bildern aus der Welt des Marktes abzuarbeiten. »Die ersten dieser Gefahren sind hauptsächlich materieller, technischer, ökologischer und ökonomischer Art.« (S. 44) Insofern als die Unterwerfung aller Daseinsbereiche unter ökonomische Zwänge und Mechanismen gemeint ist, kann diesem Bild in Ansehung der gesellschaftlichen Prozesse, die in den letzten Jahrzehnten abgelaufen sind, gefolgt werden. Das Zerrbild vom Bürger als Kunden des Staates ist Ausdruck davon.

Projizieren wir diese Entwicklung in die Zukunft, so bedarf es kaum prophetischer Gaben, um ein weiteres Wachsen der Bedeutung dieser Dimension des Lebens zu prognostizieren. Markt- und Staatsversagen werden angesichts immer komplexerer Herausforderungen voraussichtlich exponentiell zunehmen. Die Gabe der Empathie erscheint als wirksamste Methode, der über alle Maßen ausufernden Ausübung von Gewalt über Menschen Herr zu werden. Die modernen Kommunikationsinstrumente begünstigen das Entstehen von und Handeln in barrierefreien Netzwerken, die sich um althergebrachte Begrenzungen nicht kümmern. Kreativität, eine der wesentlichen Gaben bürgerschaftlichen Engagements, wird in fast unbegrenzter Menge benötigt, um die Herausforderungen zu meistern. Diese Kreativität entsteht durch vertrauensgestütztes kollektives Handeln. Dem Geben, dem Schenken steht daher eine Zukunft mit Konflikten und Diskursen um das rechte Maß, die rechte Form, den rechten Geist, den rechten Ausdruck bevor, in jedem Fall aber eine Zukunft mit großer Kraft und Wirkung.

Ob allerdings diese Vorstellung in der Lage ist, alle Lebensbereiche in einer Weise zu durchdringen, dass die Dominanz des Eigeninteresses durchbrochen wird, ist aus zwei Gründen zu bezweifeln. Zum einen wohnt auch dem Schenken, wie schon Marcel Mauss herausgearbeitet hat, ein Eigeninteresse inne; der reine Altruismus bleibt die extreme Ausnahme. Zum anderen erscheint es lohnend, andere Ausformungen des zivilgesellschaftlichen Mehrwerts mit in den Blick zu nehmen und daraus ein Konzept zu entwickeln, das eben nicht universell, sondern nur in einem Teilbereich der Gesellschaft, allerdings mit notwendiger Ausstrahlung in alle übrigen Bereiche gilt.

Seit den 1960er Jahren sind Initiativen, die für eine Sache eintreten, immer präsenter geworden. Das Umweltthema manifestierte sich zunächst ausschließlich zivilgesellschaftlich, Kultur und vieles andere bekam zivilgesellschaftliche Konnotationen. Aus der öffentlichen Auseinandersetzung um Menschen- und Bürgerrechte, Nachhaltigkeit und Resilienz sind zivilgesellschaftliche Organisationen nicht mehr wegzudenken. Sie sind zu akzeptierten, ob ihrer Sachkenntnis zu gesuchten Gesprächspartnern geworden. Gerade in jüngster Zeit haben wir aber erneut lernen müssen, dass die Zuordnung einer Aktivität oder Institution zur Zivilgesellschaft keine Rückschlüsse auf einen Normenkonsens zulässt. Es gilt daher zwischen formaler Zuordnung und normativer Bewertung hier ebenso zu unterscheiden wie bei Staaten oder Wirtschaftsunternehmen, wobei die Bewertungen in allen Fällen differenziert auszufallen haben. Die Verallgemeinerung von Zivilgesellschaft auf ein universelles, normativ bestimmtes Handlungskonzept scheint diese daher der Beliebigkeit auszusetzen und die Zuordnung einer »schlechten Zivilgesellschaft« unmöglich zu machen. Sie erweist sich deshalb als wenig weiterführend.

## Verantwortung

Die unterschiedliche Beschreibung von Zivilgesellschaft führt in eine Reihe von Dilemmata. Die Vorstellung, der Staat sei die oberste Instanz der Lebensgestaltung, oder alles sei den Mechanismen des Marktes unterworfen, ist nicht mehr zeitgemäß. Neuorientierungen sind auch hier angesagt; sie haben erheblichen Einfluss auf die Neupositionierung der Gesellschaft insgesamt. Insofern erscheint die Entwicklung eines Drei-Arenen-Konzepts als weiterführender Ansatz. Wenn die der dritten Arena zugrundeliegenden Normen auf die anderen ausstrahlen und in Teilen auch dort gelebt werden, um so besser. Auch in diese dritte Arena sind Grundsätze des Marktes und des Staates, beispielsweise Ordnungsmäßigkeit und Verantwortlichkeit nicht nur unter Druck, sondern durchaus auch freiwillig und aus guten Gründen übernommen worden.

Dies alles sind Normen, »um die in unserer Zivilgesellschaft gestritten wird – Gerechtigkeit und Rechte, Verpflichtung und Übereinkunft, Ehre und Tugend, Moral und Gesetz« (Sandel 2013: 45). Diese in politische Prozesse einzubeziehen, mehr noch, auf sie zu hören, wenn sie solche selbstermächtigt anstößt, ist daher das Gebot der Stunde und Ausdruck von Verantwortung. Die bildungsbürgerliche Entgeisterung über die »Spaßgesellschaft« darf andererseits nicht den Blick dafür verstellen, dass unzählige Menschen auf der ganzen Welt mit viel Spaß jeden Tag aufs neue versuchen, unsere Welt zum Positiven zu verändern. Sie handeln selbstermächtigt in Verantwortung für sich und andere, auch die nach ihnen geborenen, sehen sich aber keineswegs als Opfernde oder Verzichtende. Sie wollen vielmehr ihr Leben mit Sinn erfüllen und sehen dies als persönliche Verantwortung. Dies ist die Gelingensbedingung der Freiheit.

Wer politische oder wirtschaftliche Macht ausübt, ist verantwortlich dafür, dass Menschen in ihrer Freiheit so wenig wie möglich beeinträchtigt werden (vgl. Illich 1973: 43). Gerade hier erkenne ich eine der wichtigsten Aufgaben der Kräfte, die das Gewaltmonopol für sich in Anspruch nehmen. Wir bezahlen diese heute nicht dafür, dass sie uns ein starres Normengerüst aufzwingen, sondern dass sie einen Normenkonsens – so nennt das Jürgen Habermas – bewahren und fortentwickeln, innerhalb dessen die Menschen die Freiheit ausleben können, die sie ausleben wollen. Eine »neue Kunst des Zusammenlebens« (S. 3) weist in diesem Prozess dem selbstermächtigten Engagement in freiwillig zu Stande gekommenen Organisationen eine unverzichtbare Aufgabe zu.

Indem der Mensch in den Arenen Staat, Markt und Zivilgesellschaft als Akteur oder auch nur als passiv Beteiligter auftritt, rückt er in den Mittelpunkt der Betrachtung, wird gewissermaßen resubjektiviert (Illich [1970] 1996: 168f.), wobei die Zivilgesellschaft die besondere Attraktivität besitzt, dass niemand in sie eintreten muss und jeder sie jederzeit verlassen kann. Das Problem beginnt damit, dass von den Befürwortern einer starken Zivilgesellschaft dieser alle Attribute zugemessen werden, die normativ wünschenswert erscheinen: Menschenrechte, Gerechtigkeit, Solidarität, Toleranz, Inklusion, Partizipation, soziales Kapital usw. Die Skeptiker und Gegner von Zivilgesellschaft halten dagegen gerade diese Attribute für marginal, entbehrlich oder sogar schädlich, wenn es darum geht, eine resiliente politische Ordnung zu schaffen oder zu bewahren. Sie glauben vielmehr an die Attraktivität der Macht und die Verfolgung von je eigenen Interessen, damit einerseits durch den Wettbewerb eine dynamische Entwicklung, andererseits durch die konsequente Durchsetzung der Herrschaft Stabilität ermöglicht wird. Die Begründung dieser Macht durch einen begrenzten partizipativen Prozess und die weitgehende Befreiung von der Daseinsvorsorge reichen in diesem Konzept nach Ansicht ihrer Befürworter aus, um die partizipativen Bedürfnisse der Machtlosen so weit zu befriedigen, dass diese nicht auf Änderungen dringen.

Das Dilemma der modernen Gesellschaft besteht wesentlich darin, dass die Befürworter dieser Ordnung nach wie vor an die Richtigkeit dieses Konzepts zu glauben scheinen und nicht ohne Zynismus andere Konzepte mit pejorativen Attributen wie naiv, träumerisch oder weltfremd zu desavouieren trachten. Mit Vokabeln wie »Empörungsindustrie« wird darüber hinaus eine subversive Steuerung unterstellt. Auf der anderen Seite verlieren immer mehr Menschen das Vertrauen in eben diese Ordnung und stellen ihre Legitimität zunehmend in Frage.

Mir scheint hier der Schlüssel für die Lösung des begrifflichen Dilemmas von »Zivilgesellschaft« zu liegen. Eine politische Ordnung bestimmt sich, wie der Konvivialismus mit Recht herausstellt, nicht von der Gesellschaft, sondern vom Menschen her. Er ist geprägt von Empathie, unterhält gleichzeitig Vorstellungen von der Herrschaft des Rechts, dem Erstreben persönlichen Wohlstands, der Teilhabe an den öffentlichen Angelegenheiten, der kollektiven Sicherheit, der adäquaten Versorgung mit Gütern und Dienstleistungen, womöglich sogar im Überfluss. Er entwickelt Überzeugungen vom guten Leben, von Respekt vor anderen Menschen, von menschlichen und transzendezialen Bezügen. Die Vernunft lehrt ihn, dass manche dieser Konzepte besser zueinander passen wollen als andere und dass sich daraus eine Sortierung in unterschiedliche Handlungsbezüge ergibt. Daraus drei Arenen des Handelns zu entwickeln, von denen je eine eher von Gewalt, Tausch und Geschenk bestimmt wird, erscheint legitim und weiterführend. Damit ist nicht gesagt, dass die Grundsätze, die in einer Arena dominieren, in den anderen fehlen müssen. Im Gegenteil: Je mehr sie auch in anderen Arenen sichtbar werden, desto eher könnten Konflikte vermieden werden. Dies freilich setzt voraus, dass jede Arena in ihrer Eigengesetzlichkeit erkennbar bleibt und die in ihr dominierenden Grundsätze auslebt. So ist Zivilgesellschaft in jedem Fall eine eigene Arena; wenn sie in die anderen ausstrahlt, um so besser.

## Literatur

Dahl, Robert A. (1971): Polyarchy – Participation and Opposition, New Haven/London: Yale University Press.

Illich, Ivan (1973): La convivialité, Paris: Éditions du Seuil.

Illich, Ivan (1996): Klarstellungen. Pamphlete und Polemiken, München: Beck.

Rifkin, Jeremy (2010): Die empathische Zivilisation – Wege zu einem globalen Bewusstsein, Frankfurt a.M./New York: Campus.

Sandel, Michael J. (2013): Gerechtigkeit – Wie wir das Richtige tun, Berlin: Ullstein.

Strachwitz, Rupert Graf (2014): Achtung vor dem Bürger, Freiburg: Herder.

# Immer im Takt bleiben?

## Zu einer konvivialistischen Affektpolitik

*Frank Adloff*

In der filmischen Groteske »Zeit der Kannibalen« über Unternehmensberater, die auf der Suche nach den weltweit lukrativsten Kapitalinvestitionen sind, konstatiert einer der Hauptdarsteller: »Keiner hat mehr Spaß am Kapitalismus, außer den Chinesen.« Ist der Kapitalismus im Westen am Ende, weil seine Produzenten und Konsumenten allesamt erschöpft sind? Nimmt die Diagnose, dass Erschöpfungszustände, Depressionen und insbesondere das sogenannte Burn-out-Syndrom dramatisch zugenommen haben, die Prognose vorweg, dass das kapitalistische Wachstumsregime auch psychisch an sein Ende kommt? Und was wäre der Erschöpfung kognitiv und emotional entgegenzusetzen?

Das konvivialistische Manifest versucht aus meiner Sicht, diese Fragen zu adressieren. Es bietet keine in sich geschlossenen und konkreten Lösungen gesellschaftlicher Probleme an. Es kommuniziert vielmehr eine recht allgemeine alternative Sicht und Haltung, eine Haltung der Konvivialität, die eine stark affektive Seite hat. Konvivialität möchte positiv-affektiv überzeugend sein, Möglichkeitsräume und Wege aus der Erschöpfung eröffnen. Dazu wird auch an die Mobilisationskraft von Emotionen erinnert und appelliert. Das Manifest kommt an verschiedenen Stellen auf Gefühle, Haltungen und Leidenschaften zu sprechen. Zunächst (S. 64) wird die Hybris mancher Personengruppen kritisiert (das Manifest hat hier wohl die globale Finanzelite vor Augen). Ihnen solle untersagt werden,

> »im infantilen Wunsch nach Allmacht (der griechischen Hybris) der Maßlosigkeit zu verfallen, d.h. das Prinzip der gemeinsamen Menschheit zu verletzen und die gemeinsame Sozialität unter dem Vorwand zu gefährden, irgendeiner höheren Art anzugehören, oder dadurch, dass er eine solche Menge an Gütern [...] monopolisiert, dass die soziale Existenz aller Schaden nimmt.«

Diese Gruppe der Maßlosen hat sich also aus Sicht des Manifests aus dem gemeinsamen Rahmen der Sozialität und Moralität verabschiedet, sie erheben sich über andere und seien vermessen. Auf Seite 72 werden Affekte und Leidenschaften in eine noch zentralere Position gerückt. Jetzt geht es um die Frage, wie Affekte im Sinne einer Kritik bestehender Verhältnisse und zur Mobilisierung von Konvivialität verstanden werden können:

»Was tun? Die drei Hauptwaffen gegen diese [...] Mächte sind folgende: *Die Entrüstung* über die Maßlosigkeit und die Korruption sowie *die Scham*, die all jenen spürbar gemacht werden muss, die direkt oder indirekt, aktiv oder passiv die Prinzipien der gemeinsamen Menschheit und der gemeinsamen Sozialität verletzen. *Das Gefühl, Teil einer gemeinsamen Weltgemeinschaft* von Millionen, ja Milliarden von Individuen aller Länder [...] zu sein, die am selben Kampf für eine ganz und gar menschliche Welt teilnehmen. Dazu müssen sie über ein gemeinsames Symbol verfügen können [...]. Über die ›rationalen Entscheidungen‹ hinaus *die Mobilisierung der Affekte und Leidenschaften.* Ohne sie geht nichts. Weder das Schlimmste noch das Beste.« [Herv. i.O.]

Der erste Punkt greift das Thema der Hybris nochmals auf: Über diese solle man sich moralisch und emotional entrüsten, und reziprok müssten sich die Maßlosen für ihre Hybris schämen, da sie gegen gemeinsame Werte verstoßen. Der zweite Punkt appelliert an das Gefühl, Teil einer Weltgesellschaft zu sein. Tatsächlich braucht solch ein Gefühl eine Symbolisierung, sonst ist es zu flüchtig und abstrakt. Schon Émile Durkheim beschrieb, wie sich zum Beispiel die Affekte einer Nation in der Flagge des Landes symbolisieren können. So materialisiert sich eine affektive Wertbindung. Nun ist der Konvivialismus kein wissenschaftliches oder politisches Detailprogramm, mit dem man sich nur kognitiv identifizieren könnte, sondern Konvivialität bietet sich als ein affektiv aufgeladenes Symbol für eine »ganz und gar menschliche Welt« an. Zuletzt wird noch einmal verallgemeinert und darauf hingewiesen, dass nur Affekte und Leidenschaften Menschen mobilisieren können – denn ohne sie gäbe es keine starke Motivation, etwas zu tun.

Im Folgenden möchte ich die oben zitierten Passagen kommentieren und in Sympathie für den Konvivialismus weiter ausbauen.

## Welche affektiven Erwartungen haben wir eigentlich derzeit?

Die moderne Gesellschaft versteht sich von Anbeginn, also seit rund 200 Jahren, als zukunftsoffen. Gesellschaftliche Verhältnisse erscheinen nicht länger als vorgegebene Notwendigkeiten, sondern als gestalt- und veränderbar, und die Fortschrittsidee erfasste seitdem zuerst die westlichen und dann alle übrigen Gesellschaften der Erde. Spätestens mit dem Zusammenbruch des Sozialismus hat sich aber die Konstellation zumindest im globalen Norden deutlich geändert. Fortschrittserzählungen (z.B. von Sozialismus, Aufklärung, Fortschritt durch Technik) haben sich verbraucht, Kontingenz ist angesichts immer schneller werdender technischer und sozialer Veränderungen zum Grundgefühl geworden. Gleichzeitig erscheint die Zukunft paradoxerweise gerade nicht mehr als gestaltbar, sondern als geschlossen. Zum Finanzkapitalismus scheint es keine Alternative zu geben, der Klimawandel erscheint als unaufhaltbar, soziale Ungleichheiten wachsen, und Wachstum wird nichtsdestoweniger als Allheilmittel weiter beschworen. Politische Alternativen stellen sich eigentlich in der Postdemokratie nicht – man hat nur die Wahl zwischen ein bisschen mehr oder weniger Austerität oder Keynesianismus. Steter Wandel, Unsicherheit und zugleich Alternativlosigkeit kennzeichnen dieses spätmoderne Lebensgefühl. Es bleibt damit das Gefühl von Gewissheit der Unsicherheit – eine Gewissheit, die Angst macht?

In diese Richtung argumentiert Heinz Bude (2014) in »Gesellschaft der Angst«. Aufstiegsversprechen haben in Deutschland Exklusionsdrohungen Platz gemacht, so dass man nicht mehr positiv etwas anstrebe, sondern »nur noch durch eine negative Botschaft bei der Stange gehalten« werde (ebd.: 19). Dabei dominiere die Angst in allen Bevölkerungsgruppen, im Vergleich mit anderen den Kürzeren zu ziehen. Der soziale Status erscheint bedroht angesichts des Auseinanderdriftens von Einkommen, Vermögen, Sicherheit und Lebenschancen. Dabei herrsche das Gefühl vor, dass das Aufwärtsstreben äußerst kompetitiv geworden sei, schließlich gibt es weniger zu verteilen.

Und dieses Grundgefühl wird sich voraussichtlich noch verstärken, denn wenn die Diagnose zutrifft, dass der globale Norden zunehmend auf ein Wachstum des BIP verzichten muss, wird der Kuchen nicht mehr größer, der verteilt werden kann. Neue soziale Konflikte, Spannungen und Ängste wären damit vorprogrammiert. Solidarität und Gemeinsinn blieben demgegenüber auf der Strecke. Und statt mit neuen Lebensentwürfen zu experimentieren, erleben wir in den Mittelschichten schon jetzt eine »Wiederkehr der Konformität« (Cornelia Koppetsch). So gesehen stehen die Zeichen für den Konvivialismus, der ja gerade auch die Mittelschichten auf seiner Seite haben müsste, nicht gut. Im Gegenteil, solange vor allem auch die Mittelschichten ängstlich und konkurrentiell gegen Abstieg und Unsicherheit ankämpfen, befeuern sie den Statuskampf und wirken durch weitere Einkommens- und Vermögensspreizungen an ihrer Zerfaserung und Schrumpfung mit.

In diesen soziologischen Zeitdiagnosen spielen Affekte und Emotionen offenkundig eine große Rolle, ohne dass jedoch wirklich klar wäre, worin sie genau besteht. Bevor überprüft wird, wie zutreffend diese als alternativlos erscheinende Prognose ist, muss zunächst das Verständnis für einige affektsoziologische Grundbegriffe geschärft werden.

## Ein affektsoziologisches Begriffsrepertoire

Emotionen sind kein rein psychisches Phänomen, sie sind durchtränkt von Sozialität und Kultur. Sie stellen eine Art von Urteil dar, welches allerdings nicht explizit oder durchdacht vorliegen muss – es handelt sich um ein »Urteil des Körpers« (Robert Solomon). Wird eine Emotion wie Wut oder Scham ausgelöst, erfordert dies eine minimale kognitive Komponente, nämlich eine Situation als bedrohlich, beschämend oder ähnliches zu erkennen. Das heißt, sie beziehen sich intentional auf etwas in der Welt: Sie drücken ein Sich-an-der-Welt-Beteiligen aus; es geht um Dinge, mit denen wir zu tun haben, in denen wir aufgehen. Emotionen drücken damit Wertbindungen aus. So kann zum Beispiel Wut eine moralische Dimension in sich tragen, die sich in dem Versuch zeigt, eine bestimmte Handlungssituation wieder herzustellen, die dem Moralempfinden des Wütenden entspricht.

Gegenüber Emotionen erleben wir uns häufig eigentümlich passiv: Eine einsetzende Emotion kommt über uns, sie bricht herein. Zugleich und paradoxerweise sind wir es selbst, die eine Emotion produzieren. Eine Emotion setzt uns auf intensive Weise über etwas Negatives oder Positives in Kenntnis; sie macht machtvoll darauf aufmerksam, dass sich in der Handlungssituation etwas Signifikantes verändert hat. Schließlich erwächst aus der Emotion eine spezifische Handlungsbereitschaft: zum Beispiel Rückzug von der Welt bei Trauer, aggressives Verhalten im Fall der Wut.

Doch gibt es natürlich auch schwächere oder diffusere affektive Zustände als kurzfristige und intensive Emotionen mit klar intentionalem Gehalt. Nicht umsonst sprechen wir von Stimmungen oder Atmosphären und benennen damit ein affektives Hintergrundphänomen. Man kann etwa mit John Dewey argumentieren, dass jede Handlungssituation über eine bestimmte affektive Hintergrundfärbung verfügt, die alles in ein spezifisches Licht taucht. Eine durchgängige affektive Qualität (Ruhe, Hochgefühl, Niedergedrücktheit, Melancholie etc.) färbt alle Wahrnehmungen und Denkprozesse situativ ein, sie bestimmt die Angemessenheit und Relevanz von Themen und Wahrnehmungsfokussierungen. In diesem Sinne sollte man auch die Dichotomie von affektiven vs. nicht-affektiven, rationalen Handlungen *ad acta* legen, da affektive Färbungen in allen Handlungen eine Rolle spielen.

In der Regel bemerken wir die affektive Grundtönung von Handlungen und Situationen nicht, sie bleibt implizit. Dessen ungeachtet oder gerade dadurch beeinflusst diese Tönung auch unsere kognitiven Operationen. In Stimmungen und Hintergrundgefühlen konstituiert sich ein Möglichkeitsraum für das empfindende Individuum. Diese sich im Hintergrund befindenden Gefühle eröffnen einen Raum für das, was einem kognitiv möglich oder unmöglich erscheint (Jan Slaby). Hintergrundgefühle erschließen uns gleichsam die Welt in einer gewissen Färbung und ermöglichen und verschließen damit bestimmte Handlungsweisen. Die Welt der Furchtsamen ist eine andere als die der Zuversichtlichen. Angst, Depression und Scham lassen den Möglichkeitsraum schrumpfen, Stolz weitet ihn aus. Dies zeigt, wie der affektiv konstituierte Möglichkeitsraum aufs Engste mit dem Handeln von Menschen verknüpft ist. Nun sind dies nicht primär affektive Prozesse, die in einem einzelnen Individuum ›ablaufen‹ oder nur ihm allein zuzuschreiben sind. Ein Großteil von Stimmungen ist sozial geteilt. Geteilte Stimmungen finden wir in Gruppen und Organisationen, aber es ist auch möglich, von geteilten Stimmungen in einem makrosozialen und politischen Sinne zu sprechen. Nicht umsonst sprechen wir von der Stimmung der 1990er Jahre, der letzten Fußball- Weltmeisterschaft oder von der Stimmung nach 9/11.

Halten wir fest: Emotionen zeigen uns unsere Werte an, etwa die »Heiligkeit« des Selbst oder die Solidarität mit einer Gemeinschaft. Hintergrundgefühle konstituieren hingegen Möglichkeitsräume des Denkens und Handelns – also »Fähigkeiten«. Hiervon ausgehend ließe sich affektsoziologisch erforschen, was in welchen sozial-affektiven Milieus als wichtig und wertvoll und was als möglich erscheint.

## Konvivialistische Affektpolitik: Mehr Authentizität wagen

Ist die Welt der Ängstlichen und Erschöpften für immer eine Welt mit reduzierten Eingriffs- und Handlungsmöglichkeiten? Und was könnte einen affektiven Wandel initiieren? Affektive Lagen haben ja durchaus einen Bezug zu realen politischen oder sozialstrukturellen Zuständen und Prozessen. Man kann somit einen Wandel über die Veränderung der objektiven Lage einleiten, oder man kann versuchen, direkt auf die Stimmung einzuwirken, mit dem Ziel, darüber auch die politische oder sozialstrukturelle Seite zu transformieren. Diese Dimension wird in den Sozialwissenschaften immer noch stark unterschätzt und zu wenig begriffen.

Einer Welt des Fatalismus oder der Niedergeschlagenheit lässt sich nicht allein argumentativ begegnen. Bringt man das hier vertretene Konzept von affektiver Erfahrung in Verbindung mit zeitgenössischen Theorien und Verfahren deliberativer Demokratie, zeigt sich im Kontrast deren rationalistische und kognitivistische Engführung. Deliberative Verfahren gelten als progressiv, demokratievertiefend und werden allerorten empfohlen und eingeführt, um Bürger/innen Mitbestimmungsmöglichkeiten zu eröffnen und Entscheidungen zu verbessern. Allerdings wäre aus meiner Sicht ernst zu nehmen, dass Argumente in der Regel nicht allein überzeugen können. Sie müssen eine Koalition mit Gefühlen, Stimmungen, Emotionen und Wünschen eingehen. Nur in der Verbindung mit diesen Erfahrungsdimensionen können sie eine transformative Kraft entfalten. So stellt sich erstens die Frage, wie demokratische Partizipation dieser Seite menschlicher Erfahrung gerecht werden kann. Zweitens wäre zu fragen, welche Hintergrundgefühle und Emotionen demokratischen Prozeduren und Engagementformen entgegenkommen. Nur derjenige, der das Gefühl hat, einen Unterschied bewirken zu können, wird sich in demokratische Kooperations- und Konfliktformen hineinbegeben. Erscheint die Welt als von fremden Mächten gesteuert, fühlt man sich von ihr abgetrennt und entfremdet, und es vermögen auch keine guten Argumente vom Gegenteil zu überzeugen – es bleiben dann nur Pegidas »Abendspaziergänge« in Dresden.

Gehen wir von verschiedenen sozial-affektiven Milieus aus, wird klar, dass einige Milieus sich tendenziell von deliberativ-demokratischen Verfahren ausgeschlossen fühlen. Ihr affektiver Stil ist nicht passungsfähig mit den hierbei erforderlichen Mittelschichtskompetenzen. Dies bedeutet auch, dass verschiedensten Emotionen und emotionalen Stilen ein legitimer Platz in den demokratischen Auseinandersetzungen gebührt. Denn vornehm zurückhaltende Zivilität und Argumentation ist die Waffe derjenigen, die über Macht verfügen; zeigen die tendenziell Ohnmächtigen ihre Wut, wird dies von den Mächtigen als illegitime Ausdrucksform abgelehnt. Eine partizipative und konviviale Demokratie muss hingegen eine affektiv intelligente Demokratie sein und einen Ausgleich zwischen zwei divergierenden Richtungen schaffen: Es dürfte erstens kein emotionaler Stil aus Verfahren ausgeschlossen werden. Und zweitens sollte affektive Intelligenz erlernt werden. Doch werden Praktiken expliziten affektiven Lernens bislang noch von der Mittelschichtskultur dominiert. Somit müssten pluralistische emotionale Stile und spezifische Mittelschichtskompetenzen (wahrscheinlich spannungsreich) aufeinander bezogen werden. Doch was heißt das genauer?

So ließe sich zum Beispiel von der »therapeutischen Kultur« lernen, die in vielen Milieus Fuß gefasst hat. Normalerweise heben Sozialwissenschaftler/innen »kritisch« hervor, dass die Vertreter der Mittelschicht therapeutisch gelernt haben, ihre eigenen Gefühle als Kapital zu betrachten. Aus emotionaler Intelligenz ist beispielsweise für Eva Illouz (2009) emotionales Kapital geworden, das sich in andere Kapitalsorten konvertieren lässt. Emotionale Intelligenz gilt als eine Führungsqualität, die positive soziale Beziehungen ermöglicht und emotionale Energien freisetzt. Der Kapitalismus setze nun also auch die Emotionen in Wert.

Doch sollte dabei klar sein, dass es hierbei um konventionalisierte Emotionen geht, die auf typischen Codierungen und Normierungen aufruhen. Wer sich in diese Schemata von positiver Emotionalität nicht einfügen kann, bleibt außen vor. Dass man sie darüber hinaus auch nicht bewusst anstreben und herstellen kann, kommt zudem hinzu. »Emotionales Kapital« folgt standardisierten Wahrnehmungs- und Bewertungsschemata, es ist kulturell und sozial normiert. Viele Berufsgruppen betreiben mittlerweile Emotionsarbeit: Eigene Gefühle und die der Kunden werden modelliert, wobei entweder bestimmte Emotionen erzeugt oder unterdrückt werden müssen. Spezifische Gefühlsregeln geben situativ vor, wie man sich zu fühlen und welchen emotionalen Ausdruck man anzuzeigen hat. Die Soziologin Arlie Hochschild betrachtete diese Prozesse innerhalb des Dienstleistungssektors noch kritisch als Beispiele der Ökonomisierung der Gefühle und Entfremdung der Subjekte von diesen. Dieser Kritik der Ökonomisierung haben sich nachfolgend kaum Soziolog/innen angeschlossen, da ihnen die implizit mitlaufende These von der ›eigentlichen‹ Authentizität der Gefühle, die ökonomisch überformt wurde, suspekt ist. Nach meinem Dafürhalten könnte und müsste man allerdings die Frage nach Nicht-Entfremdung und der Authentizität von Gefühlen wieder aufnehmen und sie nicht vorschnell aus dem sozialwissenschaftlichen Diskurs ausschließen. Nicht zufällig unterscheiden wir im Alltag sehr genau danach, ob wir authentisch etwas empfunden und geäußert haben oder eben nicht. Zu merken, was wir fühlen und wie authentisch dies ist, ist jedoch eine sozial erlernte Fähigkeit, die ungleich verteilt ist.

Der Körperpsychotherapeut und Philosoph George Downing (2000) spricht hierbei von Mikropraktiken des Körpers, die uns zur Verfügung stehen und die uns (mehr oder weniger gut) mit der Fähigkeit ausstatten, die affektive Qualität von Situationen zu erfassen. Es geht a) um die Fähigkeit, Veränderungen im Körper zu spüren, b) diese bewusst zuzulassen und sie nicht zu unterdrücken, c) die Fähigkeit, diesen Zustand zur Untersuchung der relevanten Situation zu nutzen und d) den Modulationen und Nuancen des Körperzustands zu folgen. Auf diesen Ebenen kann es im Laufe der Biographie zu unbewussten Habitualisierungen der Nicht-Wahrnehmung kommen – Blockaden, die es aufzubrechen gilt. Wenn sich schließlich körperliche Mikropraktiken mit sprachlichen Praktiken überlappen, entwickelt sich unter Umständen e) die Fähigkeit, das Spüren von Gefühlen mit einer sprachlichen Beschreibung der neuen Situation zu verknüpfen und f) die Fähigkeit und Bereitschaft, die eigene Werthierarchie durch die emotionale Erfahrung in Frage zu stellen. Eine emotionale Erfahrung ist häufig durch Ambiguität gekennzeichnet und lässt keine klare Deutung zu; daher kann sie vermeintlich fest bestehende, bewusst verfolgte Intentionen und Werte in Frage stellen. Dieser Prozess der Artikulation von Gefühlen kann von Menschen als unterschiedlich authentisch oder – dabei festgelegten Ausdrucksmustern folgend – als schematisch empfunden werden. Im Prozess der Artikulation von Erlebtem entstehen wechselseitige Spielräume und Begrenzungen: Erlebtes lässt sich nicht beliebig kulturell (um)deuten, aber das Erlebte impliziert auch nicht von sich aus eine bestimmte kulturell vorgefertigte Interpretation.

Authentisches Gefühlserleben und der Ausdruck dessen lassen sich mithin erstens erlernen, und zweitens müssen sie gegen Vereinnahmungen durch herrschende Gefühlsregeln verteidigt werden. Eine konvivialistische Affektpolitik wäre mithin (auch) eine Politik der De-Synchronisierung von sozialen Gefühlen. Das heißt, dass man sich den sozialen Erwartungen des Fühlens entzieht und sich zunächst mal der (fast automatischen) Gefühlsabstimmung mit anderen bewusst wird. Dieses *attunement* findet ja nicht nur dann statt, wenn Menschen gemeinsam das Gleiche fühlen (etwa gemeinsam feiern). Es findet auch eine Abstimmung statt, wenn sich Menschen emotional in disjunkten Situationen befinden, sie also nicht dasselbe fühlen. Furcht entsteht zum Beispiel, wenn ein Akteur sich gegenüber einem anderen machtlos fühlt. Studien zeigen, dass Unterordnung und Gefühle der Hilflosigkeit entstehen, wenn man die Machtlosigkeit sich selbst zuschreibt; wird sie Anderen zugeschrieben, entstehen eher Rebellion und aggressive Gefühle wie Wut. Hinter solchen Situationen ungleicher Machtverteilung liegen natürlich konventionalisierte, implizit bleibende kulturelle Schemata. Doch gibt es keinen Automatismus, so zu empfinden, man kann auch beginnen, Situationen umzudeuten. Und diese Umdeutung des Common Sense ist aus meiner Sicht notwendig, um neue Spielräume für die Artikulation von Wertbindungen zu eröffnen und neue Fähigkeiten für das Handeln zu erschließen.

Auf erlernbaren Wahrnehmungsfähigkeiten und Reinterpretationen von Gefühlen beruht auch Marshall B. Rosenbergs Methode der Gewaltfreien Kommunikation, die in vielerlei Therapie- und Mediationsverfahren, aber auch in den demokratischen Verfahren alternativer Gemeinschaften und Organisationen eine große Rolle spielt. Rosenberg empfiehlt, die Beobachtung einer Situation zunächst von den damit einhergehenden Gefühlen zu unterscheiden und dies auch differenziert zu kommunizieren. Im nächsten Schritt gilt es zu erkennen, welche Bedürfnisse, Werte und Wünsche hinter den Gefühlen liegen. Erst am Ende wendet man sich mit einer Bitte, etwas zu tun oder zu unterlassen an den anderen. Auf diese Weise kann es einem leichter zu Bewusstsein kommen, ob man beispielsweise etwas aus Scham oder Angst tut. Ähnliches gilt für die Wahrnehmung anderer: Auch empathisches Verstehen kann man besser oder schlechter beherrschen bzw. es verbessert sich durch Lernen. Ziel dieses emotionalen und kommunikativen Lernens ist es, stärker im Einklang mit den eigenen Werten und Bedürfnissen zu leben und sich nicht vorschnell von positiven und negativen Bewertungen oder Sanktionen anderer anstecken zu lassen. Es geht auch darum, sich von allzu starken Anerkennungsbedürfnissen unabhängiger zu machen. Dabei kommt der Artikulation von Gefühlen eine besondere Bedeutung zu: Die Gefühle selbst und auch die soziale Beziehung verändern sich allein durch ihre Artikulation. Gefühlsaussagen sind als performative Sprechakte aufzufassen: Sie verändern – für mich und den Adressaten – das, was sie beschreiben.

Die kurz angerissenen Praktiken Downings und Rosenbergs könnten helfen zu lernen, sicherer emotional zu navigieren und größere emotionale Freiheit zu erlangen – anders formuliert: emotional authentischer zu werden. Nach meinem Dafürhalten hat Konvivialität damit viel zu tun. Zivilgesellschaftliche Experimente oder Kunstprojekte können helfen, neue Erfahrungs- und Imaginationsräume zu eröffnen (siehe Gesa Ziemer in diesem Band). Vor allem aber sollten diese Körper- und Kommunikationstechniken von allen und möglichst früh gelernt werden – sie gehören in die Schulen! Wobei, wie gerade schon erwähnt, darauf zu achten wäre, dass ihr Mittelschichtsbias nicht bestimmte emotionale Stile exkludiert.

Doch wozu soll das gut sein? Ein Beispiel: Das von Soziolog/innen berichtete Gefühl der Angst unter den unteren und mittleren Schichten äußert sich ja nicht direkt kommunikativ. Es beschreibt eine Stimmung dieser Gruppen, die selten direkt artikuliert wird. Angst ist eine antizipatorische Stimmung, die auf Zukunftserwartungen beruht. Expliziert man diese – statt sie als diffuses Hintergrundgefühl zu belassen – transformiert sie sich. Sie verschwindet dadurch nicht, aber sie wird konkreter, anschaulicher und dadurch unter Umständen auch veränderbar. Eine Atmosphäre der Angst hemmt, eine spezifische Furcht könnte hingegen mobilisieren und zum konkreten Handeln bewegen. Dies ist ja auch schon vielfach geschehen und beschrieben worden: Diffuse Umwelt- und Katastrophenängste konnten sich auf die Atomkraft fokussieren, sich mobilisieren und schlussendlich die Kernkraft in Deutschland zum Auslaufmodell machen.

Die vom Manifest herausgestellte Emotion der Scham ist in unserem Zusammenhang besonders von Interesse, da sie mit der Erfahrung eines Statusverlustes verknüpft ist. Scham ist eine soziale Emotion, beruht sie doch auf der bewertenden Wahrnehmung des eigenen Selbst aus der Perspektive eines anderen. Fällt die Bewertung des eigenen Selbst aus der übernommenen Perspektive positiv aus, entstehen Gefühle wie subjektive Sicherheit, Stolz und Selbstwertgefühl; fällt sie negativ aus, führt dies in der Regel zum Empfinden von Scham. Wir fühlen uns dann wertlos, lächerlich oder hässlich und schäbig. Hintergrund des Schamgefühls ist offenbar ein gemeinsam geteilter Wert, der die Person oder Gruppe ihrem eigenen Selbstbild zufolge eigentlich folgen sollte. Entscheidend ist nun erstens, ob die Scham als solche bemerkt wird. Denn das Gefühl wird zumeist als so schmerzhaft erlebt, dass es gar nicht bewusst zugelassen wird. Meine These ist nun, dass Mittelschichtsängste zutiefst mit individualisierten und tabuisierten Schamgefühlen verknüpft sind, derer man sich kaum traut, gewahr zu werden. Wenn Scham empfunden wird, stellt sich zweitens die Frage, wem die Verursachung der Scham zugeschrieben wird: Geht man davon aus, dass man einem akzeptierten Wertmaßstab nicht genügen kann, führt dies eher zu den schon beschriebenen negativen Selbstzuschreibungen in Form von Depression, Abkapselung, Niedergeschlagenheit usw. Fokussiert man hingegen die Quelle der Scham, besteht die Möglichkeit, die implizit akzeptierte Wertehierarchie infrage zu stellen.

Wenn Scham wie im ersten Fall unterdrückt und dadurch nicht wahrgenommen wird, kann aber auch Wut entstehen. Die Transformation von Scham in Wut ist ein Prozess, der insbesondere mit einer Kultur von Maskulinität verknüpft ist, die Scham negiert und nicht zulässt. Scham negierende Wut richtet sich dann auch gegen noch Schwächere, wobei wir wieder bei Pegida wären.

Einen Ausweg aus Spiralen von Scham und Wut sieht der Soziologe Thomas Scheff nur darin, dass die beteiligten Parteien sich gegenseitig ihre Abhängigkeit voneinander, ihre Scham und Entfremdung eingestehen. Nur durch authentische Gefühlswahrnehmung und -kommunikation könne es zu Versöhnung und Wiederherstellung des sozialen Bandes kommen. Solch ein Prozess der Kommunikation von Scham ist jedoch nur möglich, wenn Kooperationsbezüge und gemeinsame Werte vorliegen. Die globalen Finanzeliten lassen sich nur beschämen, wenn sie noch an einer gemeinsamen Welt partizipieren und wenn ihnen an der Anerkennung anderer Gruppen etwas liegt. Wahrscheinlich irrt sich das Manifest in seiner Annahme, dass diese globalen Eliten sich überhaupt beschämen lassen.

Umgekehrt empfinden heutzutage gerade die sozialen Gruppen Scham, die sowieso schon prekär leben und verletzbar sind, abgehängt werden oder die antizipierende Angst empfinden, den Anschluss zu verpassen. Sie schreiben sich selbst Unzulänglichkeiten, Misserfolge oder mögliches Scheitern zu. Dies war nicht immer so. In den 1950er Jahren haben die Arbeiter in der noch jungen Bundesrepublik eine fundamentale Differenz zwischen der Oberschicht und sich selbst wahrgenommen (vgl. Neckel 2008): Ihre Wahrnehmung sozialer Ungleichheit war dichotom. Später wandelte sich dies im Übergang zur Mittelschichtsgesellschaft: Ungleichheiten wurden bis weit in die 1990er Jahre als nur noch graduell wahrgenommen. Prinzipiell, so die damalige Sicht, stehen allen Mobilitäts- und Aufwärtschancen zur Verfügung. In den letzten Jahren erleben wir eine Rückkehr zum dichotomen Gesellschaftsbild. Immer weniger Menschen glauben noch an ihre Aufstiegschancen, und es entsteht wieder das Bild einer abgeschotteten Oberschicht. Die Differenz zu den 1950er Jahren besteht jedoch in einem wichtigen Punkt. Die Arbeiterschaft kannte damals aufgrund ihrer Vernetzung und Solidarität kein Gefühl von Machtlosigkeit, und auch ihre Arbeit erfüllte sie mit Stolz. Beides ist heute nicht mehr der Fall: Individualisierungseffekte und Scham überwiegen gegenüber Solidarität und Stolz.

Wenn sich die Reichsten nun nicht mehr beschämen lassen, wenn also der soziale Kooperationszusammenhang derart erodiert ist, kann man nicht mehr allein auf eine vermittelnde konvivial-authentische Affektkommunikation setzen. Diese könnte zwar an das Gefühl mancher Manager und Eliten andocken, selbst entfremdet wie im Hamsterrad nach Beschleunigung, Wachstum und Machtausweitung zu streben, ohne noch den Eindruck zu haben, am guten Leben zu partizipieren (so argumentiert Hartmut Rosa). Es käme aber zusätzlich darauf an, sozial agonistische Wut zu kommunizieren. Eine Strategie könnte darin bestehen, gleichsam den Spieß umzudrehen, und die Finanzeliten nicht nur affektiv anzuprangern, sondern auch zu versuchen, partiell ohne sie auszukommen.[1] Disruptive Proteste, Formen zivilen Ungehorsams und affektive De-Synchronisationen – indem man vor allem der affektiv besetzten Wachstumsidee den Boden entzieht – scheinen in einem solchen Fall das geeignetere Mittel zu sein, das »Zusammenleben« symbolisch wieder einzufordern und zu ermöglichen.

Die Versammlungen auf dem Taksim- oder dem Tahrir-Platz, auf der Puerta del Sol oder im Zucotti Park transportierten denn auch eine agonistische Stimmung von Empörung, Widerstand und mitunter Hoffnung. Die Pegida-Proteste sind hier allerdings auch zu nennen. Auch wenn sie unheimliche Projektionen gegenüber Migrant/innen zeigen, muss man sie als Ausdruck der Ängste der unteren Mittelschicht ernst nehmen. Sie reagieren unter anderem auf die postdemokratische Wahrnehmung, dass es keine wirklichen politischen Alternativen gibt und in Hinterzimmern alles vorentschieden wird. Doch können sie selbst keine – außer einem diffus biodeutschen Wunsch nach Einheit des Volks – positive Vision des Zusammenlebens entwickeln. Es gibt ja auch derzeit keine außer der, dass es allen ökonomisch gut gehen und man sich sicher fühlen soll.

## UND KONKRETER?

Die obigen Überlegungen führen aus meiner Sicht zunächst zu drei Forderungen, die an das Manifest anschließen, aber auch darüber hinausgehen: Erstens, lasst eure Angst und Scham zu, dann transformieren sie sich. Zweitens, de-synchronisiert euch affektiv gegenüber den Personengruppen, die der Hybris verfallen sind, vielleicht reihen sie sich dann wieder in den sozialen Kooperationszusammenhang ein. Drittens, macht euch von der affektiven Besetzung der Wachstumsidee frei.

Und schließlich ist ein weiterer konkreter Zusammenhang herzustellen: Das Manifest fordert ein bedingungsloses Grundeinkommen und die Einführung eines Maximaleinkommens. Meiner Meinung nach bestehen hier direkte Verbindungen zu einer konvivialistischen Affekt- und damit Solidaritätspolitik, die das Manifest allerdings nicht beleuchtet. Ein bedingungsloses Grundeinkommen böte die Chance, unsere Fixierung auf Erwerbsarbeit und unseren produktivistischen Habitus abzuschwächen. Die Gesellschaft würde von den

**1** | Man stelle sich vor, welche massiven Konsequenzen es für die Deutsche Bank oder Commerzbank hätte, wenn nur zehn Prozent ihrer Kunden zur GLS-Bank wechseln würden.

Empfänger/innen keine konkrete Erwiderung erwarten, dies würde Vertrauen in ihre Tätigkeiten und Fähigkeiten erfordern. Sie würden sich »nützlich« machen können, ohne wirklichen Nutzen verkaufen zu müssen – so käme die affektive Logik der Gabe (Alain Caillé) mit ihren kooperationsförderlichen Wirkungen zum Zuge. Existenzängste würden dadurch deutlich reduziert werden, und es könnten sich kreative Räume für das Experimentieren mit Konvivialität eröffnen. Auf der anderen Seite würden explodierende Einkommensentwicklungen am oberen Rand eingedämmt werden. Maßlosigkeit würde gekappt und Reziprozität zwischen den gesellschaftlichen Schichten könnte auf diese Weise wiederhergestellt werden. Symbolisch und affektiv würde sich darin ausdrücken, dass sich a) niemand für seine Existenz zu schämen braucht, dass aber b) Hybris inakzeptabel ist. Politische Forderungen nach einem Grund- und Maximaleinkommen würden eine Affektpolitik in Gang setzen, die einen gemeinsamen sozialen Raum von Kooperation eröffnen könnte. Deshalb kommt diesen beiden Forderungen eine ungemein wichtige Rolle zu.

Doch noch etwas müsste konkreter entfaltet werden: Postwachstum müsste von mehr Menschen als eine reale Utopie und nicht länger als Dystopie verstanden werden. Solange Postwachstum nur Assoziationen von Abstieg, Desintegration, Sparen, Rezession und Niedergang des Abendlandes auslöst, wird es auch affektiv keinen Ausweg aus konkurrentieller Statusangst und politischer Paralyse geben. Erst wenn man sich Postwachstum als etwas vorstellen kann, das möglich und obendrein auch mit Lebensqualität verknüpft ist, besteht die Möglichkeit, sich von affektiven Zwängen freizumachen. Dazu braucht es radikale Imaginationen und vor allem konkrete konviviale Vorbilder und konturierte politische Alternativen. Zivilgesellschaftliche und künstlerische Projekte können hier den Anstoß geben, Wahrnehmungen zu verändern und politische Möglichkeitsräume zu eröffnen.

Dann wird es möglich sein, gegen Gefühlsregeln zu opponieren, Gefühle und Bedürfnisse ehrlicher und authentischer zu artikulieren. Postwachstum könnte einen affektiven Möglichkeitshorizont öffnen, der momentan noch verschlossen ist: Die Kontingenz der Moderne würde sich symbolisch (wieder) mit einem positiv konnotierten Zukunftsbild verbinden lassen und das Gefühl erzeugen, dass wieder mehr möglich als wirklich ist. Eine positive Postwachstumsidee könnte von beklemmenden Gefühlen, Stimmungen und Kognitionen befreien und kognitive und affektive De-Synchronisierungen gegenüber der immer noch enorm weit verbreiteten Vorstellung vom kapitalistischen Wachstumszwang als unhintergehbarer Notwendigkeit ermöglichen. So ging es zumindest dem Verfasser dieses Textes, als er sich zum ersten Mal intensiver mit Postwachstum beschäftigte.

*Last but not least* wird die entscheidende Frage lauten, wo sich die Mittelschichten in den nächsten Jahren sehen: Glauben sie, am Kuchen der oberen zehn Prozent partizipieren zu können? Oder solidarisieren sich die Mittelschichten eher mit den unteren Schichten, so dass sie vermehrt gegen Prekarisierung und Ungleichheiten vorgehen werden? Dies berührt auch die Frage, welche affektive Bindung die beiden Möglichkeiten auf sich ziehen: Hoffnung auf individuelle Erfolge und Partizipation an Einkommensgewinnen durch vermehrte Konkurrenz, oder Konvivialität, Wachstumsrücknahme und Einhegen der Einkommen nach unten und oben? In diesem Sinne stimme ich Micha Brumlik (in diesem Band) zu: Die konvivialistische Perspektive zielt affektiv und symbolisch aufs Große und Ganze und nicht auf kleinteilige Problembearbeitungen ab.

## Literatur

Bude, Heinz (2014): Gesellschaft der Angst, Hamburg: Hamburger Edition.

Downing, George (2000): »Emotion Theory Reconsidered«, in: Mark A. Wrathall/Jeff Malpas (Hg.), Heidegger, Coping, and Cognitive Science. Vol. 2, Cambridge, Mass.: MIT Press, S. 245-270.

Illouz, Eva (2009): Die Errettung der modernen Seele. Therapien, Gefühle und die Kultur der Selbsthilfe, Frankfurt a.M.: Suhrkamp.

Neckel, Sighard (2008): »Die gefühlte Unterschicht. Vom Wandel der sozialen Selbsteinschätzung«, in: Rolf Lindner/Lutz Musner (Hg.), Unterschicht. Kulturwissenschaftliche Erkundungen der »Armen« in Geschichte und Gegenwart, Freiburg i.Br.: Rombach, S. 19-40.

# Engagement und Beteiligung

## Das konvivialistische Manifest als Anstoß zu ihrer Neuverschränkung

*Adalbert Evers*

### Einleitung. Zum Verständnis des Manifests und meinen Vorstellungen davon, wie man es aufgreifen sollte

Das konvivialistische Manifest steht in der Tradition der umfassenden sozialreformerischen Utopien, wie sie mit der großen Transformation unserer Lebensverhältnisse am Beginn der marktgesellschaftlichen und industrialistischen Moderne entstanden (Owen, St. Simon, die Frühsozialisten) und nach einem Jahrhundert von Katastrophen, aber auch der Konsolidierung von liberalen Demokratien und Sozialstaatlichkeit mit neuen sozialen Bewegungen wiederauftauchten – Utopien eines anderen Lebens, des anders Wirtschaftens und einer radikalen Demokratie.

Was es von seinen Vorläufern unterscheidet, ist nicht nur die neue Bedeutung der ökologischen Frage, sondern vor allem das Bewusstsein von der Vielstimmigkeit der Utopien und sozialreformerischen Konzepte. Was das Manifest mit den meisten seiner Vorläufer teilt, ist seine Schwerpunktsetzung bei den sozialen Beziehungen der Menschen und den Problemen, die sich aus der expansiven Übermacht einer Form des Wirtschaftens ergibt, die man Kapitalismus nennt.

Das Leitmotiv ist die Förderung der »kooperativen Öffnung zu den anderen« (S. 48). Dem Manifest geht es um eine Praxis, die »oberhalb und unterhalb der Ebene des Staates und des Marktes für die Vermehrung gemeinsamer und assoziativer Tätigkeiten [sorgt], die grundlegend sind für eine globale Zivilgesellschaft, in der das Prinzip der Selbstverwaltung in einer Vielzahl von Räumen bürgerschaftlichen Engagements [...] wieder zu seinem Recht kommt« (S. 66).

Diese Schwerpunktsetzung im zivilgesellschaftlichen und wirtschaftlichen Bereich bedeutet einerseits eine radikale *Ausweitung des Gesichtskreises* gegenüber den landläufigen ›Reformdebatten‹, in denen staatliche Lösungen und Politiken im Zentrum stehen und gesellschaftliche Veränderungen eher als das Problem erscheinen, auf das sich Politik und Verwaltung zu beziehen haben – bestenfalls mit mehr Beteiligung der Bürger, als es liberal-demokratische Traditionen vorsehen. Im Manifest hingegen geht es nun auch um ein eigenes, selbst organisiertes Engagement und Beteiligtsein bei der Suche nach anderen Formen des Lebens und Wirtschaftens und öffentlichen Institutionen, die nicht synonym mit staatlichen Einrichtungen gedacht werden – Schulen, gesundheitsbezogenen Diensten und Netzen, Assoziationen der sozialen Hilfe und Unterstützung, bei denen ein (sozial-)staatlicher Beitrag nicht immer das primäre und dominierende Element sein muss. Die Beteiligung der Bürger ist hier als soziales Engagement gedacht, das in selbst initiierten und verwalteten Projekten und Formen des not-for-profit-Wirtschaftens Gemeingüter (commons) als Teil eines »Pluriversums« von privaten, gemeinschaftlichen und staatlichen Diensten mittragen soll und zugleich als ein Raum, der damit in hohem Maße politisch bedeutsam wird. Das Mit*reden* in öffentlichen Debatten und Aushandlungen wird hier zusammengedacht mit dem Mit*arbeiten* und Engagement in »sozialwirtschaftlichen« Projekten, seien es nun Energiegenossenschaften, Revitalisierungsprojekte für einen Stadtteil oder neue Formen des »caring«.

Die Lesart des konvivialistischen Manifests, von der hier ausgegangen wird, begreift es also als einen wichtigen Anstoß zur (Wieder-)Verbindung zweier Bereiche, die sonst ganz überwiegend getrennt verhandelt werden: des sozialen Engagements und der politischen Beteiligung.

Die Schwerpunktsetzung des Manifests im Bereich von Fragen nach einem anderen Zusammenleben und Wirtschaften hat neben der positiven Seite der Ausweitung des Gesichtskreises aber auch eine Schwäche. *Wir erfahren kaum etwas darüber, welche veränderten Prozesse und institutionellen Formen des Regierens, der »governance«, es braucht,* um den ökologischen, sozial-kulturellen und -wirtschaftlichen Beiträgen aus dem gesellschaftlichen Bereich mehr Raum und Anerkennung im engeren Raum der Politik zu geben. Genau das wäre aber wichtig, wenn man – wie die Autoren des Manifests – die hier angesprochenen Aktionsformen anders als im gängigen Sinne verstehen und bewerten will. Dort operiert man üblicherweise mit dem Begriffspaar »politische Beteiligung« und »soziales Engagement«. Politische Beteiligung wird dabei überwiegend als Mitsprache an Staatsgeschäften gedacht und soziales Engagement vor allem als »Kitt«, der eine Gesellschaft zusammenhalten hilft – »politisch« allenfalls durch einen solchen Effekt, nicht aber im Selbstverständnis der Akteure.

Vor diesem Hintergrund sollen im Folgenden vier Punkte angesprochen werden:

1. Ich möchte mich zunächst mit Varianten jenes vorherrschenden Denkansatzes beschäftigen, der das, was das Manifest mit einem breiten Begriff von Beteiligung zusammenzudenken versucht, eher trennt.

2. Danach möchte ich auf die Geschichte von gesellschaftspolitischen Diskursen der Trennung und Zuordnung beider, der politischen Beteiligung und des sozialen Engagements eingehen.

3. Ganz im Einklang mit dem konvivialistischen Manifest soll dann herausgestellt werden, wo heute die Anknüpfungspunkte dafür liegen, politische Partizipation und Engagement in einem breiten Konzept von Beteiligung wieder stärker zu verschränken; vor allem eines soll dabei herausgestellt werden: die Bedeutung von Orten und Bereichen, wo innovative und selbstorganisierte Ansätze sich mit kommunalen und staatlichen Institutionen verflechten, die bereit sind, sich zu öffnen, so dass andere Formen der Governance als demokratisches Regieren Gestalt annehmen können. Es ist die Bedeutung dieser Orte der Intermediation, die im Manifest kaum Beachtung findet.

4. Das führt zu einer doppelten Agenda: (a) zu einem Konzept von Institutionalisierung sozialer Aufgaben und eines »Wohlfahrtspluralismus«, bei dem das breite Feld bürgerschaftlicher Assoziationen im Verhältnis zu Staat und Markt eine höhere Bedeutung erhält als in traditionellen Sozial-Staatskonzepten, ganz wie es das Manifest fordert, (b) zu einem Konzept von Demokratie und Regieren, das diese Beiträge aus der Bürgergesellschaft, ihre Innovationsanstöße, ihr Wissen und ihre Projekte mehr als bisher mit einbezieht. Hier hat das Manifest eine Lücke. Konvivialistische Utopien brauchen aber solche Politiken eines »demokratischen Experimentalismus«.

## Zur Theorie, oder: wie sich Verbindungen von sozialem Engagement und politischer Beteiligung denken lassen

Eine Enquetekommission des Deutschen Bundestages ist vor mehr als zehn Jahren angetreten, ein weites Feld – von Praktiken der politischen Beteiligung und des Protestes bis hinüber zu solchen des sozialen Engagements in alten und neuen sozialen Einrichtungen und Projekten – unter einem Begriff, dem des »bürgerschaftlichen Engagements« (Enquetekommission 2002), zusammenzudenken. Im Blick zurück will es allerdings so scheinen, als hätte man dabei die Probleme unterschätzt, die darin bestehen, so etwas wie die Barrieren und Chancen für ein gutes Miteinander oder gar eine wechselseitige Stärkung verschiedener Ausdrucksformen von Engagement, des sozialen Engagements und der »freiwilligen Mitarbeit« auf der einen und der Beteiligung, dem Mitreden und Mitentscheiden auf der anderen Seite, zu erreichen.

Eine wichtige Rolle spielt dabei bis heute die Art und Weise, wie im wissenschaftlichen Bereich – zumal in den Politikwissenschaften – das voneinander getrennt wird, was im Begriff des »bürgerschaftlichen Engagements« zusammengedacht werden sollte.

Drei unterschiedliche Zugänge lassen sich unterscheiden.

Der erste, vor allem in der deutschen politikwissenschaftlichen Diskussion dominierende Ansatz, fasst Bürgerengagement in Kategorien der politischen Partizipation und diese wiederum als Beteiligung an staatlichen Projekten und Entscheidungsprozessen. Hier finden sich zum einen die Beteiligungsmöglichkeiten in repräsentativen Demokratien, wo staatliche Politik sich mit der Einflussnahme von Lobbys, NGOs und öffentlicher Meinung auseinanderzusetzen hat. En vogue sind heute erweiterte partizipative Demokratiekonzepte, die diesen Prozessen der Einflussnahme geregelte und transparente institutionelle Formen geben wollen, mit Bürgeranhörungen, Erörterungsverfahren oder gar in Form von bindender Einflussnahme durch Volksentscheide u.Ä. Was in den jeweiligen Organisationen und Netzwerken, die an die verfasste Politik herantreten, inhaltlich entwickelt wird, gilt dann zwar als politisch bedeutsam, zählt aber nicht zur Politik. Bezogen auf unser Thema bedeutet das, dass Sozialprojekte, Genossenschaften oder Bürgerstiftungen – Teile der vielgestaltigen Welt von Assoziationen in einem »dritten Sektor« – nicht eigentlich zum Bereich der Politik gehören. Engagement als Tätigwerden, als freiwillige Mitarbeit in einem selbstorganisierten Projekt hat Bedeutung für die Politik, ist aber nicht Teil von ihr.

Einen wichtigen Schritt heraus aus dieser auf die Institutionen des demokratischen Staates zentrierten Selbstbeschränkung im Begriff von Politik und Beteiligung machte der Beitrag von Robert Putnam. Mit einem breiten Begriff von »sozialem Kapital«, der von guter Nachbarschaft und Chorsingen bis zum volunteering in Wahlkampagnen der Parteien reichte, hob er die politische Bedeutsamkeit auch solcher Assoziations- und Engagementformen hervor, die selbst nicht ausdrücklich politisch wirksam werden wollen. Und er postuliert so etwas wie eine aufsteigende Leiter, die vom Engagement vor der eigenen Haustür bis in den Kongress reichen kann. Die Botschaft seiner Untersuchungen lautet »it takes social capital to make democracy work«. Insoweit er in der Tradition Tocquevilles anmahnt, das Assoziationswesen im gesellschaftlichen Raum und die vielfältigen Formen sozialer Beteiligung zu revitalisieren, weil sonst demokratische Politik zu verkümmern droht, ist seine Botschaft beunruhigend. Gleichzeitig ist sie aber auch beruhigend, insoweit sie davon ausgeht, dass der Übergang aus dem einen in den anderen Bereich, vom *volunteering* in der Nachbarschaft über den *civic activism* des sich Einmischens in Staatsgeschäfte bis hin zur Einflussnahme über die vorhandenen Kanäle der

Partizipation irgendwie garantiert ist. Kann man aber darauf vertrauen, dass es in den »offenen Gesellschaften« der Demokratien so etwas wie garantierte Übergänge vom Alltagsengagement zu »politischer« Partizipation gibt? Oder muss man nicht vielmehr davon ausgehen, dass die Vermittlung beider eine komplizierte politische Aufgabe ist und oft mit allen Folgen für beide Seiten, Politik und Bürger, nicht mehr funktioniert?

Das führt zu einer dritten Position in der Frage, wie die Mechanismen einer wechselseitigen Beeinflussung von großer Politik und lokalem Engagement zu denken sind. Unter den zahlreichen Kritiken von Putnams Konzept einer gewissermaßen garantierten demokratiepolitischen Bedeutung sozialen Kapitals seien hier die Befunde von Eliasoph (2009) hervorgehoben. In ihren Untersuchungen des Alltags von Freiwilligenorganisationen und der Einstellungen von freiwillig Engagierten hat sie herausgefunden, wie sehr es beim sozialen Engagement um ein *avoiding politics* gehen kann. Man engagiert sich gerade in Abkehr von oder aus Überdruss am politischen Geschäft. Und umgekehrt: sattsam bekannt ist, dass man es im politischen Geschäft durchaus schätzt, wenn sich sozial Engagierte und deren Organisationen dort weitgehend heraushalten. Das Engagement der guten Tat kann durchaus mit einem Rückzug aus der Politik einhergehen.

Das Fazit lautet: Die Beziehungen zwischen dem, was sich im Bereich des sozialen Engagements entwickelt und dem Bereich der Politik und der Beteiligung daran, zwischen *volunteering* und *civic activism* sind vielgestaltig und kontingent. Sie ergeben sich nicht ›natürlich‹, sondern es braucht wirksame Strategien und Konzepte, die dem Aufbau von Verbindungen Achtung schenken. Soziales Engagement kann sich in Abgrenzung von Politik und aus Enttäuschungen von ihr entwickeln, politisch enthaltsames Engagement von der Politik instrumentalisiert werden. Ob und wie Engagement und Beteiligung – von der Gründung von Genossenschaften über Tauschbörsen und share economies bis hinüber zur Suche nach neuen Lebensformen – politisch bedeutsam und selbst auf Politik ansprechbar werden, hängt auch davon ab, wie Konzepte demokratischer Governance auf Engagement und Beteiligung ansprechen.

Das konvivialistische Manifest hat seine Stärke nun darin, dass es ganz selbstverständlich einen breiten Kreis von Aktivitäten einbezieht und zusammendenkt, den viele als eine wilde Sammlung von Verschiedenem ansehen würden: »lokale Tauschsysteme, Vereine gegenseitiger Hilfe, care ethics, neue Konzepte der commons, politische Ökologie und radikale Demokratie« (S. 46f.). Es hebt hervor, dass es für diese »wertvollen Initiativen« notwendig ist, »ihre Kräfte und Energien zu bündeln und ihre Gemeinsamkeiten hervorzuheben« (S. 47). Die konvivialistische Perspektive wird als eine dafür dienliche Leitidee hervorgehoben. Neben der verbindenden Kraft der gemeinsamen großen Idee braucht es aber wohl auch Konzepte dafür, wie man sich insbesondere in Ländern mit sozialstaatlichen Traditionen und demokratischer Verfassung ein Wirksamwerden und Einfließen in schon vorhandene Institutionen und Strukturen denkt. Hier liegt eine Leerstelle des Manifests.

## Zur Geschichte, oder: Verbindungen von Beteiligung und Engagement, die heute noch nachwirken

Die großen historischen Gesellschaftskonzepte und deren Politiken (politics) hatten nicht nur verbindende Leitideen, sondern darüber hinaus auch immer Vorstellungen davon, welchen Platz darin die vielen unterschiedlichen Formen von Engagement und Beteiligung haben sollten – vom geselligen Miteinander über organisierte Hilfen und Solidaritäten bis zur aktiven Mitgliedschaft in Parteien und Interessengruppen. Bis hinein in die Mitte des vorigen Jahrhunderts waren es Leitideen, Milieus und differenzierte Organisationskonzepte, die diese verschiedenen Formen von Engagement und Beteiligung zusammenzuhalten versuchten.

Ein solches weltanschauliches Lager war das der sozialdemokratischen Welt. Sie bot Engagementmöglichkeiten in einer gegliederten Vielfalt – von eigenen Bildungsveranstaltungen, dem Engagement in der Fürsorge der Arbeiterwohlfahrt, den Selbstverwaltungsorganen der Sozialversicherung hinüber zu Projekten eines anderen Lebens und Wirtschaftens in Genossenschaften und schließlich als Partizipation an den gewerkschaftlichen Kämpfen und in der Parteiarbeit. Debatten um eine sozialistische Transformation, andere Lebensformen und institutionelle Ordnungen wirkten in dieser gegliederten Landschaft von Engagement und Partizipation als vermittelndes und einigendes Band. Alltagsengagement war verbunden mit einem größeren Ganzen – nicht nur durch eine verbindende »Leitidee«, sondern auch eine gegliederte Organisationslandschaft von wirtschaftlichen, sozialen und kulturellen Beteiligungsmöglichkeiten, die zu allererst versprechen konnte, dass Engagement »im Kleinen« sich mit politischer Veränderung »im Großen« verbinden ließ. Heute kann man – etwa an einem Wohlfahrtsverband wie der Arbeiterwohlfahrt – sehen, was von diesem Projekt der Aktivierung und Einbeziehung übrig geblieben ist.

Zusammenhänge zwischen Engagement- und Beteiligungsformen wurden aber auch im bürgerlichen Lager gestiftet, wo an der Wende zum 20. Jahrhundert Kaiser, Kirche, Vaterland, Familie und eine bestimmte Vorstellung einer »gut bürgerlichen« Gesellschaft, in die auch die Proletarier hineinwachsen sollten, eine verbindende Orientierung gaben. Sie verband das Verständnis vom Engagement in Fürsorgevereinigungen bis hin zur Aufgabenwahrnehmung von Honoratiorenpolitik. Auch hier gilt, dass vieles davon vergangen, manches aber auch noch bis heute präsent ist. Hat nicht z.B. in den letzten Jahren mit der Vorherrschaft des Begriffs »Ehrenamt« ein Konzept von Engagement wieder mehr Raum gewonnen, das man eigentlich in einer individualisierten Gesellschaft kurzfristigen und relativ unverbindlichen Engagements bereits passé wähnte?

Der Blick zurück auf diese beiden historischen Stränge in der Geschichte von Beteiligung und Engagement soll hier vor allem auf eines aufmerksam machen – auf organisierte Verbindungen und Formen des Engagements zwischen den Polen von freiwilliger Mitarbeit und politischer Partizipation. Sie reichten von der Funktionärsarbeit in der Wohnungsgenossenschaft bis zur ehrenamtlichen Mitarbeit im Vaterländischen Frauenverein. Gestiftet wurden sie von Orientierungen und Interpretationszusammenhängen ebenso wie von der Erfindung eines differenzierten Formenreichtums an Engagement- und Beteiligungsmöglichkeiten.

Die Entwicklung in der zweiten Hälfte des letzten Jahrhunderts mit der Stabilisierung von liberaler Demokratie und Sozialstaatlichkeit kann demgegenüber durchaus als eine gegenläufige Bewegung verstanden werden, in der soziales Engagement und politische Beteiligung auseinanderfielen und beide dabei vielfach an Bedeutung verloren. Engagement in Parteien, Gewerkschaften und Genossenschaften verlor ebenso an Bedeutung wie das Honoratioren- und Ehrenamtssystem konservativer Politik. Die Entwicklung lief vielfach von einer Mitmach- zu einer Zuschauerdemokratie. Mit der Professionalisierung der Politik und Formen der Beteiligung, die sich auf wenige Vertreter großflächig organisierter Interessen verengte, verband sich die Professionalisierung des Sozialen. Vor diesem Hintergrund erschien der Umfang an mitarbeitenden Ehrenamtlichen eher als ein Gradmesser für die Rückständigkeit entsprechender Dienste und Einrichtungen, das Engagement dort als Hilfstätigkeit und nicht als Ausgangspunkt innovativer Konzepte sozialer Unterstützung. In den langen Jahrzehnten des Wohlfahrtskapitalismus bis in die 70er Jahre des vorigen Jahrhunderts ging überhaupt die Bedeutung des Aktivbürgers mitsamt der vielen verschiedenen Formen des Engagements, die sich damit verbanden, gegenüber der Rolle des Arbeitsbürgers, des Konsumenten und des über Rechtsansprüche gesicherten und versorgten Sozialbürgers zurück. Spezialisierung bei der politischen Beteiligung von Funktionsträgern und Banalisierung der unentgeltlichen Mitarbeit bei sozialen Einrichtungen unterstützten einen bis heute anhaltenden Trend zur Polarisierung und Trennung von Politik und Alltagsleben, von Beteiligung an der Politik und organisierter Hilfsbereitschaft. In dieser Zeit führten weder Alltag noch Weltanschauung, weder Projekte noch Angebote der politischen Parteien politisches und soziales Engagement zusammen.

Mit dieser Konstellation aus der Nachkriegszeit brach erst das, was in Berlin, Rom, Paris oder Berkeley als »Studentenbewegung« begann und sich dann zu damals neuen sozialen Bewegungen weitete. Es löste in der Folge darüber hinaus gehende Phänomene aus, für die man erst ganz neue Begriffe wie »Bürgerinitiative« oder »Alternativprojekt« erfinden musste.

Diese neuen Formen von »civic action«, bürgerschaftlichem Engagement, haben die vorher skizzierten traditionellen Selbstorganisations-, Engagement- und Beteiligungsformen in Parteien, Gewerkschaften, bei Wohlfahrtsverbänden, Abstimmungsgremien und Beiräten in den letzten Jahrzehnten überlagert, erweitert und zum Teil auch verdrängt. Im Kontext der Umweltbewegungen, aber auch der Krise traditioneller Sozialstaatlichkeit und damit verbundener Formen des Regierens und Verwaltens entstanden neue Formen und Sinnbezüge.

Mit Blick auf das konvivialistische Manifest wird dabei zweierlei deutlich: Es bedarf nicht nur sozialer Leitideen, sondern auch praxiswirksamer Konzepte einer positiven Interaktion von sozialem Engagement und politischer Beteiligung. Und die Stabilisierung von Sozialstaat und Demokratie nach dem großen Einschnitt des Zweiten Weltkrieges hat vielfach auch eine Kultur der Banalisierung von sozialem Engagement und der Reduzierung von politischer Beteiligung mit sich gebracht, die trotz der neueren Geschichte von ökologischen und sozialen Bewegungen bis heute nachwirkt.

## Zur gegenwärtigen Situation, oder: Versuche, zwischen Alltagsengagement und politischer Beteiligung ein neues Band zu knüpfen

Was neu an der heutigen vielfältigen Landschaft ist, wird im konvivialistischen Manifest mit einem guten Gespür für die Vielfalt der Ausdrucksformen, Sprachen und Begriffe, je nach Schauplätzen, Nationen und Akteuren dargestellt: Sozialwirtschaft, Produktions- und Verbrauchergenossenschaften, fairer Handel, Ökonomie der Beteiligung (Linux, Wikipedia), slow food, Globalisierungskritik, Bewegungen der persönlichen Veränderung, des freiwilligen Maßhaltens, des Dialogs der Kulturen, care ethics, neue Konzepte der commons usw. (S. 46f.). Wenn man all das in Kontrast setzen möchte zu dem, was in den Jahrzehnten zuvor Engagement, Selbstorganisation und Partizipation kennzeichnete, dann liegt der Unterschied sicherlich in der Bereitschaft, einander in dieser Vielgestaltigkeit anzuerkennen – Konvivialismus als einander gelten zu lassen. Zwei Etiketten markieren vielleicht am besten den Unterschied zu den früheren ritualisierten Formen institutionalisierter Beteiligung (Beiräte, Korporatismus, obligate Stellungnahmen der »Träger öffentlicher Belange«) und den früheren Formen freiwilligen sozialen Engagements (als para-professionelle Tätigkeit mit gut abgestimmten und eingespielten ergänzenden Hilfstätigkeiten):

*Engagement als Ausdruck veränderter Lebensformen und -wünsche.* Neben das, was traditionell schon immer eine Rolle spielte, Engagement für Verbesserungen von Diensten, Einrichtungen und die Aufgabe, bei Versorgungslücken auszuhelfen, sind Initiativen getreten, bei denen es um die Veränderung von Lebensformen und Bewältigungskonzepten geht – um andere Formen des Umgangs mit Natur und Umwelt, andere Vorstellungen von Gesundheit, Lebensweisen und Ernährung, andere Vorstellungen von Urbanität, Nachbarschaft, städtischem Leben. Alltagsengagement repolitisiert sich – nicht im engen und unmittelbaren Sinne der Kanalisierung in Beteiligungsgremien, sondern im weiteren Sinn der Anschlussfähigkeit zwischen dem, was Alltagsengagement bewegt, und Fragen der großen Politik. Antony Giddens hat in diesem Zusammenhang den Begriff einer »Politik der Lebensstile« geprägt.

*Engagement in Projekten.* In den klassischen Arrangements von liberaler Demokratie und Sozialstaat suchten gesellschaftliche Initiativen ihren Weg als Forderung nach Reform durch staatliche Politik über die gegebenen Kanäle der Interessenvertretung und über Einflussnahme durch Protest. Mit der Kultur der Sozial- und Alternativprojekte hingegen sind Formen des Engagements wieder aufgewertet worden, bei denen man die Dinge selbst in die Hand zu nehmen sucht. Am Rande der fester gefügten kommunalen und (sozial-) staatlichen Einrichtungen sind in den letzten Jahrzehnten neue, zumeist nur schwach institutionalisierte Angebote entstanden, die in vieler Hinsicht zwischen Politik und Lebenswelt stehen – Freiwilligenagenturen, Sozialbetriebe, soziokulturelle Zentren. Wenn es um Beschäftigte und Leistungsumfang geht, haben sie nur geringes Gewicht; große Bedeutung hingegen gewinnen sie als Innovationsanstöße (Evers/Ewert/Brandsen 2014). Projekte mitsamt ihren Netzwerken sind in der Regel eine Mischung aus pragmatischen Lösungen und zukunftsbezogenen Botschaften. Getragen werden sie von einem weiten Spektrum an Engagementformen, vom Sozialunternehmer über das Engagement derer, die technisches Know-how bei sozialen Medien und Umwelttechnologien einbringen, bis hin zur Unterstützung durch ›politische Unternehmer‹ aus Verwaltung und Politik.

All das kommt im konvivialistischen Manifest zum Ausdruck. Es hebt die Bewegungen und Engagementformen hervor, die durch eine Offenheit für Utopien der Veränderung gekennzeichnet sind und sich mit ihren Praktiken und ihrem Selbstverständnis weder auf Notlösungen noch auf eine reine Politik des Protestes reduzieren lassen wollen.

Allerdings: In weiten Teilen der Engagementlandschaft überwiegen ganz andere Bezüge zwischen den jeweiligen Beteiligungsformen und der Politik. Engagement im Sport, im Freizeit- und Kulturbereich kann in zwangslosem Einklang mit der Ordnung der Dinge ringsum erfolgen oder, wie bereits angesprochen, auch ein Mittel sein, der Politik aus dem Wege zu gehen. Insofern hat das konvivialistische Manifest mit seiner Nennung von Bewegungen zu Beteiligung und Engagement blinde Flecken. Außerdem zeigt es ganz nebenbei, dass Mitarbeiten und Mitreden nicht im Einzelfall zusammengehen müssen. Genossenschaften und NGOs haben jeweils andere Schwerpunkte und Aktionsformen.

Es geht also nicht um so etwas wie eine weitgehende Fusion zwischen Politik und der Beteiligung daran und dem weiten Feld von Alltagsengagement und Projekten. Das Feld von »Subpolitiken« in der Bürgergesellschaft wird immer anders und weiter geschnitten sein als das enger begrenzte Feld der Politik, ihrer Rationalität und Kompromisse und der daran Beteiligten. Außerdem gibt es Bereiche, wie etwa die der Partizipation bei Großprojekten, wo es fast ausschließlich um ein »gehört werden« und kaum ums »selber machen« geht. Und auch umgekehrt: viele Aktivitäten, die auf Engagement bauen und nach Alternativen suchen, sind vor allem darauf bedacht, dass Politik und Verwaltung ihnen nicht dreinreden.

Es findet sich aber eine ganze Reihe von Arenen, wo man auf der Suche nach nachhaltigen Änderungen geradezu darauf angewiesen ist, ein Band zwischen politischer Beteiligung und dem Alltagsengagement der Bürger zu knüpfen. Es gibt in diesen Arenen Ansätze zur Verschränkung von politischer Beteiligung und freiwilligem sozialem Engagement, die vor allem dann erleichtert werden, wenn Institutionen und Partner aus der professionellen Politik und Verwaltung sich öffnen. Dieser intermediäre Bereich, in dem man kooperiert, verhandelt und auch streitet, wird im konvivialistischen Manifest kaum angesprochen. Gerade hier entscheidet sich aber, inwieweit eine Politik der Veränderung in Form von Projekten jenseits »bloßen Protests oder einer Notlösung« (S. 47) Gestalt annehmen kann:

*Energie und Umwelt*: Vor dem Hintergrund des übergreifenden Ziels, eine Energiewende Wirklichkeit werden zu lassen, sind selbst organisierte Energiegenossenschaften nicht nur Ausweis der Kompetenz der engagierten Bürger, sondern oft auch kompetente Partner von Kommunen, die auf der Suche nach eine neuen lokalen Energiepolitik sind.

*Soziale Stadt*: Vor dem Hintergrund einer verbindenden Vorstellung von Nachbarschaft und städtischem Leben umfassen Projekte der Revitalisierung von Stadtteilen sowohl die Schaffung und Belebung der verschiedensten Formen von Vereinen als auch runde Tische, an denen Projekte mit Vertretern der Politik, Verwaltung und Wirtschaft erörtert werden.

*Schulpolitik*: Vor dem Hintergrund eines Leitbilds von Schule, bei dem sie als Knotenpunkt in einer weiter gefassten Bildungslandschaft verstanden wird, geht es auf dem Weg zu Ganztagsangeboten nicht nur um neue Formen der Schüler- und Elternmitarbeit, sondern darüber hinaus auch um Zusammenarbeit mit Vereinen und der Wirtschaft. Partner der Politik bei solchen Vernetzungen von Engagement und Partizipation sind nicht nur Elternbeiräte, sondern auch Fördervereine. Praktische Unterstützung und Beteiligung an Entscheidungen und Erörterungen verschränken sich.

*Alter und Pflege:* Vor dem Hintergrund des verschieden interpretierbaren, aber doch zur Versorgungskultur der Vergangenheit einen Trennstrich ziehenden Leitbilds vom ›aktiven Alter‹ ist ein Gebiet entstanden, in dem sich neben alten und neuen Formen des Engagements bei Sorge und Pflege, Mobilitäts- und Kommunikationshilfen, auch neue Formen des Zusammenlebens herausbilden, Projekte wie Mehrgenerationenhäuser, oder Netzwerke rund um Seniorenbüros, die ohne (kommunal-)politische Beteiligung und Unterstützung nicht existieren können.

*Asylpolitik:* Sie bietet ein eindringliches Beispiel dafür, wie eng verwoben Fragen des Engagements als praktischer Unterstützung und des Engagements als Einmischung in demgegenüber abgeriegelte Entscheidungsstrukturen sind.

Alles in allem: In den letzten Jahrzehnten sind Netzwerke, Selbstorganisations- und Beteiligungsformen entstanden, in denen die vielerorts sicherlich noch gültigen Trennungen zwischen Formen der Mitarbeit und der Mitsprache, von Fragen des Lebensalltags und Fragen der Politik, von Aufgaben der Verwaltung und Aufgaben der Engagierten in einem neuen Wechselspiel verringert werden. Dort, wo das passiert, macht der Dachbegriff vom »bürgerschaftlichen Engagement« Sinn. Er sammelt nicht einfach verschiedene Formen der Beteiligung, sondern benennt ein Feld, in dem es Vermittlungen, Symbiosen und Synergien gibt.

Ein Blick auf die o.g. Arenen von Verbindungen zwischen Partizipation und Engagement zeigt jedoch auch, wie unvollständig und prekär sie sind. Neue Beteiligungspraktiken, die Engagement und Projekte einschließen, grenzen sie in mancher Hinsicht auch gleichzeitig wieder aus. Aus der Umweltpolitik sind z.B. kaum Beteiligungskonzepte bekannt, die Energiegenossenschaften und ihrem Sachverstand bei der Planung von Versorgungskonzepten ausdrücklich einen gesicherten Platz für Mitsprache sichern. Wenn es um einen neuen Programmabschnitt bei der Förderung von Mehrgenerationenhäusern durch die Bundespolitik geht, gibt es keinen runden Tisch, bei dem örtliche Vertreter von Politik und Einrichtungen mitsamt ihrer Erfahrungen und Vorstellungen gefragt sind. In der Schulpolitik begrüßt man zwar den Umstand, dass es mittlerweile fast überall Fördervereine gibt; aber diese neuen, mittlerweile bundesweit vernetzten Organisationen sind als Partner bei der Entwicklung von neuen Ganztagsschulkonzepten kaum gefragt. Und hat schon einmal jemand daran gedacht, das Know-how der ebenfalls bundesweit vernetzten Seniorenbüros in Prozesse der Entwicklung einer neuen Altenpolitik aufzunehmen? Auch die de facto wachsende Rolle engagierter Fördervereine von Bürgern bei sozialen und kulturellen Einrichtungen (dieser Organisationstypus weist gegenwärtig im »Dritten Sektor« die stärksten Wachstumsraten aus) leidet auch darunter, dass man in der Sozialpolitik offiziell am traditionellen Konzept einer hundertprozentigen staatlichen und kommunalen Alimentierung dieser Einrichtungen festhält. Es gibt kaum Vorstellungen von institutionellen Designs, die auf einer Mitverantwortung gesellschaftlicher Stakeholder, speziell der Bürger und Nutzer, beruhen.

Zusammengefasst: Das konvivialistische Manifest bildet einerseits sehr plastisch die Vielfalt von Bewegungen, Initiativen und ihrer Projekte ab. Gezeigt wird »Es gibt schon ein richtiges Leben im falschen«, wie Frank Adloff in seinem Vorwort zur deutschen Ausgabe des Manifestes so treffend feststellt. Gleichzeitig zeigt sich aber auch, dass die im Manifest unterstellte Grenze zwischen dem »Richtigen« und dem »Falschen« im konkreten Einzelfall keinen klaren und festen Verlauf hat. Die benannten zahlreichen Initiativen und Projekte dringen hier oder dort gewissermaßen in die Texturen traditioneller Staatlichkeit ein, treffen dort auf potenzielle Mitspieler und führen zu oft prekären grenzüberschreitenden Kooperationsformen, Netzwerken und Programmen, die gleichzeitig von verschiedenen Erwartungen und Logiken mitgeprägt werden. Für die Bedeutung dieser Prozesse und Zonen des »Intermediären«, für Innovationen mit doppeldeutigen Effekten und ungewissem Ausgang fehlt im konvivialistischen Manifest die Aufmerksamkeit.

## Zum Abschluss: Eine neue Kunst des Zusammenlebens braucht eine Politik des demokratischen Experimentalismus

Reformen des sozialstaatlichen Erbes sollten mit Reformen der Demokratie zusammengedacht werden, so wie soziales Engagement und politische Beteiligung. Dazu braucht es

(a) *Konzepte öffentlicher Einrichtungen und Dienste, die eine Mitverantwortung von Bürgern und Adressaten als Koproduzenten und (Mit-)Träger ausdrücklich vorsehen.* Es geht um die Anerkennung und Bereitschaft zur Nutzung der neuen Ideen und Praktiken aus der Bürgergesellschaft zum Wirtschaften und Zusammenleben, wie sie auch im Manifest dargestellt werden.

(b) *Formen und Prozesse demokratischer Governance, die engagement-sensibel und -förderlich sind.* Wissen, Erfahrungen und praktische Beiträge aus Projekten, Initiativen und dem Kreis der sie tragenden *change agents* sollten in Beteiligungsprozessen und ihrem institutionellen Design besonders berücksichtigt werden; Ideen, Akteure und Erfahrungswissen aus der Bürgergesellschaft müssen in Beteiligungsverfahren einen Ort und Anerkennung finden.

In Hinblick auf den ersten Punkt, die Entwicklung neuer gemeinschaftlicher Einrichtungen und Angebote, braucht es Konzepte, die grundsätzlich anerkennen, dass das, was heutige Konzepte des »guten Lebens« oft immer noch mit dem altmodischen Begriff der »sozialen Wohlfahrt« umschreiben, pluralistisch organisiert sein muss, getragen von Beiträgen aus Markt und Staat, aber auch aus Familien, Gemeinschaften und den zahllosen sozialwirtschaftlichen Assoziationen des »Dritten Sektors«, hin zu einem neuen »Gleichgewicht zwischen Markt, öffentlichem Sektor und einer Ökonomie assoziativen [sozialen oder solidarischen] Typs«, wie es im Manifest (S. 68f.) heißt. Dieser Mix an Rationalitäten ruft aber auch nach »hybriden« Organisationen, die öffentliche Einrichtungen auch als *new commons* erfahrbar machen. Neben Projekten und Einrichtungen in Selbstverwaltung braucht es aber in zentralen Bereichen wie Bildung und Gesundheit weiterhin einen festen und verlässlichen staatlich garantierten Kern, ein Set an Grundrechten, das durch Akteure aus der Bürgergesellschaft mit einem Mantel an Beiträgen und Leistungen ergänzt werden kann.

In Hinblick auf den zweiten, im konvivialistischen Manifest kaum berührten Punkt, eine *new governance*, die ein intensiveres Wechselspiel zwischen gesellschaftlichen Beiträgen und Ansprüchen auf der einen und staatlichen Garantien auf der anderen Seite ermöglicht, ist m.E. die um den in den USA geprägten Begriff des *democratic experimentalism* (Sabel 2001) herum entwickelte Debatte besonders aussagekräftig. Er bezeichnet eine Politik, die mit der Bürgergesellschaft nicht nur dialogisiert, sondern die mit ihren Verfahren und Programmen mehr Raum und Unterstützung für lokale Experimente mit neuen Antworten und Bewältigungsformen gibt. Es geht zunächst darum, mit Förderprogammen und Regelveränderungen mehr Raum für praktisches Engagement beim Erproben von Neuem und Anderem zu geben, so dass in partizipativen Verfahren die Bürger nicht nur per Diskussion an etwas beteiligt sind, was nach wie vor von Experten erdacht und dann top down ausgeführt werden soll. Es geht im Weiteren darum, Veränderung durch Politik auch als eine Aufgabe des *mainstreaming* innovativer Bewältigungsformen für drängende Umwelt- und Sozialprobleme zu verstehen.

Es gibt ihn, den weltweiten Trend zum Abbau von Demokratie und staatlichen Formen der Sicherung des Sozialen. Noch stehen liberale Demokratie und Sozialstaat dem entgegen. Die vielfältigen Protagonisten einer Neuverschränkung von Engagement, Selbstorganisation und Partizipation, auf die sich das konvivialistische Manifest bezieht, brauchen angesichts dessen nicht nur Vorstellungen davon, was sie in Bewegung bringen wollen, sondern auch davon, in welchen neuen institutionalisierten Formen von Demokratie und sozialer Sicherung es Gestalt bekommen soll.

## Literatur

Eliasoph, Nina (2009): Avoiding Politics. How Americans Produce Apathy in Everyday Life, Cambridge/UK: Cambridge University Press.

Enquetekommission Zukunft des bürgerschaftlichen Engagements (2002): Bürgerschaftliches Engagement. Auf dem Weg in eine zukunftsfähige Bürgergesellschaft, www.bmi.bund.de/SharedDocs/Downloads/DE/Themen/Politik_Gesellschaft/GeselZusammenhalt/enquete_be.pdf?__blob=publicationFile.

Evers, Adalbert/Ewert, Benjamin/Brandsen, Taco (2014): Social Innovations for Social Cohesion: Transnational Patterns and Approaches from 20 European Cities, www.wilcoproject.eu.

Sabel, Charles F. (2001): »A quiet revolution of democratic governance: towards democratic experimentalism«, in: OECD (ed.), Governance in the 21st century, Paris: OECD, S. 121-148, www.oecd.org/futures/17394484.pdf.

# Ökonomie

# Konvivialität und *Degrowth*

## Zur Rolle von Technologie in der Gesellschaft

*Andrea Vetter, Benjamin Best*[1]

## Problemaufriss

Welche Rolle spielen Technologien für eine konviviale Gesellschaft? An einer Stelle definiert das konvivialistische Manifest deutlich, welche Rolle es dem technischen Fortschritt zuweist:

»Da von den Ländern, die seit Jahrhunderten der Natur am meisten entnommen haben, und denen, die erst damit beginnen, nicht die gleiche ökologische Anstrengung verlangt werden kann, obliegt es den wohlhabendsten, dafür zu sorgen, dass ihre Naturentnahmen im Vergleich zu den Standards der 1970er Jahre regelmäßig sinken. Wenn sie ihre derzeitige Lebensqualität bewahren wollen, muss der technische Fortschritt vorrangig diesem Ziel gelten, um den Raubbau maßgeblich zu verringern. Absolute Priorität hat die Senkung des $CO_2$-Ausstoßes und die Nutzung der erneuerbaren Energien anstelle der Kernkraft und der fossilen Energien.« (S. 67f.)

Das Manifest behandelt die Rolle von Technologien ansonsten nur marginal. Dabei sind Technologien mit ihren Pfadabhängigkeiten von entscheidender Bedeutung für eine sozial-ökologische Transformation.[2]

Unsere These ist, dass das Technologiekonzept des Manifests letztlich implizit dem Effizienzgedanken und der Entkopplungsidee einer ›ökologischen Modernisierung‹ verhaftet bleibt. Das Manifest versäumt es, darüber nachzudenken, was es hieße, wenn Technologien selbst konvivial würden – und damit

**1** | Für Anregungen und Kommentare danken wir Maja Göpel und Christiane Kliemann.

**2** | Der Abschlussbericht der Enquetekommission »Wachstum, Wohlstand, Lebensqualität« definiert die sozialökologische Transformation folgendermaßen: »Sozialökologische Transformation [...] orientiert sich am demokratischen und solidarischen Umbau hin zu einer nachhaltigen Produktions- und Lebensweise« (Deutscher Bundestag 2013: 481).

ein Perspektivwechsel hin zu sozio-technischen Systemen als konstitutiv für menschliches Zusammenleben stattfände. Es ist an der Zeit, das Nachdenken über konviviale Technik – Ausgangspunkt der ersten Diskussionswelle um Konvivialität in den 1970er Jahren – zu erneuern.

## Ivan Illich und die Konvivialität

Ivan Illich hat den Begriff der Konvivialität in den 1970er Jahren mit seinem Buch »Tools for Conviviality« geprägt (Illich 1973)[3]. Im deutschen Vorwort zum Manifest wird er erwähnt (S. 11, 14), im Manifest selbst kommt er jedoch nur implizit vor. Im Gegensatz zu Alain Caillé und dem konvivialistischen Manifest spricht Illich jedoch nicht von »Konvivialismus«, sondern von »Konvivialiät«. Das macht einen großen Unterschied, denn was bei Illich eine Eigenschaftsbeschreibung ist – eine Gesellschaft oder Situation oder Institution kann »konvivial« sein – ist im Manifest zu einem Denksystem oder einer Totalität geronnen, die den Begriff eines seiner positiven Elemente beraubt: der Verweis auf das Unabgeschlossene und Unplanbare, das der Konvivialität als flüchtiger Eigenschaft zwischen Menschen oder von Menschen geschaffenen Artefakten und Beziehungssystemen innewohnt.[4]

Das Manifest fällt in vielen Formulierungen in der Radikalität hinter Illich zurück: so heißt es, anzustreben sei, »[e]ine universalisierbare konviviale Gesellschaft aufzubauen, die das Ziel verfolgt, allen einen hinreichenden Wohlstand zu sichern, ohne ihn von einem unmöglich und gefährlich gewordenen stetigen starken Wachstum zu erwarten« (S. 71). Illich hingegen ging es gerade nicht um das Universalisierbare, sondern um die Pluralität und das Partikulare, welches miteinander in einen Dialog tritt; es ging ihm gerade nicht darum, »Wohlstand zu sichern«, sondern den Menschen ihre Befähigung nicht zu nehmen, sich selbst um ihre konkreten Anliegen zu kümmern[5]; und es ging ihm auch darum, die industrielle Wachstumslogik in ihrer Ganzheit als

---

**3** | Wir beziehen uns in diesem Aufsatz ausdrücklich auf die englische Version seines Buches von 1973, da die 1975 erschienene deutsche Version keine eigentliche Übersetzung, sondern eine deutliche Bearbeitung des Originals ist.

**4** | Vgl. zur Konvivialität, die sich der Kontrolle entzieht und eine emergente Eigenschaft ist, auch Nowicka/Vertovec 2014: 347.

**5** | »I choose the term ›conviviality‹ to designate the opposite of industrial productivity. [...] I consider conviviality to be individual freedom realized in personal interdependence and, as such, an intrinsic ethical value. I believe that, in any society, as conviviality is reduced below a certain level, no amount of industrial productivity can effectively satisfy the needs it creates among society's members.« (Illich 1973: 11)

problematisch abzulehnen, weil sie die Menschen in Abhängigkeiten von Institutionen treibt.

An anderer Stelle wird der Bezug auf Illich und die Denkrichtung des Post-Development jedoch wiederum sehr deutlich, wenn die Autor_innen davon sprechen, dass »die modernen politischen Ideologien als solche – Liberalismus, Sozialismus, Kommunismus oder Anarchismus – [...] die Menschen für bedürftige, nicht für begehrende Wesen« (S. 51) halten, und deshalb Wirtschaftswachstum als Lösung angesehen worden sei. Illich – und insbesondere Wolfgang Sachs u. A. – machen immer wieder das Problem deutlich, dass allen Menschen im Rahmen des Entwicklungsdiskurses der Nachkriegszeit ›Bedürfnisse‹ (im englischen: *needs*) unterstellt werden, die einen Großteil der Menschen zu ›Unterentwickelten‹ machen, weil bestimmte Bedürfnisse, die aber andere Menschen definieren, nicht erfüllt seien. Illich hingegen spricht von »konvivialer Armut«, also davon, dass mit weniger als einem Dollar täglich in einer Gesellschaft, in der Geld keine Rolle spielt, durchaus ein konviviales und würdiges Leben möglich ist; oder dass ein Mangel an formalisierter Schulbildung keineswegs problematisch sein muss, wenn Menschen ihr Bedürfnis nach persönlicher Entwicklung und Lernen befriedigen können.

Vor diesem Hintergrund wird deutlich, was Illich mit »Werkzeugen« für die Konvivialität meint: »The crisis can be solved only if we learn to invert the present deep structure of tools; [...] People need new tools to work *with* rather than tools that ›work‹ *for* them. They need technology to make the most of the energy and imagination each has, rather than more well-programmed energy slaves.« (Illich 1973: 10, unsere Hervorhebung)

Mit Werkzeug (*tool*) meinte Illich dabei sowohl eigentliche handwerkliche Werkzeuge als auch Geräte, Maschinen und ›Produktionsstätten‹ für materielle und immaterielle Güter.[6] In diesem Aufsatz wird der Begriff der »konvivialen Technik« dagegen in einem engeren Sinne für technologische Artefakte und Infrastrukturen genutzt.

In den 1970er Jahren entstand rund um Illichs Diskussionsanstoß eine breite öffentliche Debatte um die Rolle von Technik in der Gesellschaft – Begriffe wie alternative, sanfte, radikale oder angepasste Technik wurden im deutschsprachigen Raum vor allem in der Zeitschrift »Technologie und Gesellschaft. Das Magazin zur Wachstumskrise« (erschienen 1975-1980 bei Rowohlt) diskutiert, deren Mitherausgeber Ivan Illich und André Gorz waren. Stoßrichtung der Diskussionen war neben der Ablehnung gefährlicher

**6** | »I use this term because it allows me to subsume into one category all rationally designed devices, be they artifacts or rules, codes or operators, and to distinguish all these planned and engineered instrumentalities from other things such as basic food or implements, which in a given culture are not deemed to be subject to rationalization.« (Illich 1973: 20f.)

Großtechnologien, allen voran der Atomkraft, vor allem der Aufbau anderer Infrastrukturen und der Entwicklung neuer Technologien wie Windkraft oder Solarenergie. Doch während die aus der praktischen Anwendung dieser Diskussionen hervorgegangen Kollektivbetriebe und Kleinunternehmen im Laufe der 1980er und 90er Jahre zur Keimzelle der heute erfolgreichen grünen Technologien wurden, wurde vergessen, dass die »Tiefenstruktur der Werkzeuge« (Illich, s.o.) damit keineswegs umgekehrt wurde, sondern neue komplizierte Expertentechnik und ein neuer Markt geschaffen wurde, der zusätzlich zu den alten Strukturen auf Gewinnerzielung ausgerichtet war. Von der Begeisterung über die neue grüne Technik war es kein großer Schritt mehr zur Mainstream-These der ›ökologischen Modernisierung‹, die man auch aus dem Manifest herauslesen kann und die bekanntermaßen davon ausgeht, dass technische Innovationen das Problem der Verknappung der Energieressourcen lösen können. Damit war nicht die Tiefenstruktur der Werkzeuge, sondern Illichs intellektueller Impuls in sein Gegenteil verkehrt worden.

## Entkopplung durch technischen Fortschritt – das Gegenteil von Konvivialität?

Ivan Illichs Kritik richtete sich gegen die Ökonomisierung der Gesellschaft, gegen soziale Ungerechtigkeit im globalen Maßstab, die Zumutung von Bedürfnissen und die Schwächung von individuellen und kollektiven Fähigkeiten. Diese Form der ganzheitlichen und kritischen Herangehensweise ist so gut wie ausgestorben, spielt allerdings z.B. in Ökodörfern, Transition Town-Initiativen und der Tiefenökologie wieder eine Rolle. Im heutigen Mainstream-Nachhaltigkeits- und Wissenschaftsbetrieb wird dagegen Wert darauf gelegt, sich nicht im Widerspruch zum gesellschaftlichen Mainstream und der Wachstumswirtschaft zu befinden. Das Manifest nimmt dieses Problem ins Visier und kritisiert:

> »Hinzuzufügen ist noch, dass sie [die Standardwirtschaftswissenschaft] sich als ebenso unfähig erweist, der Endlichkeit der Natur Rechnung zu tragen, da sie voraussetzt, dass sich die erschöpften oder zerstörten natürlichen Ressourcen immer durch die von der Wissenschaft und der Technik erzeugten Ressourcen werden ersetzen lassen. Eine vorrangige intellektuelle und theoretische Aufgabe besteht also darin, die Wirtschaft und die Wirtschaftswissenschaft in ihre Schranken zu verweisen und insbesondere den Blick letzterer wieder auf all die Teile der Realität zu richten, die sie bewusst oder unbewusst vernachlässigt hatte.« (S. 56f.)

Es ist sicher eine gewaltige Aufgabe, der Endlichkeit der Natur Rechnung zu tragen und kreative wirtschaftliche Lösungen zu entwickeln. Konvivialistische

Denk- und Handlungsansätze sind aber dann zum Scheitern verurteilt, wenn sich im etablierten Zusammenspiel von Wissenschaft und Wirtschaft und an der massiven Zuweisung finanzieller Mittel an eine einseitig technologisch ausgerichtete Forschung nicht grundlegend etwas ändert. Deren technologische und wirtschaftliche Lösungen wirken vielfach als Problemverstärker, da sie sich in alten Paradigmen bewegen, die gerade die Ursache für ökologische Probleme waren. Es herrscht heute ein fast beängstigender Technikoptimismus: die globalisierte Wachstumsökonomie soll weiterexistieren, entkoppelt von schädlichen Nebenwirkungen und ökologischer Abhängigkeit. Diese Idee zieht sich dabei wie ein roter Faden durch politische, wirtschaftliche und wissenschaftliche (High-Tech-)Agenden.

Wird ökologische Verantwortung jedoch allein an Technologien delegiert, während die Steigerungs- und Wachstumslogik unangetastet bleibt, können sich selbst einstige Hoffnungsträger wie Elektromobilität und erneuerbare Energien in Monstrositäten verwandeln. Hybrid-SUVs, Vorort-Einfamilienhäuser mit PV- und Solarthermieanlagen und mit vielerlei elektronischen Gadgets ausgestattete Menschen – statt nachhaltiger Kultur, Konvivialismus und *small is beautiful* – diese Technologien stehen für eine fortgesetzte Industriemoderne unter anderen Vorzeichen. Neuere Studien zeigen, dass eine absolute Entkopplung auf diese Weise nicht erreicht werden kann (vgl. Madlener/Alcott 2011). Nach einigen Wissenschaftlern ist Entkopplung durch investive Maßnahmen nicht einmal theoretisch möglich (vgl. Paech 2012).

Um nicht missverstanden zu werden: aus unserer Sicht spricht das nicht gegen erneuerbare Energien und Öko-Effizienz. Jedoch kann deren Ausbau allein noch nicht zu einer Entkopplung führen, wenn sich nicht gleichzeitig eine starke kulturelle und emotionale Kopplung zwischen Menschen und zur natürlichen Mitwelt entwickelt. Diese alternative Kopplungsidee erkennen wir in der Idee einer konvivialen Gesellschaft.

Der Wandel zu einer starken Kopplung zwischen Menschen untereinander und mit der Natur kann dabei von Bezügen zu Konzepten anderer (vormoderner) Gesellschaftstypen profitieren. Die »Logik der Gabe« von Marcel Mauss ist hierfür ein hervorragendes Beispiel, das einen beziehungsstiftenden Typus des vormodernen Güterverkehrs adressiert. Dieser könnte in modernen Formen der Tausch- und Schenkökonomie und der Peer-to-Peer-Produktion wiederentdeckt werden. Das trifft sich mit einer zentralen Forderung der Wachstumskritik, für die eine Ökologisierung der Gesellschaft ohne eine teilweise Deökonomisierung und Demonetarisierung nicht denkbar ist. Dieser Ansatz unterscheidet sich jedoch radikal von den angesprochenen Lösungsvorschlägen der etablierten Umwelt- und Wirtschaftswissenschaften, die eher auf Knappheitssignale, Kommodifizierung und die Zuweisung von Eigentumsrechten setzt.

Das Bild der Kopplung soll implizieren, dass Menschen eine Faser in einem umfassenden Netz des Lebens sind und wir unsere Verbundenheit mit der Natur zu einem Teil der lebendigen Erfahrung werden lassen können. So wissen wir zwar kognitiv, dass Menschen von einem funktionierenden Ökosystem abhängig sind; dass Menschen aber tatsächlich einatmen, was Bäume ausatmen, ist noch nicht Teil ihrer Alltagserfahrung. Wenn nun die Natur in die Städte zurückkehrt, die Stadt-Land Dichotomie abnimmt, könnten unmittelbare Naturerfahrungen zunehmen und die Menschen sich möglicherweise mehr als Teil der Natur begreifen. Damit könnte sich das Umweltbewusstsein in der Breite steigern und so auch der Naturschutz eine neue Grundlage bekommen, weil es bei dem Schutz von Bäumen, Flüssen und Bienen nicht mehr um die Bewahrung von etwas Externen geht, sondern um Selbstschutz der Menschen. Es ist dieser wichtige Schritt, der in der Unterscheidung von »Umwelt« und »Mitwelt« angedeutet wird.

Einsichten dieser Art würden folgenlos bleiben, wenn wir sie nur in moralische Appelle übersetzen würden. Daher stellen wir uns, im Anschluss an Ivan Illich die Frage, wie Technologien selbst konvivial gestaltet werden können.

## Konviviale Technik – dem technischen Fortschritt eine andere Richtung geben

Was meint nun eine konviviale Technik heute ganz konkret? Das Manifest spart nicht mit positiven technischen Visionen, vor allem, was die Informationstechnologien angeht:

> »Die Informations- und Kommunikationstechnologien vervielfachen die Möglichkeiten persönlicher Kreativität und Verwirklichung, ob im Bereich der Kunst, der Wissenschaft, der Erziehung, der Gesundheit, der Teilnahme an den Belangen des Gemeinwesens, des Sports oder der menschlichen Beziehungen überall in der Welt. Das Beispiel von Wikipedia oder Linux zeigt das Ausmaß dessen, was auf dem Gebiet der Erfindung und des Austauschs von Praktiken und Kenntnissen möglich ist.« (S. 43)

> »Das Internet, die neuen Technologien und die Wissenschaft werden im Dienst der Errichtung dieser sowohl lokalen wie weltweiten, sowohl tief verwurzelten wie offenen Zivilgesellschaft stehen. Auf diese Weise zeichnet sich ein neuer Progressivismus ab, frei von jedem Ökonomismus und von jedem Szientismus sowie von der automatischen Annahme, dass ein ›Mehr‹ oder ›Neues‹ mit dem Besten identisch ist.« (S. 72)

Das Internet, die »neuen Technologien« und die »Wissenschaft« können diese ihnen zugedachte Rolle aber nur erfüllen, wenn sie selbst ihr Wesen ändern, ihre »Tiefenstruktur«, wie Illich das genannt hat. Konviviale Technik bezieht sich nicht auf die neueste »grüne Technologie«, die ja wie beispielsweise ein benzinsparendes Auto nur »grün« in Bezug auf den weniger effizienten Vorgänger ist, aber keine Lösung für die Frage bereit hält, wie ein Mensch sich auf konviviale Weise fortbewegen könnte. Deshalb muss bei der Betrachtung, was genau eine konviviale Technik sein könnte, Technik als *sozio-technisches System* zwischen Menschen, Artefakten und Organischem betrachtet werden, und Effizienz nur eine Unterkategorie unter vielen anderen werden.

Ein Vorschlag zur Bewertung der Konvivialität einer Technik ist der »Kompass der konvivialen Technik« (KKT).[7] Er bewertet fünf verschiedene Dimensionen (Beziehungsqualität, Zugänglichkeit, Anpassungsfähigkeit, Biointeraktion, Ressourcenintensität) auf verschiedenen Ebenen (Infrastruktur, Herstellung, Nutzung, Entsorgung/Wiederverwertung) für ein bestimmtes technisches Artefakt in einem ganz bestimmten zeitlichen und räumlichen Kontext. Fragen, die in diesem Rahmen an eine Technik gestellt werden können, sind beispielsweise:

*Beziehungsqualität*: Welche Art der Interaktion zwischen Menschen fördert es? Ist die Nutzung (kulturell, ökonomisch oder juristisch) verpflichtend oder steht die (Nicht-)Nutzung jedem frei? Erfolgt die Produktion marktorientiert oder bedarfsorientiert (direkte Nutzer-Entwickler-Kooperation)? Erfolgt Entwicklung und Herstellung top-down oder in Netzwerkstrukturen? Welche Hierarchien sind für Betrieb und Nutzung erforderlich? Ist es einseitig gerichtet (wie ein Fernseher) oder wechselseitig nutzbar (wie das Internet)? Ignoriert oder erweitert es Wissen über ökologische Systeme?

*Zugänglichkeit*: Ist die Technik für Männer, Frauen und Angehörige verschiedener Klassen und Ethnien gleichermaßen nutzbar? Gehören die Produktionsmittel einem Investor oder den Produzierenden oder Nutzenden? Ist die Herstellung oder Nutzung einfach zu erlernen? Wie kann das Wissen zur Herstellung oder Nutzung erworben werden? Ist das Wissen um die Technik geheim, patentiert oder prinzipiell offen? Sind die Orte, an denen dieses Wissen liegt, frei zugänglich oder schwer verfügbar? Ist die Herstellung, Nutzung oder Entsorgung teuer oder günstig?

*Anpassungsfähigkeit*: Ist das Gerät nur in einem Maßstab herstellbar oder sowohl im Großen als auch im Kleinen? Muss es zentral oder kann es lokal gefertigt werden? Ist es an eine überregionale Infrastruktur gebunden oder (auch) mit einer lokalen Infrastruktur nutzbar? Ist es auf nur eine Art nutzbar oder für den lokal angepassten jeweiligen Gebrauch einfach zu verändern? Ist es ein geschlossenes System oder modular erweiterbar? Sind Spezialkenntnisse für den Betrieb oder die Reparatur notwendig oder kann es vor Ort gewartet werden?

*Biointeraktion*: Fördert eine Technik die Gesundheit oder führt sie zu Krankheit oder Tod vieler Menschen und Tiere? Macht sie die Erde fruchtbarer;

**7** | Dieser Kompass ist das Kernstück der kulturanthropologischen Doktorarbeit von Andrea Vetter zu konvivialer Technik, die voraussichtlich 2016 veröffentlicht wird.

das Wasser und die Luft sauberer oder vergiftet sie sie? Birgt sie unerforschte Risiken oder ist die Funktionsweise gut bekannt? Hinterlässt sie toxische Abfälle oder lässt sie sich in ökologische Kreisläufe zurückführen? Arbeitet sie mit natürlich vorkommenden Gegebenheiten oder gegen sie?

*Ressourcenintensität*: Ist das Gerät verschwenderisch oder ist es eine effiziente Lösung für das jeweilige Problem? Bietet die Technik eine Zeitersparnis oder ist sie zeitraubend (für wen, auf welcher Ebene)? Sind seine Materialien nachwachsend? Nutzt es lokale Rohstoffe? Ist es so gebaut, dass die Materialien recycelt werden können? Benötigt es für Herstellung und Betrieb fossile Energieträger oder erneuerbare Energien (Wind-, Solar-, Muskelkraft)? Ist der Verschleiß eingebaut oder wird er in Kauf genommen oder ist das Gerät langlebig?

In der Anwendung des Kompasses zeigt sich, dass es bei allen technischen Geräten konvivialere und weniger konviviale Seiten gibt – diese werden durch den Kompass zugespitzt sichtbar und damit einer Diskussion und Entscheidung darüber erst zugänglich gemacht.

So ist die Entwicklung des quelloffenen Computerbetriebssystems Linux bezüglich der Zugänglichkeit ein *mixed package*: einerseits ist es kostenlos und für jeden Menschen prinzipiell nutzbar; andererseits sind dafür Zugang zu einem Computer und gewisse Kenntnisse erforderlich, die, wie man weiß, entlang von Herkunft, Alter und Geschlecht ungleich verteilt sind. Und auch die Frage der Biointeraktion und der Ressourcenintensität sind für Linux auf der Ebene der Infrastruktur nicht eindeutig: ein Betriebssystem braucht einen Computer, dieser wiederum ist sowohl in der Herstellung, im Betrieb und der Entsorgung ressourcenintensiv und zum Teil auch gesundheitlich sehr schädlich für Mensch und Mitwelt. Sieht man sich dagegen die Ebene der Beziehungsqualität an, kann Linux auf jeden Fall punkten: Es gibt eine weltweite Community von vielen Menschen, die auf beinahe jedes erdenkliche Problem eine Lösung ins Internet gestellt haben und sich gegenseitig kostenlos weiterhelfen, es gibt Tausende von Programmierern, die kollektiv die notwendigsten und auch abseitigsten Softwarelösungen entwickeln und viele haben dabei auch großen Spaß. Um einen Schritt weiter in die Konvivialität zu gehen, wäre es sicherlich notwendig, sich die Infrastrukturen stärker selbst anzueignen: verteilte Netze zu schaffen, deren Daten von den Nutzenden kontrollierbar sind und nicht auf großen Zentral-Servern lagern, Computer selbst als Open Source-Bauteile in fairen Produktionsprozessen herzustellen und ihre Langlebigkeit deutlich zu erhöhen.

Konviviale Ansätze gibt es bei vielen aktuellen Technologien zu sehen: das reicht vom Open Design, bei dem quelloffene Baupläne für Landmaschinen, Häuser oder Fahrräder kostenlos ins Netz gestellt werden, über Permakultur-Design mit seinen Prinzipien mit statt gegen die Natur zu konstruieren und so beispielsweise Komposttoiletten zur Humusgewinnung zu bauen bis hin zu den vielen Initiativen für offene Werkstätten, die über Werkzeuge für Holz und Metall, aber auch High-Tech-Präzisionsinstrumente wie 3-D-Fräsen oder -Drucker verfügen. Bei all diesen Projekten arbeiten Menschen weitgehend unbezahlt in freiwillig gewählten Projekten zusammen.

Aber auch viele bestehende Technologien könnten in einer konvivialeren Weise genutzt werden, wenn es gelänge, die Rahmenbedingungen und Anreizsysteme zu verändern.

## Ausblick: Wer trägt den konvivialen Wandel?

Die Herausgeber dieses Buches fragten uns, welche Lebensstile, Milieus oder Trägergruppen empirisch gesehen schon der geforderten Haltung der Konvivialität entgegen kommen könnten. Wir vermuten, dass exemplarisch die Teilnehmer_innen der Internationalen Degrowth Conference 2014 in Leipzig in diesen Kreis fallen. Daher wollen wir einige Schlaglichter auf die Erkenntnisse einer wissenschaftlichen Studie von Dennis Eversberg (2015) vom DFG-Forschungskolleg Postwachstumsgesellschaften werfen. Diese Untersuchung vermittelt einen Eindruck der Zusammensetzung der Teilnehmenden, ihres politischen und gesellschaftlichen Engagements sowie ihrer Alltagspraktiken – Mobilität, Wohnformen und Ernährungsweisen. Insgesamt haben sich 814 Personen an der Befragung beteiligt; zum Zeitpunkt der Erstellung dieses Artikels lag eine erste deskriptive Auswertung vor, deren Ergebnisse wir hier paraphrasieren.

Die Konferenz wurde von einem überwiegend jungen und akademischen Publikum aus den deutschen Großstädten geprägt. Das Durchschnittsalter lag bei 35 Jahren, das deutliche Übergewicht der Teilnehmenden bildeten die Jahrgänge 1980 bis 1992, also die 22- bis 34-Jährigen. Gut die Hälfte (51,1 Prozent) der Befragten identifizierten sich als weiblich, 43 Prozent als männlich. Bildung: Fast zwei Drittel (64,5 Prozent) konnten zum Zeitpunkt der Befragung bereits auf einen akademischen Abschluss verweisen, 10,4 Prozent sogar auf eine Promotion – drei Viertel waren also bereits akademisch gebildet. Auch das Elternhaus der Teilnehmer_innen ist akademisch: 41 Prozent gaben an, dass bereits ihre Mütter über Hochschulabschlüsse verfügt hätten; für die Väter wurde dies sogar zu 47 Prozent angegeben und 9,6 Prozent der Väter sowie 3,6 Prozent der Mütter waren den Angaben zufolge sogar promoviert. Unter den Befragten gab es eine große Distanz zu formaler Politik, aber ein bemerkenswertes Engagement in neuen zivilgesellschaftlichen Formen. Deutlich häufiger als in Parteien und Gewerkschaften waren die Befragten Mitglieder in studentischen Initiativen (17,4 Prozent) oder Projekten des alternativen Wirtschaftens (17,1 Prozent). Häufig war auch eine langjährige Aktivität in einer breiten Vielfalt von herrschaftskritischen, globalisierungskritischen, ökologischen, antikapitalistischen und feministischen Bewegungen. 43,2 Prozent kreuzten an, sie fühlten sich der »Degrowth-Bewegung« zugehörig, beantworteten damit für sich also implizit auch die Frage danach, ob es eine solche Bewegung überhaupt gebe, positiv.

Im Bereich der Alltagspraktiken lassen sich zum Teil zukunftsweisende Praxisformen aufzeigen: Autos werden vermieden, Fahrräder und Öffentliche Verkehrsmittel stark genutzt. Auf die Frage nach der Anzahl der Flüge, die die Befragten innerhalb von zwei Jahren unternommen hatten, machten mit 10,9 Prozent relativ viele keine Angaben – die Frage ist kritisch, weil Flugabstinenz in der Postwachstums-Community für einige Individuen eine soziale Distinktionsfunktion erfüllt. Ansonsten flog die Mehrheit der Befragten in dem fraglichen Zeitraum zwei Mal. Handies und PC gehören zur Standardausrüstung. Die auch im Rahmen der »Degrowth-Bewegung« häufig als zukunftsweisend angesehene Praxis des Teilens ist im Umgang mit den genannten Gütern eher selten – mit Ausnahme des Automobils. Bei der Wohnsituation dominiert studentisches WG-Leben. Ernährung: Rund die Hälfte der befragten isst Fleisch, die andere Hälfte lebt vegetarisch oder vegan.

Aus der Untersuchung und durch unsere Erfahrung ergibt sich folgender Schluss: Die *Degrowth Community* zeichnet sich durch relativ unterschiedliche Menschen aus, die in verschiedenen Initiativen vor Ort arbeiten. Dabei können die Städte als zentrale Orte des Wandels gelten. *Degrowth* ist dabei mehr eine soziale Praxis als eine soziale Bewegung, bzw. eine neue Art von Bewegung, die sich vor allem durch alternative Praktiken definiert und von Zeit zu Zeit erratisch zu posttraditionalen Gatherings zusammenkommt. Es geht den Akteur_innen weniger um die Bekämpfung des Bestehenden, als um das Aufbauen alternativer Strukturen im Kleinen, die als Keimformen für etwas Neues gelten können. Es zeigen sich durchaus Bezüge zu anarchistischen und feministischen Traditionen; auch feministische Theoretiker_innen haben immer betont, dass es um praktische Veränderung im Tun geht, und nicht darum, am grünen Tisch eine Lösung für alle zu entwickeln.

Bei der Konvivialität, die wir meinen, geht es in der Diskussion und im Alltag darum, ein Zusammenleben zwischen verschiedenen Positionen zu ermöglichen. Konvivialität, verstanden als Toleranz und Weltoffenheit, sind daher in der Theorie der »Degrowth-Bewegung« die zentralen Werte. In der Praxis ist diese Gruppe aber ziemlich homogen-mittelschichts-weiß, daher wird es auch darum gehen, wie weitere Bevölkerungsschichten in das Nachdenken über das Gute Leben einbezogen werden können. Wie kann Konvivialität zur Grundlage des Zusammenlebens werden? Das kann nur in der Auseinandersetzung zwischen sich unterscheidenden Gruppen immer wieder neu gefunden werden – das macht das Manifest deutlich. Wie können wir Menschen verschiedener Herkünfte in diese Diskussionen einbinden? Diese Fragen bleiben noch offen.

## Literatur

Deutscher Bundestag (2013): Schlussbericht der Enquete-Kommission Wachstum, Wohlstand, Lebensqualität – Wege zu nachhaltigem Wirtschaften und gesellschaftlichem Fortschritt in der Sozialen Marktwirtschaft. Schriftenreihe: Bonn.

Eversberg, Dennis (2015): Erste Ergebnisse der Teilnehmendenbefragung zur Degrowth-Konferenz 2014 in Leipzig – Ein Überblick über Zusammensetzung, Engagement und Alltagspraktiken der Befragten. Working Paper der DFG-KollegforscherInnengruppe Postwachstumsgesellschaften, 1/2015.

Illich, Ivan (1973): Tools for Conviviality. Calder & Boyars: London.

Madlener, Reinhard/Alcott, Blake (2011): Herausforderungen für eine technisch-ökonomische Entkoppelung von Naturverbrauch und Wirtschaftswachstum unter besonderer Berücksichtigung der Systematisierung von Rebound-Effekten und Problemverschiebungen. Kommissionsmaterialie No. M-17(26)13. Berlin: Enquete-Kommission »Wachstum, Wohlstand, Lebensqualität« des Deutschen Bundestages.

Nowicka, Magdalena/Vertovec, Steven (2014): »Comparing Convivialities: Dreams and realities of living-with-difference«, in: European Journal of Cultural Studies, Bd. 17, S. 341-356.

Paech, Niko (2012): Befreiung vom Überfluss: Auf dem Weg in die Postwachstumsökonomie. München: Oekom.

# Wofür wollen wir wirtschaften?

## Solidarisch-kritische Reflexionen zum konvivialistischen Manifest

*Christian Felber*

## Intention und Leitbegriffe

Die Intention des konvivialistischen Manifests, die Schaffung einer globalen Vision für die Transformation nicht nachhaltiger kapitalistischer Wachstumsgesellschaften und einen Leittext aus ganzheitlicher Perspektive zu verfassen, ist sehr zu begrüßen. Zu Recht beklagt das Manifest, dass »die Religionen als solche Mühe haben, ihre Botschaft über die richtige Politik, die richtige Ökonomie oder die richtige Ökologie zu aktualisieren. Umgekehrt schweigen die modernen politischen Ideologien als solche – Liberalismus, Sozialismus, Kommunismus oder Anarchismus – meist zu der moralischen und der ökologischen Frage« (S. 51). Der Text will duales Denken überwinden, integrieren, universal sein.

Sogleich fragt sich aber, ob die Leitbegriffe »Konvivialismus« und »Pluriversalismus« geeignete Überbegriffe für ein so breit angelegtes Vorhaben sind. Beides sind zunächst sehr wissenschaftlich anmutende Fachbegriffe. Konvivialismus ist zudem deskriptiv, nicht normativ. Ohne Zusammenleben geht es nicht. Menschen können kriegerisch oder friedlich zusammenleben, aus dem Begriff geht keinerlei Präferenz hervor, welche Form des Zusammenlebens gemeint ist – sein Inhalt muss zur Gänze erklärt werden. Dass Zusammenleben ein Selbstzweck wäre, was der »Ismus« andeutet, wäre nicht logisch, weil Nicht-Zusammenleben keine Option ist.

Normativ wäre zum Beispiel »das gute Leben«, für das schon Aristoteles eintrat, oder das Konzept des Gemeinwohls, das Thomas von Aquin als erster systematisch verwendete. Beide normativen Begriffe haben auch den Vorzug, verständlich zu sein. »Gemeinwohl« kann zudem auf eine starke Rechtstradition verweisen. Für das »gute Leben« trifft dies weniger zu, abgesehen von neueren Verfassungen einiger lateinamerikanischer Staaten.

Beide Begriffe – das gute Leben und Gemeinwohl – erscheinen auch im Manifest. Auf Seite 9 wird den kritisierten Entwicklungen der Gegenwartsgesellschaft »eine positive Vision des guten Lebens entgegengestellt«. Wenn das »gute Leben« die (einzige) konkret geäußerte »Vision« des Textes ist[1], fragt sich allerdings, wieso es dann nicht »Manifest für das gute Leben« genannt wird. Auf Seite 57 wird ausgeführt, dass ein Ausgangspunkt des Manifests die Annahme ist, dass das Wohl aller über Fürsorge entsteht. Die – bereits für sich als hoher Wert dargestellte – Fürsorge ist demnach ein Beitrag oder Weg zum höheren Ziel des Wohls aller. Dieses wird allerdings nur *en passant* erwähnt. Ein explizites »Gemeinwohl-Manifest« wäre eine klare Aussage und starke Ansage: normativ, verständlich, rechtstheoretisch verankert.

## Gemeinwohl

Aus der Sicht des Autors ist der zentrale Systemfehler der gegenwärtigen Wirtschafts- und Gesellschaftsordnung, dass auf *allen* Ebenen des Wirtschaftens das *falsche Ziel* angestrebt wird. Investor/innen, Unternehmen und Politiker/innen streben nach Rendite, Finanzgewinn und BIP-Wachstum. Alle drei sind jedoch monetäre Indikatoren: ihre Maßeinheit ist Geld. Doch Geld ist laut Verfassungen demokratischer Staaten, anders als im realexistierenden Kapitalismus, nicht das Ziel des Wirtschaftens, sondern nur Mittel. »Kapitalbildung ist nicht Selbstzweck, sondern Mittel zur Entfaltung der Volkswirtschaft«, steht in der bayerischen Verfassung (Art. 157). Das deutsche Grundgesetz sieht vor, dass »Eigentum verpflichtet« und »sein Gebrauch zugleich dem Wohl der Allgemeinheit dienen soll« (Art. 14). Damit ist bereits das Ziel angesprochen: das Wohl aller, das Gemeinwohl. Die bayrische Verfassung besagt wörtlich: »Die gesamte wirtschaftliche Tätigkeit dient dem Gemeinwohl.« (Art. 151) Die italienische Verfassung legt als Ziel für die öffentliche und private Wirtschaft das »Allgemeinwohl« fest (Art. 41). Und die kolumbianische Verfassung sagt: »Die wirtschaftliche Aktivität und die Privatinitiative sind frei, innerhalb der Grenzen des Gemeinwohls.« (Art. 333)

Das sind klare Ansagen. Da zahlreiche Akteur/innen in Politik und Wirtschaft monetäre Ziele anstreben, haben wir es ganz offensichtlich mit einer Verwechslung von Ziel und Mittel in der Wirtschaft zu tun, was das breite Spektrum an Kollateralschäden – von Ungleichheit und Armut über menschenunwürdige Arbeitsbedingungen bis Umweltzerstörung und Korruption

**1** | Der Begriff Vision kommt zwar viermal vor, bezieht sich aber zweimal auf das Manifest selbst und einmal auf die Idee der *décroissance* von Serge Latouche. Demnach könnte das Manifest »Postwachstumsmanifest« heißen.

– erklärt: Die Wirtschaftsakteur/innen streben nach Mitteln, nicht nach Zielen!

Die Gemeinwohl-Ökonomie-Bewegung schlägt deshalb eine Methodik wirtschaftlicher Erfolgsmessung vor, welche die Erreichung des Ziels misst – und nicht lediglich die Entwicklung der Mittel. Auf der Makroebene (Volkswirtschaft) wird ergänzend zum BIP das Gemeinwohl-Produkt erstellt, auf der Mesoebene (Unternehmen) ergänzend zur Finanz-Bilanz eine Gemeinwohl-Bilanz und auf der Mikroebene (Investition) der Gemeinwohl-Beitrag in Ergänzung zur Finanzrendite. Das Ergebnis der »Gemeinwohl-Prüfung« bei Investitionsvorhaben soll sowohl über die Kreditkonditionen entscheiden als auch die Vergabe von Krediten (vgl. Felber 2012). Das »Gemeinwohl-Produkt« könnte sich aus den 20 relevantesten »Zutaten« für Lebensqualität (Ernährung, Gesundheit, Wohnung, Beziehungsqualität, Vertrauen, soziale Sicherheit, Grundrechte, Mitbestimmung, Geschlechtergleichheit, Friede etc.) zusammensetzen, die vom demokratischen Souverän in kommunalen Bürger/innenbeteiligungsprozessen selbst definiert werden. Die Gemeinwohl-Bilanz misst die ethische Leistung oder »Performance« eines Unternehmens: von der Sinnhaftigkeit des Produkts über die Qualität der Arbeitsbedingungen bis zu den ökologischen Effekten und der betriebsinternen Demokratie. Das Gemeinwohl-Bilanz-Ergebnis wird auf allen Produkten sichtbar gemacht (z.B. in Form einer farblich unterscheidbaren Ampel) und entscheidet über die rechtliche Bevorteilung oder Benachteiligung des Unternehmens, z.B. via Steuern, Zölle, Zinsen oder beim öffentlichen Einkauf. Mithilfe dieser Anreizinstrumente sollen die ethischen Produkte preisgünstiger werden als die unethischen. Die »Gesetze« des Marktes würden dann mit den Werten der Gesellschaft übereinstimmen (vgl. Felber 2008). Eine solchermaßen ethische Marktwirtschaft wäre kein »Kapitalismus« mehr, in dem die Mehrung des Kapitals das Oberziel des Wirtschaftens ist.

Ich denke, dass diese Grundsatzentscheidung, die von den Verfassungsvätern und -müttern bereits getroffen wurde, nämlich dass das Gemeinwohl das Ziel des Wirtschaftens und das Kapital nur das Mittel dazu sei, breit mehrheitsfähig und auch manifest-tauglich wäre. Ausdrücklich nicht zustimmen kann ich der Verwässerung dieses Grundsatzes im Manifest, dass unter gegebenen Rahmenbedingungen das »Streben nach monetärer Rentabilität völlig legitim« (S. 69) sei, ohne zu präzisieren, was das übergeordnete Ziel des Strebens sein soll. Das Manifest kann so gelesen werden, dass das Streben nach Geld ein Selbstzweck sein kann, wenn nur gewisse soziale und ökologische Rücksichten erfolgen. Das »Streben« nach einem Mittel ist grundsätzlich abzulehnen. Schon Aristoteles hatte genau dies als »Chrematistike« bezeichnet und als »widernatürlich« abgelehnt – in klarer Differenz zur »oikonomia«, in der das Geld nur als Mittel für das gute Leben dient (vgl. Dierksmeier/Pierson 2009).

## Kooperation statt Rivalität

Eine ähnliche Schwachstelle ist die Gleichbewertung von Kooperation und »Rivalität« (S. 49, 63, 73). »Rivalisieren« als Haltung und Praxis ist ebenso grundsätzlich abzulehnen wie das Streben nach monetärer Rentabilität als oberstem Ziel in der Wirtschaft. Vielleicht meinen die Autor/innen gar nicht, dass wir einander als »Rivalen« betrachten und gegeneinander agieren sollen, sondern die Anerkennung unternehmerischer Freiheit im Sinne der gleichen Rechte und Freiheiten aller. Doch daraus Rivalität als positiven Wert eines konvivialistischen Manifests abzuleiten, ist nicht nur grundlos, sondern kontraproduktiv (vgl. Kohn 1992).

Stattdessen wären Kooperation und Solidarität positive Werte, sie könnten in der Wirtschaft positiv angereizt werden; umgekehrt könnten Rivalität und strategisches Konkurrenzverhalten (»Mein Ziel ist es, besser zu sein als Du«) negativ angereizt werden. *Das* wäre eine Alternative. Derzeit koexistieren Rivalität, Wettbewerb und Kooperation in der Wirtschaft, das Manifest brächte hier nichts Neues und wäre mit einer solchen Ansage entbehrlich.

Eine echte Alternative wäre es, die positiven Pole »Freiheit« und »Gemeinschaft« (gelingende Beziehungen und Gemeinwohl) in der Marktwirtschaft zu integrieren. Konkret könnte das durch vier Schritte erfolgen:

1. Die Freiheit, ein Unternehmen zu gründen, gilt für alle gleich.
2. Bei der Eigentumsform wird Vielfalt gefördert: Privatunternehmen, öffentliche Unternehmen, gemeinschaftliche Unternehmen (Commons) und vergesellschaftete Unternehmen.
3. Ethische Unternehmen, gleich welcher Rechtsform, werden gegenüber weniger ethischen gefördert.
4. Kontrakurrenz wird negativ angereizt, Kooperation positiv angereizt.

Der letzte Punkt ist so zu verstehen: Die Konkurrenz muss nicht abgeschafft werden, aber die aggressivsten Formen des Gegeneinander-Agierens (im Lateinischen eigentlich *Kontrakurrenz*) könnten stark negativ angereizt werden und die nobelsten Akte der Solidarität und Kooperation grundsätzlich positiv angereizt werden.

| Aktives Schädigen von Mitunternehmen | Unterlassen von Hilfestellungen und Kooperation | Kooperation auf individueller Ebene | Kooperation auf Branchenebene/ Systemebene |
|---|---|---|---|
| Preisdumping | Nichtüberlassung relevanter Infos | Unterstützung mit Know-how | Open source, Creative Commons-Lizenzen |
| Sperrpatente | Unvollständige Information der KonsumentInnen | Finanzielle Hilfe: Liquiditätsausgleich, zinsfreier Kredit | Definition und Anstreben einer optimalen Größe |
| Feindliche Übernahme | Nichtüberlassung von Restmaterialien | Überlassen von Arbeitskräften | Teilnahme am Branchentisch zur Krisenbewältigung |
| Massenmediale Werbung | Nichtüberlassung überflüssiger Betriebsmittel | Überlassung von Aufträgen | Beteiligung an egalitärem Produktinformationssystem |
| Strategische Klagen | Nichtüberlassung freier HR | Gemeinsame F&E | Einspeisen in einen Insolvenzfonds |
| Schlechtes Bilanz-Ergebnis | Schwaches Bilanz-Ergebnis | Gutes Bilanz-Ergebnis | vorbildliches Gemeinwohl-Bilanzergebnis |

*Von der Kontrakurrenz zur Kooperation*

## Inhaltlicher oder prozessualer Zugang

Alternativen gibt es heute schon viele. Und nicht wenige davon genießen eine breite Mehrheit in der Bevölkerung – aber die Bevölkerung hat keine Möglichkeit, über sie abzustimmen. Die Frage lautet deshalb nicht primär pro oder contra Grundeinkommen oder pro oder contra Begrenzung der Ungleichheit, sondern: Wer sollte in einer funktionierenden zeitgemäßen Demokratie über Ethik- und ökonomische Grundsatzfragen entscheiden?

In einer authentischen Demokratie ist der Souverän die höchste Instanz. Das ist die Bevölkerung. Sie müsste definierte Grundrechte genießen: souveräne Grundrechte, die über das Wahlrecht des Individuums hinausgehen. Das logische erste Grundrecht des Souveräns ist die Kompetenz, die Verfassung zu schreiben. Denn die Verfassung regelt die Rechte, die Zuständigkeiten und das Zusammenspiel aller Kräfte in der Demokratie. Konkret könnte der Souverän via Verfassung a) die eigenen – souveränen – Grundrechte definieren; b) die Kompetenzen ihrer Vertretung regeln und c) die inhaltlichen Leitlinien für alle Politikfelder vorgeben. Auf dieser Basis kann die Vertretung der Bevölkerung – in den Regierungen und Parlamenten – den Verfassungswillen mit

Hilfe von Gesetzen ausführen. Ein solches Zusammenspiel von Souverän und Vertretung würde die demokratische Gewaltentrennung weiterentwickeln und das gegenwärtige Machtungleichgewicht zwischen Souverän und Vertretung ausgleichen.

Die Gemeinwohl-Ökonomie-Bewegung schlägt zur Erreichung dieser Vision dezentrale Konvente auf kommunaler Ebene vor, in denen die Fundamente für die Wirtschafts- und Geldordnung von morgen, aber auch für das zukünftige demokratische System entwickelt werden. Die Ergebnisse von Wirtschaftskonventen wäre der Wirtschaftsteil der Verfassung; das Ergebnis der Geld-Konvente ein neues Geldsystem; und das Ergebnis von Demokratiekonventen eine gänzlich neue Verfassung.

Wird die Verfassung vom Souverän geschrieben, wird sich diese mit Sicherheit das Recht auf Gesetzesinitiative vorbehalten und das Recht, jederzeit selbst ein Gesetz zu beschließen – für den Fall, dass die Vertretung den souveränen Willen nicht (genau) erkennen oder ernst nehmen sollte. Dann ließe sich das Grundeinkommen oder die Begrenzung der Ungleichheit jederzeit aus eigener Initiative der Bevölkerung umsetzen – es müssten nicht Regierungen angebettelt werden, die dann doch den Lobbies nachgeben. Stehen einmal die Mittel zur Verfügung, werden sich die Ideen vervielfachen. Schon jetzt gibt es eine lange Liste mehrheitsfähiger Ideen, die sofort umgesetzt würden, wenn die demokratischen Instrumente zur Verfügung stünden.

## Faktor 10 als Anwendungsbeispiel

Direkte Demokratie könnte den entscheidenden Beitrag zur Begrenzung der Ungleichheit leisten. In meinen Vorträgen habe ich ein Spiel entwickelt, das sich »Demokratie« nennt. Das Vortragspublikum wird für zehn Minuten zum »Kommunalen Wirtschaftskonvent«. Es darf eine ökonomische Grundsatzfrage entscheiden: die maximale Ungleichheit zwischen Spitzeneinkommen und gesetzlichem Mindestlohn. Als echter Souverän bringt es die Vorschläge zunächst selbst ein. Meistens kommen fünf bis sieben Vorschläge, begonnen beim Faktor eins (gleiches Einkommen für die gleiche Arbeitszeit), über die am häufigsten genannten Faktoren drei, fünf, sieben, zehn, zwölf, 15, 20, 30 und 50, bis zum Faktor 1.000 und grenzenlose Ungleichheit. Sodann wird der Widerstand gegen jeden einzelnen Vorschlag gemessen, und es gewinnt derjenige Vorschlag, der den geringsten Widerstand erfährt: der den geringsten Summenschmerz in der Bevölkerung auslöst. Es gewinnt jene Regel, welche die Freiheit von so wenigen Menschen wie möglich so gering wie möglich einschränkt.

Bei den bisherigen Abstimmungen von Finnland bis Chile gewann in 95 Prozent der Fälle der Faktor zehn – als Obergrenze für die Ungleichheit. Bei einem angenommenen Mindestlohn in Mitteleuropa von 1.500 Euro netto monatlich für die volle Arbeitszeit wären dies monatlich maximal 15.000 Euro netto. Die »schicksalhafte Koppelung« von Höchst- und Niedrigsteinkommen hätte einen ganz konkreten Effekt: Wollen die Spitzenverdiener/innen mehr verdienen, ist dies jederzeit möglich – wenn der Mindestlohn im gleichen Maß mitsteigt.

Das große Aha-Erlebnis dieser Spiele war, dass am Beginn nicht selten der Eindruck herrschte, eine breite Mehrheit der Anwesenden sei gegen jegliche Begrenzung der Ungleichheit, weil eine Person sich massiv darüber empörte, dass in Kürze die »Freiheit abgeschafft« würde. Bei der Abstimmung zeigte sich jedoch regelmäßig, dass diese Person im Regelfall die einzige war, welche für die Aufrechterhaltung der grenzenlosen Ungleichheit eintrat. Die überwältigende Mehrheit befürwortet zwar Ungleichheit, aber eine radikal geringere als heute. In Deutschland liegt der höchste bekannte Jahresverdienst eines Industriemanagers beim 5.000-fachen eines angenommenen Mindestlohns von 1.300 Euro pro Monat.[2] In den USA lag das höchste bekannte Jahreseinkommen sogar beim 350.000-fachen des gesetzlichen Mindestlohns[3] (ein Hedgefonds-Manager). Weder die eine noch die andere Zahl veranlasst die Regierungen und Parlamente zu einer Begrenzung der Ungleichheit (vgl. Felber 2014). Auch die Umfrage der Financial Times und des Meinungsforschungsinstituts Harris[4], derzufolge in Spanien 76 Prozent der Befragten der Ansicht sind, dass die Ungleichheit zu groß geworden sei, in den USA 78 Prozent, in China 80 Prozent und in Deutschland sogar 87 Prozent, führte nirgendwo zur Begrenzung derselben. Dieses Beispiel ist eines von vielen, das zeigt, dass direkte Demokratie eine zentrale Voraussetzung für die Umsetzung einer »konvivialistischen« Utopie ist.

## Literatur

Dierksmeier, Claus/Pirson, Michael (2009): »›Oikonomia Versus Chrematistike‹, Learning from Aristotle About the Future Orientation of Business Management«, in: Journal of Business Ethics 88: 417-30.

---

**2** | Wendelin Wiedeking verdiente 2008 80 Millionen Euro, das ist das 5.128-fache eines angenommenen Brutto-Mindestlohns in Deutschland von 1.300 Euro/Monat.

**3** | Eigene Berechnung nach US Department of Labour. Der Mindestlohn wurde am 24. Juli 2009 auf 7,25 US-Dollar pro Stunde angehoben (www.dol.gov/whd/minimumwage.htm). Der bestbezahlte Hedge-Fonds-Manager, John Paulson, verdiente 2010 fünf Milliarden US-Dollar: *The Wall Street Journal*, 28. Januar 2011.

**4** | John Thornhill: »Income inequality seen as the great divide«, *Financial Times*, 19. Mai 2008.

Felber, Christian (2008): Neue Werte für die Wirtschaft. Eine Alternative zu Kapitalismus und Kommunismus, Wien: Deuticke.
Felber, Christian (2012): Die Gemeinwohl-Ökonomie, Wien: Deuticke.
Felber, Christian (2014): Geld. Die neuen Spielregeln, Wien: Deuticke.
Kohn, Alfie (1992): No Contest. The Case against Competition, Boston/New York: Houghton Mifflin.

# Kubanische Genossenschaften zwischen Sozialismus und Marktwirtschaft

## Kooperativ und konvivial?

*Heike Walk*

»Was kommt nach Fidel Castro?« Diese Frage stellen sich politisch interessierte Menschen in aller Welt. Sie registrieren mit Erstaunen die aktuellen Diskussionen über Reformen und neue Wirtschaftsmodelle, die sein Bruder und Nachfolger, Staatspräsident und KP-Chef Raul Castro, auf der Karibikinsel losgetreten hat. Seit der Ankündigung des amerikanischen Präsidenten, die diplomatischen Beziehungen mit Kuba wieder aufzunehmen, stoßen diese Diskussionen auch auf das Interesse ausländischer Investoren.

»Was wird aus den Errungenschaften der kubanischen Revolution?«, fragen sich ehemalige oder verbliebene Sympathisanten des Regimes. Sie vergleichen Kuba mit anderen südamerikanischen Entwicklungs- und Schwellenländern und verweisen auf eine beeindruckende Gesundheitsversorgung, auf ein gutes Bildungssystem, auf die geringe Gewaltkriminalität und auf die relativ egalitäre Einkommens- und Eigentumsstruktur dieses Landes.

Auch aus sozial- und politikwissenschaftlicher Perspektive ist die aktuelle Entwicklung Kubas ein spannendes Forschungsfeld. So können wir hier aufschlussreiche Zusammenhänge zwischen ökonomischen und politischen Prozessen studieren: Können marktwirtschaftliche Reformen ohne demokratische Reformen erfolgreich sein? Wir können die Entwicklung konvivialer, solidarischer Elemente im Arbeits- und Lebensalltag der Kubaner studieren: Was geschieht zum Beispiel mit den Genossenschaften, deren Ausbau einen zentralen Platz auf der aktuellen Agenda der kubanischen Führung einnimmt?

Der Tatsache, dass das rund fünfzigjährige kubanische Modell nicht mehr funktioniert, ist sich selbst der zumindest in dieser Hinsicht altersweise Fidel Castro im Klaren (Ramonent 2008). Neben dem von großen Teilen der Bevölkerung nahezu religiös verehrten »Che« ist er immer noch die charismatische Leitfigur des Landes. Und so hat sich sein Bruder Raul vorgenommen, die Rolle des Staates zu reduzieren, die staatlichen Unternehmen an den Effizienzkriterien der Marktwirtschaft auszurichten, das private bzw. selbständige und genossenschaftlich organisierte Gewerbe zu fördern.

Eine neue Ära wird ausgerufen: Reisefreiheit, Wohnungskauf, Erwerb ausländischer Automobile, das Verfassen kritischer Internetblogs – all das war den Kubanern bis vor wenigen Jahren versagt. Es wäre allerdings verfehlt, bereits von einem demokratischen Aufbruch zu sprechen. Von politischem Pluralismus ist das heutige Kuba mit seinem kommunistischen Einparteiensystem immer noch weit entfernt.

In diesem Beitrag will ich versuchen, einige der aufgeworfenen Fragen zu beantworten, wobei ich mich zum einen auf Erfahrungen eines Lehr- und Forschungsaufenthaltes in Sancti Spiritus und Havanna beziehe, der von der Technischen Universität Berlin und dem Deutschen Akademischen Austausch Dienst ermöglicht wurde. Vor dem Hintergrund meiner langjährigen Beschäftigung mit modernen genossenschaftlichen und zivilgesellschaftlichen Strukturen will ich hier ein erstes Resümee dieses Auslandsaufenthaltes ziehen.

Zum anderen geht es mir um die Auseinandersetzung mit einem wissenschaftlichen Konzept, das augenblicklich in Westeuropa unter dem Titel »Konvivialismus« Furore macht, und das mir für eine Analyse des Genossenschaftswesens – nicht allein des kubanischen – von beträchtlicher Relevanz erscheint. Im Zentrum dieses Konzepts steht ein normativer Begriff des kooperativen Handelns, das im Wesentlichen als altruistisches, solidarisches und nicht profitorientiertes Handeln identifiziert wird. Der Kontrast zum *homo oeconomicus* liegt auf der Hand: Dessen selbstbezogenes, utilitaristisches und zweckrationales Handeln wird in ausnahmslos allen großen Gesellschaftstheorien thematisiert, und nicht wenige von ihnen begreifen diese Figur als den Archetypus menschlichen Handelns in der Neuzeit, nicht zuletzt in seiner kapitalistischen Ausprägung – ob in kritischer oder in affirmativer Funktion.

Diese Kontrastierung ist natürlich stark übertrieben. In dem vorliegenden Artikel möchte ich aufzeigen, dass das Handeln in und von Kooperativen – zumal das *erfolgreiche* Handeln – wesentlich komplexer und ambivalenter ist. Ob für Kuba oder für andere Länder, die These lautet: Das moderne Genossenschaftswesen kann nur für einen (an solidarischen Strukturen interessierten) Teil der Gesellschaft geltend gemacht werden. Und die kooperative Organisationsform wird nur dort erfolgreich sein, wo der *homo cooperativus* sich vor dem Hintergrund individueller Eigeninteressen freiwillig entwickeln, kreative und wirtschaftliche Handlungsfreiräume sowie Eigenengagement nutzen und autonome Strukturen aufbauen kann.

## Kubas gegenwärtige Situation

Dass Reformen in Kuba dringend notwendig wurden, bestätigen alle Berichte, die in den letzten Jahren über die kubanische Wirtschaft veröffentlicht wurden (Hoffmann 2010). In wenigen Stichworten: extreme Mangelwirtschaft, äußerst niedrige Produktivität, massive De-Industrialisierungsprozesse seit Anfang der 1990er Jahre, eine äußerst schwache landwirtschaftliche Produktion, eine marode Infrastruktur, hohe Import- und niedrige Exportraten. Nicht zuletzt das lang andauernde Embargo durch die USA und die mit dem Zerfall der Sowjetunion ausbleibenden Hilfen vieler befreundeter Staaten – alle diese Faktoren führten zu drastischen Sparmaßnahmen bei der Versorgung der Bevölkerung sowie zu Engpässen bei notwendigen Investitionsgütern und Vorprodukten für Staatsbetriebe und die wenigen privaten Akteure.

Seit vielen Jahren blühen Schwarzmarkt und Kleinkorruption im Alltagsleben. Zwar ist die Gewaltkriminalität wesentlich geringer als im südamerikanischen Durchschnitt, aber kleine Diebstähle, Wohnungseinbrüche und Unterschlagungen am Arbeitsplatz nehmen zu. Durch die Einführung der Zweitwährung (CUC) entwickeln sich neue Parallelgesellschaften: eine prosperierende Mittelschicht, die Zugang zum Tourismus und den dort sprudelnden »Dollarpesos« hat sowie Armutsschichten in Städten und Dörfern, die ohne Zugang zur begehrten Währung sind.

Das Ziel der wirtschaftspolitischen Reformen, die Grundversorgung der kubanischen Bevölkerung zu verbessern – trotz einiger positiver makroökonomischer Daten hat sich an den prekären Lebensverhältnissen vieler Menschen nur wenig verändert –, dient gleichzeitig zur Absicherung einer privilegierten Nomenklatura und des Führungsanspruchs der Kommunistischen Partei. Wenn die Loyalität zur alten Revolutionsgarde schwindet, wenn die über Fernsehen, Internet und Touristenparadiese zugänglichen Bilder eines westlichen Konsum- und Lebensstils die eigene Deprivation allzu scharf kontrastieren, dann könnte selbst das Ventil der karibischen Lebensfreude und Friedfertigkeit versagen. Restauration der nordamerikanischen Vorherrschaft oder offene Militärdiktatur – nicht wenige Kubaner befürchten, eines nicht allzu fernen Tages vor diese Alternative gestellt zu werden.

Dessen ist sich natürlich auch die Castro-Regierung bewusst, und so will sie Rahmenbedingungen schaffen, in denen sich alternative Wachstumsmodelle entwickeln sollen. Es geht ihr um einen »Dritten Weg«. Was die Terminologie angeht, sind ihre Vorhaben eng an marktwirtschaftlichen, sozialpolitischen und ökologischen Prinzipien orientiert, wie man sie aus vielen Reformprogrammen von Regierungen und Oppositionsparteien in hochindustrialisierten OECD-Staaten kennt. Ja, selbst Anklänge an den ambitionierten Begriff des kooperativen Handelns, wie er von Alain Caillé in »Pour un manifeste du convivialisme« (Caillé 2011) entwickelt wurde, könnte man aus den Verlautbarungen der kubanischen Regierung heraushören – wobei dieser Diskurs auf der Karibikinsel freilich noch keine öffentliche Rolle spielt.

Gleichzeitig jedoch bleibt das kubanische Reformprogramm in die politische Utopie des Kommunismus eingebettet. Das Regime denkt nicht daran, seine führende Rolle in Frage zu stellen – oder von oppositionellen Kräften und Organisationen in Frage stellen zu lassen. Auf den ersten Blick mag die kubanische Öffnung also dem chinesischen Vorbild gleichen, einer dort bislang über Jahrzehnte stabilen Verbindung von Einparteiensystem und Marktwirtschaft. Auf den zweiten, genaueren Blick muss man jedoch zugestehen, dass es neue Artikulationsfreiheiten gibt, die über das chinesische Modell hinausgehen. Vor allem in Kultur und Wissenschaft sind heute kritische Stimmen zu hören, die man noch vor einigen Jahren unterdrückt hätte.

Politische Restriktionen und halbherzige Projekte kennzeichnen auch die Reform des kubanischen Genossenschaftswesens. Ob es sich um privatwirtschaftliche Aktivitäten oder neue Kooperativen im Handwerks- oder Dienstleistungsbereich handelt (kleine Pensionen, Gastronomie, Fahrdienste etc.), häufig werden Reformmaßnahmen ohne rechtlich verbindliche, verlässliche Grundlagen durchgeführt. Die zentralistische staatliche Steuerung bleibt unangetastet und rigide Kontrollen führen zu einer bürokratischen Überfrachtung der Akteure; Korruptionserscheinungen werden in der Reformdebatte tabuisiert und durchdringen damit auch den Bereich der neuen Wachstumssektoren.

## Streifzüge durch Havanna

Wer große Reformprogramme überprüfen will, sollte mit kleinen Streifzügen beginnen. Die Eindrücke, die man dabei gewinnt, mögen zuweilen oberflächlich und zufällig sein. Sie können sich jedoch zu einem Mosaik von gesellschaftlichen Verhältnissen zusammenfügen, das uns über den Reichtum wie über die Mängel eines Landes erste Antworten liefert.

Das konvivialistische Manifest, in dem liberale, sozialistische, humanistische und ökologische Reflexionen und Theoreme verbunden sind, unterstreicht zu Recht und mit Nachdruck, dass der größte Reichtum des Menschen in erfüllten gesellschaftlichen Beziehungen besteht. So nimmt es nicht Wunder, dass auf programmatischer Ebene Überschneidungen mit der aktuellen Debatte auf Kuba zu finden sind. Auch die kubanischen Reformer, die Mehrzahl von ihnen bleibt den großen Verheißungen der sozialistischen Utopie verbunden, propagieren ein soziales und solidarisches Zusammenleben. Auch sie sprechen sich für eine Förderung nachhaltiger Wirtschafts- und Lebensformen aus, setzen auf die Selbstorganisationskräfte der Gesellschaft.

Und dabei handelt sich hier keineswegs um bloße Propaganda. Schon ein kurzer Streifzug durch Havanna reicht aus, um zu erkennen, dass die neuen Freiräume, welche die Führung zugestehen musste, innerhalb kürzester Zeit intensiv genutzt wurden. Handwerkermärkte und privat betriebene Verkaufsstände (*cuenta propia*), Kulturprojekte von kritischen KünstlerInnen und Intellektuellen sind innerhalb kürzester Zeit in dieses Vakuum vorgestoßen. Von einigen haben wir in Europa und Nordamerika bereits gehört. Im Zusammenhang mit dem mehrfach ausgezeichneten Film »Erdbeer und Schokolade« des kubanischen Regisseurs Tomás Gutiérrez Alea ist zum Beispiel vom wachsenden Selbstbewusstsein der Homosexuellengruppen berichtet worden. Von anderen Initiativen wie neuen Genossenschaften und Kleinunternehmen wird zunehmend in Wirtschaftsblättern und Fachzeitschriften berichtet.

Trotz der Armut großer Bevölkerungsteile hat es Kuba tatsächlich geschafft, das Bildungs-, Kultur- und Gesundheitswesen auf einem hohen Niveau zu halten. Krasse Eigentums- und Einkommensunterschiede, wie wir sie in den unterschiedlichsten Systemen und Weltregionen vorfinden, wurden begrenzt. Die Insel zählt tatsächlich zu den sichersten Ländern Lateinamerikas, und das hohe Ausbildungsniveau – keineswegs nur das von Ärzten, die mittlerweile in weltweiten Einsätzen praktizieren – verdient uneingeschränkte Anerkennung. Machistischen und rassistischen Relikten zum Trotz ist die Rolle der Frauen und der Schwarzen in der kubanischen Gesellschaft augenfällig stärker als in vielen süd- und nordamerikanischen Nachbarregionen. Besonders beindruckend ist der hohe Stellenwert der Musik, in der sich die ansteckende Lebensfreude und Vitalität der Kubaner zum Ausdruck bringt.

Mit anderen Worten, wichtige Grundlagen für ein konviviales, erfülltes gesellschaftliches Zusammenleben sind durchaus vorhanden. Aber auch die gegenläufigen Tendenzen fallen bei jedem Streifzug ins Auge. Sei es die Prostitution, seien es Gaunerei und Preistreiberei gegenüber entnervten Ausländern wie bessergestellten Einheimischen – an jeder Ecke geht es darum, »Dollarpesos« zu ergattern. Das Wissen um die Not, die sich hinter solchen Erscheinungen verbirgt, macht sie nicht erträglicher. Aber es ist nicht Not allein: Den Verlockungen westlicher Konsumgüter, wie z.B. internationalen Markenwaren, Handys, Flachbildschirmen und ausländischen Automobilen, für die man diese Währung braucht, ist wie überall auf der Welt vor allem die Jugend erlegen. Und die strebt eindeutig nach anderen Werten als sie im Konvivialismus angeregt werden. Wohlstand wird in erster Linie materiell gemessen und konviviale Vorstellungen einer Selbstbegrenzung, Wiederverwendung bzw. Recycling werden abgelehnt. Mehr noch: sie werden mit den leidvollen Entbehrungen der Mangelperiode, staatlicher Kontrolle und fehlender Dienstleistungsorientierung verbunden.

Wer je in kubanischen Busstationen oder Bahnhöfen um ein Ticket anstand, wer je in staatlichen Banken oder staatlichen Restaurants um Bedienung bat, weiß ein Lied von der fehlenden Service-Mentalität kubanischer Angestellter zu singen. Und so mancher Europäer oder Nordamerikaner, der das

Glück hatte, in kubanische Familien integriert zu werden und sich ein Bild von den nachbarschaftlichen Beziehungen machen konnte, kam ins Staunen, wenn er von den verbreiteten anonymen Denunziationen oder von der Bespitzelung durch die Informanten des »Komitees zur Verteidigung der Revolution« erfuhr.

Und wie steht es mit dem Umweltbewusstsein? Was die ökologische Reformprogrammatik angeht, eigentlich ganz gut. Die gesetzlichen und konzeptionellen Vorgaben der kubanischen Regierung können sich im internationalen Vergleich durchaus sehen lassen. Ob es um die Reduzierung des Ressourcenverbrauchs, um den Kampf gegen Umweltverschmutzung oder um nachhaltiges Verhalten im industriellen oder häuslichen Bereich geht: Was die kubanischen Vertreter auf den großen internationalen Konferenzen einzubringen wissen, zählt in aller Regel zu den fortschrittlichen Positionen (Göll 2007). Darüber hinaus gibt es regelmäßige Kampagnen im Fernsehen, in Schulen und Universitäten, die in die gleiche Richtung stoßen. Auch hier ist im Vergleich zu vielen anderen Ländern die Thematisierung konkreter Umweltprobleme und Nachhaltigkeitsstrategien in den (durchweg staatlichen) Medien auffallend ausgeprägt.

Freilich, auch in dieser Hinsicht lassen uns Streifzüge durch Havanna rasch ernüchtern. Zwar sind die Straßen entschieden sauberer als in vielen anderen Städten der südlichen Hemisphäre, aber der exorbitante Schadstoffausstoß durch Last- und Personenverkehr raubt einem schnell den Atem. Selbst das romantische Bild der legendären uralten amerikanischen Straßenkreuzer kann nicht über die gesundheitlichen Gefahren hinwegtäuschen, denen die Bevölkerung der Hauptstadt durch dicke Staub- und Dieselwolken und durch die giftigen Rückstände verbleiten Benzins tagtäglich ausgesetzt ist. Auf sanitäre Verhältnisse und auf die Belastung städtischer Gewässer wollen wir erst gar nicht zu sprechen kommen.

Die im globalen Maßstab vergleichsweise geringen Umweltbelastungen sind in erster Linie der wirtschaftlichen Mangelsituation zuzuschreiben: dem niedrigen Konsumniveau, dem niedrigen Motorisierungsgrad, dem niedrigen Wohnraumverbrauch, der geringen Verbreitung und einkommensbedingt sparsamen Nutzung von Elektrogeräten, der äußerst bescheidenen Industrialisierung des Landes. Der akzeptable »ökologische Fußabdruck«, den die Kubaner auf dem Planeten hinterlassen, ist weder das Verdienst von ambitionierten Politiken noch das Resultat eines in der Bevölkerung besonders ausgeprägten »Nachhaltigkeitsbewusstseins«.

Um es kurz zu machen: sozialer Reichtum und Erfolge einerseits, Mangelwirtschaft und gravierende Fehlentwicklungen andererseits – wer der kubanischen Wirklichkeit gerecht werden will, muss beide Seiten sehen.

## Das Konzept der Kooperative

Man könnte meinen, die kubanische Regierung habe andere Probleme, als sich um die Probleme einer »Postwachstumsgesellschaft« zu kümmern. Und doch ist erstaunlich, auf welch hohem Niveau sowohl avancierte Wachstumsmodelle wie die Positionen der westlichen Wachstumskritik in Kubas reformpolitischen und wissenschaftlichen Debatten wahrgenommen und fortentwickelt werden. In diesem Beitrag können diese Debatten nicht alle im Einzelnen verfolgt werden. Ich möchte mich stattdessen auf das Zentrum des Reformprozesses konzentrieren: die Ausweitung der Marktwirtschaft und die Stärkung des Genossenschaftswesens.

Seit 2007 wurden in Kuba Gesetzesentwürfe erarbeitet, die sich damit beschäftigten, wie man Strukturen schaffen kann, in denen Marktakteure leichter agieren können. Unzählige neuartige Probleme waren zu lösen, ob es um Großmärkte für die benötigten Vorprodukte und Werkzeuge ging, um Änderungen im Steuersystem oder um transparente Regeln für den Fall von Insolvenzen. Alle Schwierigkeiten wollte man 2011 mit der Einberufung einer Wirtschaftskommission lösen: kubanische und internationale Wissenschaftler brachten ihre Expertisen ein, und ein breiter öffentlicher Diskussionsprozess kam in Gang.

Ende des Jahres 2013 schließlich wurden in Havanna ein neues Arbeitsgesetz und erste Eckdaten für einen neuen Wirtschaftsplan verabschiedet. Dieses Gesetz soll dem mittlerweile beträchtlichen Anwachsen des privaten Sektors, der neuen Kooperativen in Landwirtschaft, Transport und anderen Wirtschaftsbereichen sowie einer größeren Eigenverantwortung staatlicher Betriebe Rechnung tragen. Der Regierung geht es dabei insbesondere um die Errichtung von Produktivketten, in denen kleine selbstverwaltete Kooperativen mit den großen staatlich verwalteten Genossenschaften und Staatsbetrieben vernetzt werden. Pläne und Maßnahmen, die natürlich für die unterschiedlichsten Wirtschaftssektoren und Politikfelder spezifiziert werden mussten (Hildebrand 2014).

Dass alles dies nur im erweiterten Rahmen eines institutionellen, ökologischen und sozialen Transformationsprozesses zu erreichen ist, ist vielen Reformern durchaus bewusst, wobei sie von immer noch einflussreichen »Zentralisten« und Altvorderen aus der Revolutionsgeneration äußerst kritisch beäugt werden. Eine Konstellation, deren Bremsspur deutlich zu sehen ist: Die weitgehenden und ernstzunehmenden Vorschläge auf konzeptioneller Ebene haben den Alltag des kubanischen Wirtschaftslebens noch längst nicht erreicht. Wo man auch hinschaut, riesige Abstände zwischen politischen Vorgaben und tatsächlicher Umsetzung. Der Blick auf einen konkreten Fall genossenschaftlicher Arbeit kann diese gravierenden Defizite veranschaulichen.

## Abschied von Illusionen

Zum besseren Verständnis müssen wir uns zuvor mit der grundlegenden, theoretischen Konzeption von Genossenschaften vertraut machen: Ob es sich um sozialistische Praxis, christlich-soziale Traditionen oder neue konvivialistische Gedankengebäude handelt, sie alle verbinden mit dem Genossenschaftswesen die Hoffnung auf solidarische Gesellschaftsformen, in denen Individuen, Gruppen und Gemeinschaften miteinander verbunden werden, die trotz Heterogenität und Vielfalt zum Wohle aller miteinander kooperieren. Dabei werden auch von den kubanischen Reformern die Kooperativen als Möglichkeit begriffen, dem Extrem einer umfassenden Verstaatlichung und Bürokratisierung aller wirtschaftlichen Prozesse wie dem gegenteiligen Extrem einer völligen wirtschaftsliberalen Öffnung in Richtung eines »ungezügelten Kapitalismus« zu entgehen (vgl. Piñeiro 2011).

Im Hinblick auf ihre gesellschaftspolitische Bedeutung wird in der kubanischen wie auch in der deutschen Literatur hervorgehoben, dass Genossenschaften zugleich als »Schule der Demokratie« wirken, da dort Eigenverantwortung und Partizipation vorgelebt würden. Sie werden als urdemokratische Unternehmens- und Rechtsform definiert.

Zum Grundkonzept zählt weiterhin: Die Basis aller Entscheidungen sind die Mitglieder, die als Eigentümer der Genossenschaft mit ihrer Einlage haften und gleichberechtigt, das heißt mit jeweils einer Stimme ihr Mitbestimmungsrecht in allen wichtigen Angelegenheiten ausüben können. Es zählt jeder Einzelne als Mitglied, nicht die Größe seines eingebrachten Kapitals. Die gewählten bzw. berufenen Vertreter der Mitglieder (Aufsichtsrat und Vorstand) sind der Mitgliederversammlung gegenüber rechenschaftspflichtig.

Zu wichtigen Voraussetzungen für den Erfolg von Genossenschaften gehört weiterhin die Befreiung von unterschiedlichen Abhängigkeiten, seien diese materieller, politischer oder sozialer Art. »Autonomie« lautet ihr Schlachtruf, Handlungsfreiheit wird als zentral für ihre erfolgreiche, langfristige Existenz angesehen. Was nicht heißt, dass Kooperativen auf Netzwerk- und Unterstützungsstrukturen verzichten könnten oder wollten – aber eben nicht zum Preis der Unabhängigkeit.

Keine Frage: Genossenschaften haben sich historisch gesehen als Alternative zu kapitalistischen Wirtschafts- und Organisationsformen begriffen – oder zumindest als deren Korrektiv in den unterschiedlichsten Sektoren, ob es sich um Wohnungsbau, Landwirtschaft, Handwerk, Versicherungs- oder Finanzwesen handelt. Aber sie entwickeln sich nicht jenseits, sondern längs der vorhandenen gesellschaftlichen und wirtschaftlichen Aktivitäten. Sie können weder top-down vom Staat geplant noch ohne freiwillige Unterstützung durchgesetzt werden.

Die Idee der Genossenschaften – an die Freiwilligkeit und das Engagement der Mitglieder gebunden – muss sich autonom aus der Gesellschaft heraus entwickeln. Dabei ist zwar die Unterstützung durch staatliche Programme (z.B. Finanzmittel und Ausbildung) förderlich und hilfreich, aber es bedarf des eigenmotivierten Engagements, damit sich der Sektor entfalten kann. Genossenschaften sind nicht mit kirchlichen oder gemeinwohlfördernden Institutionen zu verwechseln, d.h. sie sind dort erfolgreich, wo sie sich nicht nur durch solidarisches Handeln auszeichnen, sondern zugleich nutzen- und interessenorientiert und zweckrational handeln.

Genossenschaften können also nicht als Allheilmittel für eine bessere Gesellschaft angesehen werden. Sie können im wirtschaftlichen Bereich als die solideren Modelle angesehen werden, da die individuelle Profitorientierung ausgeschlossen ist. Aber erfolgreich waren sie immer nur dort, wo sie sich autonom nicht nur durch solidarisches Handeln auszeichneten und aufs Allgemeinwohl ausgerichtet waren, sondern zugleich nutzen- und interessenorientiert, d.h. auch zweckrational handelten.

Auch was die Bedeutung des Staates für Kooperativen angeht, sollte man sich als Sympathisant des Genossenschaftswesens keinen Illusionen hingeben. Immer kommt es allein auf die Rolle an, die staatliche Einrichtungen gegenüber Genossenschaften einnehmen: ob sie als Kontrolleur oder Vormund, oder aber ob sie als Initiator und Motivator auftreten. Wo sie sich auf Informationsdienste, auf praxisorientierte Ausbildungsmaßnahmen und auf entlastende Organisationsberatung konzentrieren, sollte das Schreckgespenst vom »Staatsbürokratismus« ausgedient haben.

Ein Gespenst, das freilich noch längst nicht aus der Welt ist, und das wir jetzt am Beispiel einer kubanischen Genossenschaft einmal näher betrachten wollen.

## »La Ranchulera«

Die Genossenschaft »La Ranchulera« betreibt ein gleichnamiges Restaurant im Zentrum von Sancti Spiritus, einer Provinzhauptstadt mit knapp einhundertvierzigtausend Einwohnern, ungefähr im Zentrum des von West nach Ost langgestreckten Inselstaates. Dieses Restaurant hat 24 Stunden, also rund um die Uhr geöffnet. Die Kooperative wurde im März 2014 gegründet und ist die erste und bislang einzige Konsumgenossenschaft der Stadt.

Zuvor war »La Ranchulera« ein Staatsbetrieb. Die Gründung der Genossenschaft basierte keineswegs auf dem ausdrücklichen Wunsch der Gründungsmitglieder. Den Angestellten wurde die Umwandlung in eine Genossenschaft mehr oder weniger vorgeschrieben. Zwar wurde ihnen eine Probezeit von drei Monaten eingeräumt, in der sie sich für oder gegen das Modell entscheiden konnten, aber alle weiteren Entscheidungen wurden dann von staatlichen Stellen getroffen: die Anzahl der einzustellenden Mitarbeiter (S. 23); die Höhe der Löhne (700 Pesos gleich 24 Euro pro Monat); die vertraglichen Bindungen mit den Zulieferbetrieben; Anzahl, Wahl und Preise der zu bestellenden Nahrungsmittel; die Anzahl der Lieferungen. Nachdem die Entscheidung zur Genossenschaftsgründung gefallen war, wurden alle Angestellten zum Beitritt verpflichtet.

Es gab nur einen kleinen Bereich, in dem die Genossenschaft in eigener Regie handeln konnte, wenn es zum Beispiel um kleinere Reparatur-, Sanierungs- und Wartungsarbeiten ging, konnten selbständig Verträge mit Handwerkern geschlossen werden. In den monatlichen Mitgliederversammlungen wurden meist die üblichen Alltagsprobleme eines Restaurantbetriebs und nicht die essentiellen Fragen eines Geschäftsunternehmens besprochen. Der Geschäftsführer berichtete, dass nur ein Teil der laufenden Finanztransaktionen gegenüber den Mitgliedern offengelegt wurde, den Großteil der wichtigen Informationen besprach er mit staatlichen Kontrolleuren.

Die Folge dieser zahlreichen Vorgaben und Abhängigkeiten war, dass die Genossenschaft nicht flexibel auf die Nachfrage der Restaurantbesucher reagieren, keine freien Angebote einholen und keine Marktbeziehungen mit den Zulieferfirmen pflegen konnte. Die geringen Handlungsspielräume, die massiven staatlichen Vorgaben und die mangelnde Informationsbasis für die Mitglieder führten zum Ersticken des kreativen Potenzials und gefährdeten schon nach wenigen Monaten den Fortbetrieb des Restaurants. Von einer erfolgreich verlängerten »Produktivkette« und Vernetzung mit größeren Betriebseinheiten kann unter diesen Umständen keine Rede sein.

Mit Blick auf die großen Reformhoffnungen, die mit dem Ausbau des Genossenschaftswesens verbunden werden, kann das Beispiel »La Ranchulera« – Stand Herbst 2014 – die große Kluft zwischen Programmatik und praktischer Umsetzung verdeutlichen: Es gibt keine autonomen Entscheidungen in zentralen Geschäftsangelegenheiten, keine Freiwilligkeit der Mitglieder, keine demokratischen Entscheidungsstrukturen und keine einsatz- und kreativitätsfördernde Beteiligung der Mitarbeiter. Im Grunde handelt es sich bei »La Ranchulera« um einen als Genossenschaft getarnten Staatsbetrieb, was sich natürlich auch auf die Ausstrahlung dieser Kooperative ins städtische Umfeld auswirkt. Potenzielle Nachfolgeinitiativen werden abgeschreckt, lokal-regionale Wertschöpfungsprozesse werden ausgebremst und es werden keine Anreize für ein größeres bürgerschaftliches Engagement von Mitgliedern und Unterstützern dieser Kooperative geschaffen.

## Fazit

Es geht mir in diesem Beitrag nicht um Besserwisserei oder gar Häme gegenüber diesem oder ähnlich halbherzigen Experimenten. Die kubanischen Reformen befinden sich immer noch im Anfangsstadium und Lernprozesse sind deshalb dringend erforderlich. Schließlich war auch die Entwicklung des Genossenschaftswesens in vielen Ländern Europas von diversen Auf- und Abschwungphasen begleitet.

Wie immer man zu den politischen Verhältnissen in Kuba stehen mag, die wirtschafts- und gesellschaftspolitischen Experimente auf der Insel verdienen unsere Aufmerksamkeit und Unterstützung. Man muss nur an Erfahrungen in Osteuropa nach dem Fall der Mauer erinnern, wo vergleichbare Transformationsprozesse stattfanden und immer noch stattfinden. Nicht selten kommt es dort, wo wirtschaftliche Reformen scheitern oder stagnieren, wo der Lebensstandard der Bevölkerung sinkt und Verteilungskämpfe eskalieren, zu autoritärstaatlichen Rückschlägen, zu nationalistischen Reaktionen, ja selbst zu kriegerischen Auseinandersetzungen, die eine ganze Region destabilisieren können.

Der bisherige Verlauf der kubanischen Reformen lässt vermuten, dass die Verzahnung von wirtschaftlicher und politisch-institutioneller Transformation deutlich enger ist als im chinesischen Modell. Dafür sprechen nicht allein kulturelle Differenzen – konfuzianische versus christliche und afro-karibische Traditionen, Unterschiede in der Familienökonomie – und andere Besonderheiten: wie etwa Chinas kolossales Schwergewicht auf den globalen Märkten, Kubas unmittelbare Einbettung in die wirtschaftliche und politische Arena Mittelamerikas und der hohe Politisierungsgrad des Landes durch die Konfrontation mit den USA. Aspekte, auf die im Rahmen dieses Beitrags nicht eingegangen werden konnte.

Doch allein schon das Beispiel von »La Ranchulera« zeigt deutlich, dass der wirtschaftliche Erfolg von Kooperativen in einem marktwirtschaftlichen Umfeld nicht ohne den Rückzug des Staates auf initiative, konsultative und edukative Funktionen zu haben ist. Die damit verbundene Orientierung am Konvivialismus beinhaltet allerdings die Förderung demokratischer Strukturen in unabhängigen und strategischen Netzwerken. Und dieses Entweder-Oder, entweder bürokratische Herrschaft oder gesellschaftliche Selbstorganisation, knirscht in allen Vorhaben und Maßnahmen der kubanischen Regierung. Neue wirtschaftliche Dynamik lässt sich so nicht gewinnen.

Offensichtlich ist, dass die kubanischen Reformer auf das partizipatorische und nachhaltige Potenzial von Genossenschaften setzen. Ein Potenzial, das seit der Mitte des 19. Jahrhunderts immer wieder wissenschaftliche, gesellschaftstheoretische Diskurse anfeuerte. Ein Potenzial, das heute von den Autoren des konvivialistischen Manifests völlig zu Recht und hoffentlich mit Erfolg einer größeren Öffentlichkeit als Grundbedingung für erfüllte gesellschaftliche Beziehungen vor Augen geführt wird. Und in diesem Zusammenhang können kooperative Formen der Arbeit helfen, individualistische wie autoritäre Fixierungen aufzubrechen, marktwirtschaftliche wie bürokratische Zwänge zu begrenzen oder zurückzuweisen.

## Literatur

Caillé, Alain (2011): Pour un manifeste du convivialisme, Lormont: Le Bord de l'eau.

Göll, Edgar (2007): »Umwelt- und Nachhaltigkeitspolitik in Kuba: Überblick und kritische Würdigung eines Weges zur Zukunftsfähigkeit«, in: WerkstattBericht, Nr. 83, Berlin: IZT – Institut für Zukunftsstudien und Technologiebewertung.

Hildebrand, Harald (2014): »Landwirtschaft hat wieder Priorität in Kuba«, in: Cubaheute. wordpress.com.

Hoffmann, Bert (2010): »Kuba: Auf dem Weg in den Marktsozialismus«, in: GIGA Focus Lateinamerika, Nr. 9, German Institute of Global and Area Studies.

Piñeiro, Camila (2011): Las cooperativas y el socialismo: Un mirada desde Cuba, Havanna: editoiral caminos.

Ramonet, Ignacio (2008): Fidel Castro: Mein Leben, Berlin: Rotbuch.

Schröder, Carolin/Walk, Heike (2014): Genossenschaften und Klimaschutz. Akteure für zukunftsfähige solidarische Städte, Wiesbaden: Springer Fachmedien.

# Commoning

## Zur Kon-struktion einer konvivialen Gesellschaft

*Britta Acksel, Johannes Euler, Leslie Gauditz, Silke Helfrich, Brigitte Kratzwald, Stefan Meretz, Flavio Stein, Stefan Tuschen*

Als Commoners[1] begrüßen wir die Haltung der Manifestautor*innen, verschiedene Positionen und Diskurse in einem gemeinsamen Schreibprozess zusammenzuführen. Ein solcher Prozess erscheint uns als angemessener Weg, sich einer zukunftstauglichen »Kunst des Zusammenlebens« zu nähern. Der Einladung, zu den im Manifest skizzierten Ideen und Vorschlägen beizutragen, sind wir daher gerne gefolgt. Sie hat einen gemeinsamen Denk- und Schreibprozess initiiert, dessen Ergebnis wir hier zur Diskussion stellen. Ausgewählte analytische Aussagen des Manifests waren für uns Ausgangspunkte, sie um die Perspektive des Commoning zu erweitern. Dass dabei erneut Unfertiges notiert wird, liegt in der Natur der Sache. Wir begreifen auch unseren Text als Einladung, das noch Offene und Kontroverse weiterzudenken.

Als Anker für eine Vertiefung des Manifests aus Commons-Perspektive bietet sich der Begriff des *con-vivere* an. Der Zusammenhang zwischen *con-vivere* und *com-mons* liegt auf der Hand beziehungsweise in der Vorsilbe. Wir seien »durch unsere Sprech- und Hörgewohnheiten vollkommen taub geworden [...] für den guten Klang des [...] ›cum‹, das im Deutschen als Vorsilbe ›kon‹ oder ›kom‹ erscheint«, bedauert Marianne Gronemeyer (o.J.), »[...] die meisten Komposita, die damit gebildet werden, haben den alten Sinn in sein krasses Gegenteil verkehrt. Die Präposition ›cum‹ die einmal ein ebenbürtiges Miteinander im gemeinsamen Tun bezeichnen konnte, dient zunehmend dazu, ein scharfes, unerbittliches Gegeneinander im Kampf um Vorteile, Macht oder Einfluss zu beschreiben. Kon-kurrenten laufen nicht mehr zusammen, sie liegen im Krieg um knappe Ressourcen, das entsprechende englische competition bezeichnet nicht mehr ein gemeinsames Streben, sondern die Anstrengung, einander auszustechen.« (Ebd.)

1 | Alle Autor*innen sind Mitglieder des 2014 gegründeten Commons-Institut e.V.

*Ebenbürtiges Miteinander im gemeinsamen Tun* – es scheint, als wolle diese Vorsilbe die Essenz des Commoning und der Commons in drei Buchstaben fassen. Tatsächlich verweisen die Begriffe Commoning und Commons auf die uns stets offen stehende Möglichkeit, Zusammenleben im Geiste des so allgegenwärtigen wie weithin zurückgedrängten *cum/con* zu gestalten. Sie erfassen begrifflich, was im von Frank Adloff verfassten Vorwort zur deutschen Fassung des Manifests (S. 25f.) als Kern der Konvivialismus-Diskussion benannt wird: »Die assoziative, zivilgesellschaftliche Selbstorganisation von Menschen ist […] entscheidend für die Theorie und Praxis der Konvivialität. Der unentgeltliche freie Austausch unter den Menschen kann als Basis einer konvivialen sozialen Ordnung gelten, die sich abgrenzt von einer allein materiell und quantitativ-monetär definierten Version von Wohlstand und des guten Lebens«.

## Von Commoning und Commons

»Commoning« ist eine soziale Praxis, für die Commons als Struktur und Arrangement den Rahmen bieten. Letztere kann man als Grundlage einer konvivialen Gesellschaft fassen, ersteres als ihren lebendigen Ausdruck. Commons sind mithin keine Güter, wenngleich sie oft als solche beschrieben werden. Denn Güter sind nicht aufgrund ihrer »natürlichen« Eigenschaften Commons, sondern sie müssen erst dazu gemacht werden. Commons lassen sich im Wesentlichen als institutionelles, rechtliches und infrastrukturelles Arrangement für ein Miteinander – das Commoning – beschreiben, bei dem Nutzung, Erhaltung und Produktion vielgestaltiger Ressourcen gemeinsam organisiert und verantwortet werden. Die Regeln des Commoning werden (idealerweise) im gleichberechtigten Miteinander von Peers festgelegt, deren Bedürfnisse im Mittelpunkt stehen. Möglichkeiten individueller Selbstentfaltung verbinden sich dabei mit der Suche nach gemeinsamen Lösungen, sinnerfüllte Tätigkeiten mit der Ausweitung und Vertiefung von Beziehungen sowie die Schaffung materieller Fülle mit der Fürsorge für andere Menschen und die Natur. Dieses Miteinander wurde und wird in unterschiedlicher Ausprägung von Gemeinschaften auf der ganzen Welt praktiziert. Dabei muss das Commoning immer wieder auf den Prüfstand gestellt, aktualisiert und (neu) eingeübt werden. Das wiederum ist alles andere als selbstverständlich und bedarf geeigneter Rahmenbedingungen, die wir gegenwärtig nur spärlich vorfinden.

Ergebnisse von Commoning können traditionell die zukunftstaugliche Nutzung natürlicher Ressourcen, wie Wald, Wasser oder Boden sein. So etwa bei Bewässerungssystemen, für deren gemeinsame Nutzung sich die beteiligten Menschen, die Commoners, Regeln geben, welche eine langfristige Bedürfnisbefriedigung (Bewässerung der Felder, Schutz der Wasserqualität usw.)

ermöglichen. Gleichzeitig kann Commoning auch die Grundlage dafür sein, Neues hervorzubringen: Wissen, Hardware, Software, Nahrungsmittel oder ein Dach über dem Kopf. Im Grunde gibt es nichts, was nicht als Commons denk- und gestaltbar wäre. Die Perspektive kann schließlich sein, die menschliche Gesellschaft selbst als das Gemeinsame zu begreifen, das es praktisch anzueignen und nach Maßgabe von Bedürfnissen bewusst und miteinander zu gestalten gilt. Gegenwärtig scheint die Menschheit von dieser Perspektive jedoch weit entfernt zu sein.

## Menschliche Hybris oder strukturelles Gegeneinander?

Im Manifest wird unter der Überschrift »Die Mutter aller Bedrohungen« im Zusammenhang mit den großen Menschheitsproblemen die Frage als zentral identifiziert, wie »mit der Rivalität und der Gewalt zwischen den Menschen« (S. 45) umzugehen sei. Diese Hervorhebung scheint berechtigt, schließlich sind Rivalität und Gewalt offensichtliche Erscheinungsformen unseres Zusammenlebens. Sie lassen sich weder ignorieren noch wegdiskutieren. Werden sie jedoch nicht auch auf ihre strukturellen Ursachen zurückgeführt, entsteht der Eindruck, dass die Ursachen ausschließlich in den Menschen selbst zu suchen seien, etwa darin, dass »jeder Mensch danach strebt, in seiner Besonderheit anerkannt zu werden«, wobei eine »gesunde Gesellschaft« es verstehe »zu verhindern, dass sich dieses Streben in Maßlosigkeit, in Hybris verwandelt« (S. 48). Folgerichtig wird die »moralische Frage« gestellt, was die Individuen »sich erhoffen dürfen oder sich untersagen müssen« (S. 50). Es gelte, so die Autor*innen, »den Konflikt zu einer Kraft des Lebens und nicht des Todes und die Rivalität zu einem Mittel der Zusammenarbeit zu machen, zu einer Waffe [sic!] gegen die zerstörerische Gewalt« (S. 48). Wie eine solche Transformation durch moralische Gebote oder politische Maßnahmen zu erreichen wäre, wird indes nicht befriedigend beantwortet.

Ein Blick durch die Commons-Brille eröffnet hier eine Perspektive, weil er die Frage aufwirft, *wie* wir unsere materiellen und sozialen Lebensbedingungen *herstellen*. Das verweist auf zugrunde liegende Strukturen und Handlungslogiken – und erhellt so, warum das gesellschaftliche Miteinander sich häufig als ein *Gegeneinander* darstellt. Um dabei nicht auf der Erscheinungsebene stehen zu bleiben, ist der Ausgangspunkt der vorliegenden Überlegungen das tägliche Herstellen der Rahmenbedingungen für unser gesellschaftliches Miteinander. Zu eben diesem Rahmen gehört alles, was Gesellschaft ausmacht: Gebrauchsgegenstände, Technologien, Institutionen, Sprachen, Denkweisen, Weltanschauungen sowie Formen des Umgangs miteinander und mit der Natur. Diese gesellschaftlichen *Strukturen* sind einerseits Ergebnis bisherigen menschlichen Tuns, andererseits Voraussetzung und Ausgangspunkt für gegenwärtiges und zukünftiges Tun. Das Verhältnis von Strukturen und Handlungen ist also ein reflexives – das Eine speist das Andere ein ums andere Mal. Dies erklärt, warum historische Entwicklungen eine Eigendynamik hervorbringen können, die dazu führt, dass sich Strukturen verfestigen und gegenüber so mancher Handlungsabsicht verselbständigen.

Wenn Strukturen als Rahmen des gesellschaftlichen Miteinanders die Spielräume und Grenzen ihrer eigenen Veränderbarkeit bestimmen, können sie den Menschen als unverfügbar und äußerlich *erscheinen,* obwohl sie im Grunde menschengemacht und damit veränderbar sind. Ein Ausdruck dafür sind Menschenbilder, in denen strukturelle Handlungsbeschränkungen der gegenwärtigen Gesellschaft als überhistorische »Natur des Menschen« gedeutet werden. Tatsächlich konnte sich mit dem Kapitalismus ein Menschenbild durchsetzen, nach dem die handelnden Subjekte so erscheinen, »*als wären sie* getrennte Individuen, die einander gleichgültig sind und einzig darauf bedacht, ihren persönlichen Vorteil zu maximieren« (S. 54; Herv. i.O.).

Die moderne Gesellschaft ist von einer Eigendynamik geprägt, die Geld zum Dreh- und Angelpunkt unseres Miteinanders gemacht hat. In immer mehr Lebensbereichen wird nur noch getan, was »sich rechnet«. Immer mehr Tätigkeiten werden auf warenförmige Verwertbarkeit ausgerichtet, was einen stets anschwellenden Güterstrom hervorbringt, der in erster Linie zum Verkauf auf *Märkten* bestimmt ist. Für die Produzent*innen dienen primär weder die Tätigkeiten selbst noch die durch sie hervorgebrachten Waren der konkreten Bedürfnisbefriedigung – sie sind in der Regel ein Mittel zum Zweck des Gelderwerbs. Das Geld wiederum benötigen sie, um als Konsument*innen Güter und Dienstleistungen einzukaufen. Da die Waren von Unternehmen und Solo-Kleinunternehmer*innen hergestellt werden, die untereinander um ihren Absatz konkurrieren, müssen diese ihren Gewinn beständig reinvestieren, um sich im Wettbewerb behaupten zu können. Damit wird Geld zum Selbstzweck: Es wird eingesetzt, um daraus *mehr Geld* zu machen, das wiederum investiert werden muss, um auch künftig noch Geld verdienen zu können. In dieser Funktion wird Geld zum *Kapital* – nicht ohne Grund werden derart verfasste Gesellschaften als kapitalistisch beschrieben.

Im *Äquivalententausch* sind die Marktteilnehmenden, auf die Menschen mitunter reduziert werden, einander gleichgültig – so wie auch das Geld ihnen gegenüber gleich-gültig im doppelten Wortsinne ist. Armen kostet ein Brot genauso viel wie Reichen. Als Konkurrierende (im nicht-konvivialistischen Sinne) sind sie füreinander sogar eine potenzielle Existenzbedrohung. Des Einen Verlust ist des Anderen Gewinn. Kooperationen und partielle Bündnisse sind damit nicht ausgeschlossen, doch auch sie haben häufig nur den Zweck, im Konkurrenzkampf erfolgreicher zu bestehen als andere. Dabei besteht die Konkurrenz gleich auf mehreren Ebenen: Unternehmen konkurrieren auf dem Markt[2] um die Kund*innen, Konsument*innen konkurrieren um günstige Angebote, Bewerber*innen konkurrieren um Arbeitsplätze, Kolleg*innen um Aufstiegschancen usw. In derartigen Rollen müssen die Tauschenden auf Kosten der jeweils anderen versuchen, das Beste aus dem Tausch herauszuholen – ob es sich bei der verkauften Ware nun um materielle und immaterielle Güter oder die menschliche Arbeitskraft handelt. Personale Beziehungen werden gemäß dieser Logik präformiert, so dass sich »alle Bereiche des Daseins bis hin zu den Affekten und den Freundschafts- oder Liebesbeziehungen einer buchhalterischen, technischen und betriebswirtschaftlichen Logik unterworfen« (S. 55) sehen. Voran kommt, wer die Anderen erfolgreich hinter sich lässt. »Gierig«, »korrupt«, »maßlos« und »skrupellos« zu sein, ist funktionales und vielfach gesellschaftlich nahegelegtes Verhalten. Dieser Logik der Gleichgültigkeit, der strukturellen Gegnerschaft und Vereinzelung liegt die getrennte Weise der Produktion unserer Lebensbedingungen zugrunde: Was als Ware verkauft werden soll, muss der Verfügung derer, die ein konkretes Bedürfnis haben, zunächst einmal entzogen sein. Dieser Ausschluss funktioniert rechtlich in der Regel über das *Eigentum*, das prinzipiell einem Ausschlussrecht gleichkommt. Über dieses Prinzip wird die Freiheit des Einen zur Grenze des Anderen und die Teilhabe der Einen zur Ausgrenzung der Anderen. Deswegen bezeichnen wir diese Logik des Sich-auf-Kosten-von-anderen-Durchsetzens als *Exklusionslogik.*[3]

Solidarische Beziehungen müssen explizit gegen die Handlungslogik der Warenproduktion errungen werden, was sie immer prekär macht, weil sie nur funktionieren, solange sie das Überleben im Markt nicht zu stark behindern. Den von der Exklusionslogik ausgehenden Handlungszwängen – die jeden guten Vorsatz schnell zunichtemachen können – ist mit Appellen für mehr Ethik und Moral nur schwer beizukommen. Die Angst, übervorteilt oder ausgenutzt zu werden, kann zu berechtigtem Misstrauen, entsprechenden Absicherungsstrategien und vielfältigen Formen der Ausgrenzung führen. Sie halten die Spaltungen aufrecht, die wir entlang verschiedener sozialer Merkmale finden können: Klasse, Geschlecht, sexuelle Präferenz, Hautfarbe, Alter, Bildung, Sprache usw. Da die Exklusionslogik ausgrenzendes Verhalten belohnt, kann auch die rechtliche Gleichstellung diese Spaltungen nicht wirklich überwinden. Wenn gar mit Verweis auf eine angebliche Chancengleichheit – und im Namen der sogenannten Leistungsgerechtigkeit – Privilegien gerechtfertigt und die jeweiligen Verlierer*innen für ihre Misserfolge individuell verantwort-

2 | In diesem Kontext ist »der Markt« gemeint im Sinne des anonymen Markt*mechanismus*, der sich im Spiel von Angebot und Nachfrage vorgeblich *gesetzmäßig* durchsetzt.

3 | Die Exklusionslogik ist zwar tief in die alltäglichen Handlungen der Menschen eingesunken, dies beweist jedoch nicht ihre »Natürlichkeit«.

lich gemacht werden, kann formale Gleichberechtigung reale Ungleichheit sogar festigen.

## Die Tragik der Märkte

Die beschriebene Tausch- und Geldlogik trägt auch zum im Manifest beklagten Wachstumszwang bei, der im Kern ein Verwertungszwang unter Bedingungen der Konkurrenz ist. Kapital muss »sich rechnen«, also vermehren. Dies gelingt nur, wenn der eigene Marktanteil – auf Kosten Anderer – gesichert oder erweitert werden kann, indem der Marktpreis erreicht oder durch die Verbilligung der Produktion unterboten wird. Und das wiederum wird über Produktivitätssteigerungen durch technische Innovation und – was oft die andere Seite der gleichen Medaille ist – durch geringeren Arbeitseinsatz erreicht. Die derart erhöhte Produktivität erzeugt am Ende mehr Waren, die Absatz finden müssen, um den Ertrag zu halten oder auszuweiten. Mit immer geringerem Arbeitsaufwand werden so immer mehr Dinge mit immer größerem stofflichem und energetischem Ressourceneinsatz produziert – trotz oder gerade durch Effizienzsteigerungen. Da dies alle Konkurrenten am Markt tun, mehr noch: tun müssen, um ihre Existenz zu sichern, entsteht ein Wachstumszwang, dem sich die einzelnen Akteure innerhalb dieser Strukturen nicht entziehen können. Wir können hier von einer »Tragik der Marktlogik« sprechen.

Der »produktiven« Exklusionslogik von Berechnung, Verwertung und Vernutzung steht die »reproduktive« Inklusivität zugewandter und fürsorgender Beziehungen gegenüber. Tatsache ist, dass die sogenannte Reproduktion, die Herstellung und Erhaltung der Grundlagen unseres Lebens, die Basis jeder Gesellschaft ist, ohne die auch kapitalistische Strukturen nicht bestehen können. Weil sie jedoch nicht mit der Konkurrenz- und Exklusionslogik des Marktes kompatibel ist, wird sie in die – meist weibliche – Sphäre des Privaten (Haushalt) ausgelagert. Eine konviviale, das Zusammenleben fördernde Gesellschaft müsste diese Lebensgrundlagen selbst ins Zentrum ihrer Aktivitäten stellen. Dazu gehören auch die Naturgrundlagen unserer Existenz, die in kapitalistischen Zusammenhängen primär auszubeutende Ressource zum Zweck der Verwertung sind. Menschen sind jedoch Teil der Natur und können nicht gegen sie leben, ohne sich selbst zu schaden. Eine menschliche Reproduktion im umfassenden Sinne funktioniert daher nur, wenn sie die ökologische Logik natürlicher Stoffkreisläufe als Voraussetzung und Bestandteil der eigenen Bedürfnisbefriedigung berücksichtigt.

## Perspektivenwechsel

Auf der Suche nach grundsätzlichen Alternativen und zur Schärfung unserer Sinne für eine neue »Kunst des Zusammenlebens« müssen wir nach Begriffen und Kategorien suchen, die mit den kritisierten Grundannahmen und Begrifflichkeiten brechen, um uns einer Gesellschaftlichkeit auf Grundlage *positiv-reziproker* Strukturlogiken zu nähern. Dabei geht es um ganz grundsätzliche Fragen: Wie wollen wir unsere Lebensbedingungen so herstellen, dass niemand unter die Räder kommt – auch kommende Generationen nicht? Und wie können sich alle Betroffenen an diesem Prozess beteiligen? Dieser Ansatz vereint die in moralische, politische, ökologische und ökonomische Kategorien aufgeteilten »großen Fragen« (S. 50), weil er all diese Bereiche nicht als voneinander unabhängig fasst, sondern so aufeinander bezogen denkt, wie sie uns real begegnen.

Das Manifest formuliert vier Prinzipien einer »einzig legitimen Politik«: gemeinsame Menschheit, gemeinsame Sozialität, Individuation und Konfliktbeherrschung (S. 61). Zwar kann man diskutieren, inwiefern es sich bei der in den ersten beiden Prinzipien aufgehobenen *Gesellschaftlichkeit des Menschen* eher um eine genuine Wesensbestimmung des Menschen als um ein politisches Prinzip handelt – doch ins Bewusstsein zu rufen, dass wir *eine* Menschheit und die Menschen gesellschaftliche Wesen sind, erscheint uns in jedem Falle sinnvoll. Ebenso unterstützen wir das mit »Individuation« verbundene Ziel, es jeder und jedem Einzelnen zu ermöglichen, eine »besondere Individualität zu entwickeln, indem er seine *Fähigkeiten* entfaltet, sein Vermögen, zu sein und zu handeln, ohne den anderen zu schaden, im Hinblick auf eine für alle *gleiche Freiheit*« (S. 61; Herv. i.O.). Unter »Konfliktbeherrschung« wird schließlich verstanden, »sich zu unterscheiden und dabei den Konflikt zu akzeptieren und zu beherrschen« (S. 62).

Entscheidend ist jedoch, dass diese vier Prinzipien dem Handeln nicht im Sinne von moralischen Imperativen *vorausgesetzt* werden müssen: Unter entsprechenden Bedingungen bringt das Handeln jene Prinzipien tendenziell *selbst hervor.* In gelingender Commons-Praxis entstehen *positiv-reziproke* Beziehungen, die es notwendig machen, Konflikte friedfertig und konstruktiv zu lösen. Eine solche Beziehungskultur erweitert die individuelle Freiheit, indem im Prozess des Commoning sowohl die konkreten Besonderheiten der beteiligten Menschen als auch die empfundene Fairness in der Kooperation zur Geltung kommen. Die Alternative zur *konkurrenzförmigen* Entfaltung der Individualität besteht nicht in der Gleichmachung von Ungleichen, sondern in der Entfaltung Aller in ihrer jeweiligen Besonderheit, und zwar so, dass niemand unter die Räder kommt, dass niemandes Bedürfnisse ignoriert werden und dass der in der exklusionslogischen Praxis wirkende Mechanismus – des Einen Gewinn ist des Anderen Verlust – überwunden wird.

## Verantworten und In-Beziehung-Sein

Merkmal der *Exklusionslogik* der Warenproduktion ist, dass vorankommt, wer sich auf Kosten anderer durchsetzt und dabei partielle Bündnisse eingeht. Dem steht die *Inklusionslogik*[4] als bestimmendes Merkmal von Commons gegenüber. Hier gedeiht, was genügend viele und geeignete Mitmachende findet. Die grundsätzliche *Freiwilligkeit*, der in der Warenlogik der *Zwang* zur (Selbst-)Verwertung gegenübersteht, setzt voraus, dass Strukturen einladend und motivierend sein müssen. Commons-Projekte können nur dann langfristig bestehen, wenn sich die Menschen in ihnen wohl fühlen und auf subjektiv erfüllende und sinnhafte Art und Weise einbringen können. Das geht nur, wenn auch die Anliegen der Anderen berücksichtigt werden. Die Inklusionslogik der Commons ist auf die Entfaltung der konkreten Besonderheit des individuellen Menschen als Voraussetzung für die Entfaltung aller Menschen ausgerichtet. Wenn dies in Commons-Kontexten gelingt und ein Mensch beispielsweise neue Fähigkeiten entwickelt, die er dann einbringen kann, nützt das tendenziell auch allen anderen, weil anstehende Aufgaben besser, einfacher oder von mehr Menschen erledigt werden können. Je größer der Fähigkeitenpool, aus dem kollektiv geschöpft werden kann, desto besser. Diese Beziehungsform der *positiven Reziprozität*, der potenzialfördernden wechselseitigen Bezogenheit, unterscheidet sich fundamental von der strukturell exkludierenden *negativen Reziprozität* der Warenlogik. Sie erzeugt nicht Vereinzelung, sondern eine *strukturelle Gemeinschaftlichkeit* (Meretz 2014).

Eine weitere Differenz zur Warenlogik ist wesentlich: Die Produktion von Waren ist prinzipiell durch *fremde Zwecke* bestimmt. Waren müssen so beschaffen sein, dass sie verkäuflich sind. Bei Commons geht es um die je *eigenen Zwecke*, weshalb die Befriedigung der Bedürfnisse auch dann gelingen kann, wenn Markt und Staat entweder versagen oder bestimmten Lebensbereichen gegenüber blind sind. Für »den Markt« ist Bedürfnisbefriedigung nur ein Nebeneffekt und nur dann relevant, wenn diese »marktfähig« ist oder gemacht werden kann. Bedürfnisse, die nicht zum Absatz beitragen, bleiben unberücksichtigt. Sie werden *externalisiert*. In kapitalistischen Strukturen erfolgt die *Vermittlung von Bedürfnissen* gesellschaftlich gesehen über den Markt oder den Staat *ex post*, also nachdem die Waren, mit ihren entsprechenden Nutzen

---

**4** | Die Inklusionslogik schließt Exklusionen nicht per se aus, doch sie verlieren ihre zentrale Funktion. Unter Bedingungen der Exklusionslogik sind Inklusionen nur Mittel zu einem anderen Zweck – nämlich sich gegen Andere effektiver durchsetzen zu können. Anders unter Bedingungen der Inklusionslogik, wo Inklusionen weitere Inklusionen befördern, also Selbstzweck sind. Ausschlüsse sind hier allenfalls dann ein verhandelbarer Mechanismus zum Zwecke der (Erhaltung von) Inklusion, wenn die Inklusionslogik gesellschaftlich nicht bestimmendes Prinzip ist.

oder Schäden, produziert und zu Markte getragen wurden. Bedürfniskonflikte können daher im Nachhinein nicht mehr aufgelöst werden. Diese Isolation der unterschiedlichen Bedürfnisse und ihre voneinander unabhängige Befriedigung bringt jeden Einzelnen von uns in eine Situation *struktureller Verantwortungslosigkeit*.

Wir können diese Strukturdefizite nicht individuell kompensieren. Niemand kann alle Externalisierungen kennen, die durch den eigenen Einkauf gefördert werden, geschweige denn sie vermeiden oder beseitigen. Wenn auch das Öko-Waschmittel monokulturell angebautes Palmöl enthält, dann werden die Grenzen ethischen Konsums deutlich. So verfehlen viele Bemühungen, »korrekt einzukaufen« letztendlich ihre intendierte Wirkung. Es mag zwar subjektiv ein »besser als« geben, wirklich emanzipatorisch und selbstbestimmt wird das Handeln dadurch jedoch nicht. Man kann es auch so formulieren: Die faktische Unmöglichkeit verantwortlichen Handelns resultiert in *struktureller Selbstfeindschaft*. Befriedige ich ein Bedürfnis, so verletze ich ein anderes – von mir selbst oder von Anderen. Umgekehrt schaden Andere mir, ohne es subjektiv zu wollen. Automobilität steht gegen Ruhebedürfnis der Straßenanrainer, Arbeitsplätze gegen saubere Umwelt, $CO_2$-Reduktion »hier« gegen Tropenwalderhaltung »dort« usw. Unser Handeln richtet sich am Ende gegen uns selbst, weil es Bedingungen unterworfen ist, in denen Bedürfnisse nicht aufeinander bezogen sind. Strukturelle Selbstfeindschaft offenbart sich im Gegeneinander unterschiedlicher *Partialinteressen*, die durch die Personen selbst hindurch gehen.

Die Problematik wird klarer, wenn wir uns erneut der Logik der Commons zuwenden. Hier haben die Menschen die Möglichkeit, ihre unterschiedlichen Bedürfnisse zu *internalisieren* und *ex ante zu vermitteln*. Internalisierung bedeutet, Bedürfnisse einzubeziehen und nach einem Weg zu suchen, sie umfassend zu befriedigen. Geschieht dies *vor* und im Laufe der Produktion, eines Projektes oder Prozesses, wird es möglich, die unterschiedlichen Vorstellungen und Wünsche aufeinander zu beziehen und Konflikte kommunikativ so zu vermitteln, dass sich niemand – etwa aufgrund von Machtungleichgewichten – auf Kosten von anderen durchsetzt. Das ist nicht einfach, und die gegebenen restriktiven Bedingungen legen den konkreten Projektbeteiligten meist Steine in den Weg. Doch grundsätzlich bietet die Inklusionslogik der Commons einen Rahmen zu *struktureller Verantwortungsfähigkeit*. Eine Garantie für gute Lösungen gibt es gleichwohl nicht, doch nur wer über die produktiven Mittel und Ressourcen für die *selbstbestimmte* Herstellung der Lebensbedingungen verfügt, hat überhaupt erst die *Möglichkeit*, auch auf das Ganze bezogen verantwortungsvoll zu handeln.

## Commons auf allen Ebenen

Die kapitalistische Ökonomie hat sich in ihrem Verwertungs- und Wachstumszwang gegen die Ökologie verselbständigt. Dabei verweist der Begriff Ökonomie in der lateinisch-wortursprünglichen Bedeutung von »Haushalten« darauf, mit den Ressourcen, die zur Verfügung stehen, die Bedürfnisse aller, so weit möglich, zu befriedigen. Soll eine so verstandene Ökonomie nicht ihre eigene Basis zerstören, so muss sie die Wechselwirkung von menschlichen Bedürfnissen und außermenschlichen Naturzusammenhängen zur Grundlage des Handelns machen. Dieser Idee folgt beispielsweise die Permakultur, die versucht, die Nahrungsmittelproduktion in selbsterhaltende natürliche Kreisläufe einzubetten. Selbstregulationsprozesse in Ökosystemen werden gezielt unterstützt und genutzt, um die Voraussetzungen für eine dauerhafte menschliche Bedürfnisbefriedigung zu erhalten und zu verbessern, anstatt die Naturausbeutung kurzfristig zu maximieren. Voraussetzung dafür ist jedoch, dass alle ökologischen und sozialen Aspekte, die für ein so gestaltetes gesellschaftliches Naturverhältnis erforderlich sind, einbezogen werden. Commons können dafür einen geeigneten strukturellen Rahmen bieten, denn in der inklusiven vorausschauenden Handlungsweise des Commoning geht es darum, die Bedürfnisbefriedigung nicht nur momentan, sondern langfristig sicherzustellen.

Wie auch die hier angebrachten Beispiele suggerieren mögen, werden Commons zumeist mit lokalem Handeln in konkreten Projekten verbunden, in denen sich die Menschen kennen und unmittelbar interagieren können. Eine Übertragung dieses Handlungsrahmens auf regionale oder überregionale Ebenen scheint wegen des (u.a. kommunikativen) Aufwands kaum vorstellbar. Doch aus unserer Sicht gilt der Zeitaufwand für die direkte – und durchaus auch redundante – kommunikative Vermittlung unterschiedlicher Bedürfnisse, vor allem vor dem Hintergrund der durch permanente Verbilligung *erzwungenen Zeiteinsparung* in der partialisierten Privatproduktion, als »ineffizient«. Jedoch ist eine auf den Commons gründende Weise der Herstellung der Lebensbedingungen gesamtgesellschaftlich betrachtet vermutlich effizienter, im dem Sinne, dass sie eher auf *Vorsorge, Erhaltung und Schadensvermeidung* als auf *Nachsorge, Verschleiß und Schadensbewältigung* ausgerichtet ist. Commoning wird zudem oft als individuell befriedigender erlebt, da durch die Freiwilligkeit der produktiven Tätigkeiten in der tatsächlichen *Zeitverausgabung* die *Lebensqualität* liegt und diese nicht in die abgespaltene Sphäre der Familie, Ehe, Freizeit, Urlaub etc. ausgelagert ist. Aus Commons-Perspektive geht der Weg hin zu einer zukunftstauglichen Gesellschaftsform nicht über bloßen Verzicht, sondern gerade über ein dauerhaft gutes und erfülltes Leben für alle, welches durch die umfassende Einbeziehung *aller* Lebensbedürfnisse auch die Einhaltung der planetaren Grenzen einschließt.

Einige weitere Beispiele, die die Vielfalt von Commons-Projekten und deren Potenzial für die Schaffung global-vernetzter Kooperationszusammenhänge illustrieren, seien genannt. »Wikipedia« (wikipedia.org) ist eine Online-Plattform zur offenen Erstellung und Nutzung von enzyklopädischen Artikeln und hat auf diese Weise die proprietären, geschlossenen Pendants wie die »Encyclopedia Britannica« oder den »Brockhaus« auskooperiert[5]. »Wikispeed« (wikispeed.com) ist ein offenes Projekt zur Herstellung von Autos, die modular aufgebaut sind, wenige Ressourcen verbrauchen und die Verfügung über das Gut wieder zurück in die Hände der Nutzer gibt. »Farm Hack« (farmhack.net), »Wikihouse« (wikihouse.org) oder »Opendesk« (opendesk.cc) sind globale Online-Plattformen, auf denen Menschen aus der ganzen Welt Baupläne für landwirtschaftliche Maschinen, für Häuser und für Möbel hochladen, die andere dann entsprechend ihren Bedürfnissen adaptieren und mit den vorhandenen Ressourcen lokal nachbauen können. Diese beispielhafte Projektauswahl könnte beliebig verlängert werden. Spannende Entwicklungen gibt es in allen Bereichen der Produktion: Elektronik, Pharmazie, Biotech, Robotik, Medizin, Kleidung etc. Bei all diesen Projekten sind die Pläne frei zugänglich. Open Source und offene Kooperation sind Designprinzipien, die sich aus der Praxis ergeben und ohne die ein derartiges kollektives Tätigsein nicht möglich wäre.

Bemerkenswert sind auch die tatsächlichen Unterschiede in der physischen Beschaffenheit der resultierenden Produkte verglichen mit ihren Warenpendants. Die Produkte sehen nicht nur anders aus, sie sind in der Regel modular aufgebaut, zugänglich, dokumentiert, reparierbar, haltbar, ressourcenschonend hergestellt etc. Kriterien, die unter Verwertungsbedingungen üblicherweise kaum Beachtung finden, sind hier Konstruktionsprinzipien von Anbeginn der Entwicklung. Allerdings soll hier keine idealistische Schönschreibung betrieben werden – alle heutzutage vorfindlichen Commons-Projekte haben auch mit Problemen umzugehen und tun dies mitunter auf widersprüchliche Art und Weise. Es ist deutlich sichtbar, dass all diese Ansätze im *strukturell feindlichen Umfeld* kapitalistischer Marktwirtschaft bestehen müssen. Es geht damit auch immer um die Finanzierung von Vorhaben. Hierbei muss sich immer wieder die schwierige Frage gestellt werden, inwieweit sich auf Marktlogiken eingelassen wird oder dem auch in der Finanzierung widerstanden werden kann (etwa durch Crowdfunding, Stiftungsfinanzierung oder Spenden).

**5** | Freie Projekte können ihre Kooperation weiter fassen als proprietäre Unternehmen: Jeder kann mitmachen und die Ergebnisse frei nutzen.

## Polyzentrische Selbstorganisation

Es ist deutlich geworden, dass wir sowohl marktbasierte als auch auf moralischen Appellen gründende Reformen zur Abmilderung bestimmter Auswüchse kapitalistischer Strukturen für unzureichend halten. Stattdessen erachten wir ein anderes Denken für notwendig sowie strukturelle Veränderungen unserer *Produktionsweise*, der Herstellung unserer Lebensbedingungen. Commons eröffnen diese Möglichkeit theoretisch wie praktisch. Doch sind sie verallgemeinerbar? Lässt sich eine gesamtgesellschaftliche Perspektive auf dieser Grundlage entwickeln? Lassen sich tatsächlich die notwendigen Güter, Dienste und Sozialstrukturen nicht in Warenform, sondern als Commons herstellen? Es gibt eine Reihe von Indizien dafür, dass diese Frage mit Ja beantwortet werden kann.

Eine auf Commons basierende Gesellschaft lässt sich als *soziales Makronetzwerk* denken, in dem die dezentralen Commons-Einheiten verteilte Knoten im Netz darstellen. Große soziale Netzwerke bilden über interne Ausdifferenzierung funktionale Cluster und Hubs (Verdichtungen und Knotenpunkte) mit vielen Verbindungen. Sie sind dadurch flexibel restrukturierbar und fehlertolerant, so dass abgetrennte Teilnetze beim Ausfall wichtiger Hubs (z.B. bei Katastrophen) weiterhin ihre Funktion erfüllen können. Diese Eigenschaften wurden bereits in großen Commons-Strukturen wie beispielsweise Bewässerungssystemen beobachtet und als *polyzentrische Selbstorganisation* gefasst. Anders als in hierarchischen Systemen mit einem Entscheidungszentrum an der Spitze, bilden sich viele Zentren heraus, die jene differenzierten Funktionen wahrnehmen, die eine aufgabenteilige Gesellschaft braucht (Re-/Produktion, Infrastrukturen, Koordination, Planung, Information etc.). Entscheidend ist dabei, dass die spezialisierten Funktionen in das gesamtgesellschaftliche Vermittlungsnetz eingebettet bleiben und auch als Commons organisiert sind. Die gesellschaftliche Vermittlung funktionierte somit nach einer anderen Logik und wäre nicht von der Re-/Produktion getrennt: Weder die Vorstellung einer »unsichtbaren Hand« des Marktes noch staatliche Planung lenkten und leiteten diese Vermittlung, vielmehr organisiert und koordiniert die Gesellschaft sich selbst, orientiert an ihren realen Bedürfnissen.

Ein Perspektivenwechsel ist erforderlich: Statt entfremdeter Planung und Organisation der Produktionsprozesse geht es um die Selbstplanung und Selbstorganisation durch die Menschen – Produzent*innen wie Nutzer*innen. Statt für Andere die Prozesse zu organisieren und zu planen, sind die Bedingungen und organisatorischen Infrastrukturen durch die betroffenen Menschen selbst zu schaffen. Die Frage ist also nicht, ob geplant wird, sondern für und durch wen, wie, wo, und entlang welcher Kriterien. Jede Gesellschaft ist in diesem Sinne eine »Plangesellschaft«. Der Perspektivenwechsel besteht nun darin zu erkennen, dass die Menschen dann ihre Angelegenheiten erfolgreich in die eigenen Hände nehmen können, wenn sie dafür geeignete Entfaltungsvoraussetzungen haben. Diese sind unter warengesellschaftlichen Bedingungen – gleich ob durch Markt, Zentralplan oder Mischformen vermittelt – allenfalls vereinzelt gegeben. Eine auf Commons basierende und Commons schöpfende gemeinschaftlich-vernetzte Produktionsweise kann hingegen die Voraussetzung für eine gesellschaftliche Vermittlung auf Basis polyzentrischer Selbstorganisation schaffen, die ihrerseits die Voraussetzung für die allgemeine menschliche Selbstbestimmung und -entfaltung sein kann.

## Zum Schluss

Wir sind davon überzeugt, dass Commons jene »Kunst des Zusammenlebens« repräsentieren können, »die die Beziehung und die Zusammenarbeit würdigt und es ermöglicht, einander zu widersprechen, ohne einander niederzumetzeln, und gleichzeitig für einander und für die Natur Sorge zu tragen« (S. 47). Anders gesagt: Commoning ist – wenn es gelingt – konviviale Praxis und muss als solche immer wieder neu eingeübt werden. Das ist nicht so, weil Commoners die besseren Menschen sind oder einer Ethik folgen, die andere noch nicht verstanden haben, sondern weil Commons eine qualitativ andere Weise sind, die Lebensbedingungen herzustellen – eine Weise, in der es funktional ist, inklusiv und nicht ausgrenzend, ressourceneffizient und nicht -verschleudernd, bedürfnis- und nicht verwertungsorientiert zu handeln. Derartige Lebensbedingungen sind weder das Schlaraffenland noch frei von Konflikten, doch sie sind Voraussetzung dafür, unsere Unterschiede so zu leben und unsere Konflikte so auszutragen, dass niemand mehr unter die Räder kommt.

## Literatur

Gronemeyer, Marianne (o.J.): Convivial. Der Name ist Programm, www.convivial.de/about5.html (Zugriff am 30.01.2015).

Holmgren, David (2014): Permakultur. Gestaltungsprinzipien für zukunftsfähige Lebensweisen, Klein Jasedow: Drachenverlag.

Meretz, Stefan (2014): »Grundrisse einer freien Gesellschaft«, in: Tomasz Konicz/Florian Rötzer (Hg.), Aufbruch ins Ungewisse. Auf der Suche nach Alternativen zur kapitalistischen Dauerkrise, Hannover: Heise S. 152-182.

# Kultur

# Religion und das konvivialistische Manifest

*Micha Brumlik*

## Religion aktuell

Religion ist wieder ein Thema – nicht nur im konvivialistischen Manifest. Das hat sich nicht zuletzt an den intensiven Debatten nach den mörderischen Attentaten von Paris gegen fünf jüdische Menschen und gegen die Redaktion von Charlie Hebdo gezeigt. Zu verzeichnen ist mithin nicht nur die Einsicht, dass das Zeitalter eines weltanschaulichen Säkularismus politisch seinen Zenit überschritten hat, sich also die globalisierte Welt in einem »postsäkularen Zeitalter« (Jürgen Habermas) befindet, sondern auch ein erneutes Interesse an Religionsphilosophie – etwa bei dem kürzlich verstorbenen amerikanischen Rechts- und Sozialphilosophen Ronald Dworkin sowie den Schriften des analytischen Philosophen Thomas Nagel. Dass dieses neue Interesse andererseits mit steigenden Austritten aus Kirchen sowie der Bildung neuer religiöser Gemeinschaften einhergeht, erscheint nur an der Oberfläche paradox.

Gemessen an dieser Lage können die Aussagen, die sich im konvivialistischen Manifest zu Fragen der Religion finden, dem Anspruch, den das Manifest selbst erhebt, in keiner Weise genügen. Bei genauer Lektüre finden sich drei Textpassagen, in denen »Religion« erwähnt wird. Zunächst auf Seite 49, wo die Suche nach einer neuen Grundlage für global ethisches Handeln beschworen wird und es u.a. heißt: »Gesucht wird sie [die neue Grundlage, M.B.] unter Berufung auf das Heilige, sowohl in den ursprünglichen Religionen als auch in den großen Weltreligionen oder den Quasireligionen: Taoismus, Hinduismus, Buddhismus, Konfuzianismus, Judentum, Christentum, Islam.« (S. 49)

Im Folgenden präzisieren die Autoren ihre Forderung nach einer minimalen Doktrin dadurch, dass sie vier Fragen beantwortet sehen wollen: die moralische, die politische, die ökologische sowie die ökonomische Frage, also Fragen nach den Normen individuellen und kollektiven Zusammenlebens, der Legitimität politischer Gemeinwesen, der Rücksicht auf die natürlichen Ressourcen sowie der gerechten Verteilung der Güter. In diesem Kontext glauben die Autorinnen und Autoren feststellen zu müssen: »dass keine der herkömmlichen religiösen oder weltlichen Lehren eine befriedigende Antwort *gleichzeitig* auf diese vier (oder fünf) Fragen gibt. Die Religionen« – so fährt das Autorenkollektiv fort – »*als solche* haben Mühe, ihre Botschaft über die richtige Politik, die richtige Ökonomie oder die richtige Ökologie zu aktualisieren.« (S. 51, Herv. i.O.) Einige Seiten später räumt das Autorenkollektiv dann ein, dass es möglicherweise ebenso viele Varianten des Konvivialismus geben wird wie des Christentums, Judentums etc. (S. 60).

So wird nur klar, dass sich der Konvivialismus selbst als eine Art mit den Religionen konkurrierender und sie überbietender holistischer Weltanschauung begreift, ohne überhaupt ein einziges Mal genauer definiert zu haben, was denn unter »Religion« überhaupt verstanden werden soll – ganz zu schweigen davon, dass wesentliche Komponenten sogar einer nur religionswissenschaftlichen, nicht einmal theologisch oder auch nur philosophischen Perspektive erwähnt werden: Transzendenz, Gott oder Frömmigkeit. Damit wird »Religion« oder »Religionen« in ihrer Eigentümlichkeit nicht einmal analytisch ernst genommen, sondern lediglich als eine beliebige Form von Weltanschauungsgemeinschaften charakterisiert. Auf Fragen wie der nach der Eigentümlichkeit theistischer, monotheistischer Religionen im Unterschied zu eher polytheistischen oder gar atheistischen Religionen, wie manchen vom Buddhismus geprägten Religionen, geht das Manifest ohnehin nicht ein.

Die darüber hinausgehende Behauptung, dass es die Religionen schwer haben, ihre durchaus umfassenden Antworten zu aktualisieren, ist demgegenüber schlicht banal: daraus, dass etwas schwierig ist, folgt nicht, dass es nicht möglich ist. Zudem wäre es jedem in seiner Religion einigermaßen bewanderten Menschen ein Leichtes, die damit einhergehende Unterstellung, dass »die Religionen« nicht in der Lage sind, die vom Autorenkollektiv gestellten Fragen zu beantworten, zu widerlegen. Man möge das bewerten, wie man will: was etwa die katholische Kirche in den letzten Jahren an Enzykliken zu den gestellten Fragen verabschiedet hat oder was etwa die EKD an Denkschriften publiziert hat, genügt diesen Ansprüchen allemal – und zwar zu jedem einzelnen Themenkomplex. Aber auch eine zahlenmäßig kleine Weltreligion wie das Judentum – wenn auch in seinen verschiedenen Denominationen oftmals streitig, zumal zu Fragen des schon biblisch begründeten Tier- und Umweltschutzes und vor allem über die Institution des Sabbatjahres – hat jene Grundlagen gelegt, von denen auch heute noch eine ökologische Ethik zehren kann, ganz zu schweigen vom Gebot der Nächsten- und Fremdenliebe.

Dass Angehörige des Volkes Israel die unter ihnen lebenden Fremden nicht bedrängen sollen, da sie selbst einmal Fremde in Ägypten gewesen sind, ist bis heute eine der Grundlagen globaler Ethik, wie auch das rechtliche Prinzip der »Würde des Menschen«, das in seiner säkularen Form ohne seine Grundlage im biblischen Motiv der »Gottesebenbildlichkeit« kaum zu verstehen ist. Zudem sind die Impulse, die prophetische Schriften wie die des Buches Amos über ihre Rezeption in der frühen Neuzeit einem modernen Völkerrecht gegeben haben, nicht zu übersehen.

So kann als Resümee über diese Aspekte des Manifests nur bleiben, dass es vor seinem Gegenstand versagt hat: Gewiss wird man dem notwendig erratischen, verkürzenden Stil eines Manifests einräumen müssen, sich nicht auf Details einlassen zu sollen. Am Ende bleibt gleichwohl der Verdacht, dass das Manifest auf kaum etwas anderes zielt, als auf eine »Nes-Ethik« analog zum »Nes-Kaffee« – also auf ein intellektuelles Instantgebräu, das der schnellen Herstellung und dem ebenso schnellen, geistig jedenfalls nicht nachhaltig wirkenden Konsum ohne Begründung, Kenntnis und Originalitätsanspruch gilt.

## Was eine gute Religion sein könnte

Gleichwohl lässt sich – mindestens grundsätzlich – durchaus angeben, was eine gute Religion sein könnte. Was eine gute Religion ist, hängt – vorausgesetzt man ist sich einigermaßen darüber einig, was unter »gut« zu verstehen sei, vor allem davon ab, was wir als »Religion« bestimmen. Dabei wird man zwischen einer moralischen, einer religionswissenschaftlichen oder einer theologischen Perspektive unterscheiden. Während sich eine moralische Perspektive vor allem dafür interessieren wird, in welchem Ausmaß die Narrative, Mythen und Liturgien des symbolischen Sinngebildes Religion allgemeine moralische Haltungen, Tugenden wie Nächstenliebe oder Fähigkeit zur Selbstreflexion o.ä. befördern, wird eine religionswissenschaftliche Perspektive funktionalistisch oder phänomenologisch danach fragen, ob das narrativ verfasste Symbolsystem mit seinen Ritualen erfolgreich der Kontingenzbewältigung dient bzw. ob es dem Symbolsystem gelingt, dem »Eigensten« aller Religionen, nämlich ihrem Transzendenzbezug prägnanten Ausdruck zu verleihen.

Ganz anders wird die Theologie als die systematische Fassung von religiösen Überzeugungen das soziale und kulturelle Institutionengefüge, in denen diese Überzeugungen artikuliert und in ihren Folgen praktiziert werden, bewerten. Ob eine Religion gut ist oder nicht, lässt sich aus dem normativen Blickwinkel der Theologie nur nach Maßgabe ihrer eigenen Überzeugungen heraus beantworten. Klammert man der Einfachheit halber die religionswissenschaftliche Perspektive aus, so bleibt eine Frage übrig, die in der deutschsprachigen, vor allem protestantischen Theologie im 19. und 20. Jahrhundert gestellt wurde, nämlich die Frage, was das Eigenste einer Religion im Unterschied zu reiner Moral oder mythischer Welterklärung sei. Am Anfang stand Schleiermacher, der mit seinen 1799 publizierten »Reden über die Religion an die Gebildeten unter ihren Verächtern« ein neues Kapitel aufschlug. Schleiermacher beharrte auf dem Eigensinn religiöser Erfahrung, die er nach Maßgabe der kantischen Unterscheidung von theoretischer, praktischer und urteilskräftiger (ästhetischer) Vernunft letzterer *mutatis mutandis* zuschlagen wollte. Damit entlastete Schleiermacher die Religion erstens von dem Anspruch, eine explanativ starke Kosmologie sein zu sollen sowie zweitens von der Forderung, moralische Imperative autoritativ vorzutragen und durchzusetzen.

Was aber bleibt von der Religion, wenn sie weder die Entstehung der Welt bzw. den Lauf der Geschichte erklären kann, noch ein sinnvoller Ersatz für Tugendförderung und Moral darstellt? Schleiermachers berühmte Formel lautete 1799: »Religion, das ist Sinn und Geschmack fürs Unendliche« und wenn man nach Beispielen für die damit beanspruchte Erfahrung sucht, muss man sich lediglich an die Bilder Caspar David Friedrichs halten. Freilich ist Schleiermacher, der später als Theologieprofessor auch künftige christliche Pfarrer auszubilden hatte, bald klar geworden, dass mit seinem allgemein naturfrommen, romantischen Religionsbegriff das Spezifikum jedenfalls der christlichen Religion verfehlt würde, weshalb er in späteren Vorlesungen 1821/22 eine andere Bestimmung des religiösen Bewusstseins vornahm: es handele sich um »das Gefühl schlechthinniger Abhängigkeit« – eine Bestimmung, die sich von Niklas Luhmanns Formel von Religion als Praxis und Semantik der Kontingenzbewältigung allenfalls durch ihre Terminologie und ihre in der Tat bewusstseinstheoretische Ausrichtung unterscheidet.

Schleiermachers zweiter Begriff der Religion wurde zum Anker einer bestimmten Spielart des deutschen, bürgerlichen Kulturprotestantismus, der nicht nur im Verdacht einer »machtgeschützten Innerlichkeit« (Thomas Mann) stand, sondern eben auch mit dem Vorwurf fertig werden musste, vor lauter übermäßiger Konzentration auf das fromme Bewusstsein und seine Nöte Gott, seine Weisung, sein Opfer und seine erlösende Kraft nicht nur vergessen, sondern geradezu vernachlässigt zu haben.

Es war der politisch weit links stehende, reformierte Schweizer Theologe Karl Barth, der dem Soupçon und dem Protest gegen das kulturprotestantische Frömmigkeitsverständnis das noch heute frappierende Schlagwort gab: »Religion ist Unglaube« – was für die Frage nach einer guten Religion nur noch die Folge haben kann, dass es überhaupt keine gute Religion geben kann. Beim zweiten Blick indes gewinnt dieses Donnerwort präzise Konturen: Gerade, wenn Schleiermacher Recht hat und Religion das ganz und gar menschliche Gefühl schlechthinniger Abhängigkeit ist, dann ist sie tatsächlich das Gegenteil eines offenbarungstheologischen Glaubensverständnisses. Demnach sind nämlich alles Wissen von Gott, seiner Weisung und seinem erlösenden Handeln alleine ihm selbst zu verdanken: die Offenbarung kommt von Gott, von Gott ganz alleine und entspringt eben nicht den Bedürfnissen des menschlichen Bewusstseins. Oder anders: Wenn »Religion« die menschliche Frage ist, so erweist sich die »Offenbarung« als die allein Gott zuzurechnende Antwort. Terminologisch hat die neuere protestantische Theologie mit begründetem Bezug auf die Kirchenväter und die reformatorischen Schriften damit der »Religion« den »Glauben« entgegengestellt, womit es der Theologie zudem möglich wurde, sich das ganze Panorama atheistischer Religionskritik – von Feuerbach über Marx zu Freud – ohne große Umstände anzueignen. Eine gute Religion wäre demnach eine, die in Inhalt, Form und sozialem Vollzug der Glaubensbotschaft so wenig wie möglich widerspräche und die die jeweils anerkannte göttliche Offenbarung in Predigt, Liturgie und handelnd im Leben möglichst adäquat zum Ausdruck bringt.

## Unverzichtbare, prophetische Impulse

Dass schließlich auch die universalistischen Ansätze, die das Manifest vertritt, ohne die religiöse, jüdisch-christliche Tradition überhaupt nicht zu verstehen ist, möge das folgende Beispiel belegen:

Gegenwärtig kommt ein hochgelobter, aber auch heftig umstrittener Spielfilm über den schwarzen, US-amerikanischen Bürgerrechtlicher Martin Luther King in die Kinos. Es war vor etwas mehr als fünfzig Jahren, dass der baptistische Pfarrer Martin Luther King beim berühmten, von der Bürgerrechtsbewegung geplanten »March on Washington« eine Rede gehalten hat, die als beispielhaft für eine erfolgreiche prophetische Rede – auch mehr als 2000 Jahre nach den Einsprüchen der biblischen Propheten – gelten kann. Am 28. August 1963 hielt der bis dahin noch nicht sehr bekannte Martin Luther King, der von einem aus Deutschland vertriebenen jüdischen Rabbiner, Joachim Prinz, beraten wurde, in Washington D.C. vor 250.000 Hörerinnen und Hörern seine unvergessene Rede »I have a dream«.

»I have a dream today.
I have a dream that one day down in Alabama, with its vicious racists, with its Governor having his lips dripping with the words of interposition and nullification, one day right there in Alabama little black boys and black girls will be able to join hands with little white boys and white girls as sisters and brothers.
I have a dream that one day every valley shall be exalted, every hill and mountain shall be made low, the rough places plains, and the crooked places will be made straight, and before the Lord will be revealed, and all flesh shall see it together.
This is our hope. This is the faith that I go back to the mount with. With this faith we will be able to hew out of the mountain of despair a stone of hope. With this faith we will be able to transform the genuine discords of our nation into a beautiful symphony of brotherhood. With this faith we will be able to work together, pray together; to struggle together, to go to jail together, to stand up for freedom forever, knowing that we will be free one day....
Let freedom ring from every hill and molehill in Mississippi. From every mountainside, let freedom ring.

And when this happens, when we allow freedom to ring, when we let it ring from every village and hamlet, from every state and every city, we will be able to speed up that day when all of God's children, black men and white men, Jews and Gentiles, Protestants and Catholics, will be able to join hands and sing in the words of the old Negro spiritual, ›Free at last! Free at last! Thank God almighty, we're free at last!‹«

Das war im August 1963, das war prophetische Rede.

## Religion – unersetzbar?

Was ist es nun, was eine Rede, wie die Martin Luther Kings funktionieren lässt, die auch noch Frauen im prophetischen Gestus wie Dorothee Sölle oder Petra Kelly als charismatisch erscheinen oder die auch noch Barack Obamas »Yes, we can...« beeindrucken lässt, während etwa die Warnungen eines wissenschaftlichen Publizisten wie – erinnert sich noch jemand – Meinhard Miegel oder zuletzt Harald Welzer – ins Leere und damit beinahe Lächerliche laufen lässt?

Dazu zum Abschluss einige Thesen:

1. Prophetische Rede, welcher Art auch immer, ist ihrem biblischen – und keinem anderen – Vorbild verpflichtet. Daher muss es im Format prophetischer Rede immer und notwendig ums Ganze, ums große Ganze gehen – bezogen entweder auf ein Volk oder die Welt im Ganzen: Gerechtigkeit oder Ungerechtigkeit, Leben oder Tod, Glück oder Unglück.

2. Prophetische Rede ist stets endzeitlich ausgerichtet: sei es apokalyptisch – warnend vor dem Ende aller Dinge oder eschatologisch – hoffend auf radikal veränderte Zustände, auf das Himmelreich. Prophetische Rede ist notwendig warnend oder ermahnend. Auf den Alltag bezogen, wirkt sie deplatziert.

3. Freilich garantiert der Duktus, das Format prophetischer Rede noch nicht ihren Erfolg – der hängt von zwei Bedingungen ab, nämlich davon, dass

a. es tatsächlich, nicht nur behauptet – es geht nicht um eine Konstruktion – um das große Ganze, um einmalige Entscheidungen geht. Sobald die benannten Probleme wissenschaftlich analysiert, in einzelne Teilprobleme zerlegt und von Politik und Wissenschaft schrittweise angegangen werden, ist der prophetische Duktus an sein Ende gekommen. Prophetie wird durch Sozialtechnik ersetzt. Das hat Rückwirkungen auf die prophetische Rede: Während Petra Kelly, die nicht zufällig in der politischen Kultur der USA groß wurde, angesichts tatsächlicher allgemeiner Ignoranz über das Problem der Umwelt zu Beginn der Ökologiebewegung noch erfolgreich als Prophetin auftreten konnte, machte sich Harald Welzer drei Jahrzehnte später, vor dem Hintergrund eines Energiewendegesetzes und eines Umweltministers Altmaier mit seiner Zeichenhandlung, zum Wahlboykott aufzurufen, nur noch lächerlich, während GRÜNE Politikerinnen und Politiker das erst gar nicht mehr versuchen – evtl. mit Ausnahme der vor allem mit prophetischem Gestus, weniger mit entsprechenden Inhalten auftretenden Claudia Roth.

b. Als zweite Bedingung für den Erfolg prophetischer Rede ist jedoch ein entsprechend gestimmtes Publikum Voraussetzung. Die antike Literatur kennt durchaus den tragischen Propheten, auf den niemand hört, der oder die dann nur ein Fall für die Dichter ist: etwa die trojanische Prinzessin Kassandra, der niemand glauben wollte, dass Troja untergehen werde, weswegen die Stadt nicht angemessen geschützt wurde und sie so am Ende Recht behielt. Auf jeden Fall aber müssen erfolgreiche Propheten über Charisma verfügen, das Max Weber so definierte: »eine als außeralltäglich geltende Qualität einer Persönlichkeit, um derentwillen sie als mit übernatürlichen oder übermenschlichen oder mindestens spezifisch außeralltäglichen, nicht jedem andern zugänglichen Kräften oder Eigenschaften begabt oder als gottgesandt oder als vorbildlich und deshalb als ›Führer‹ gewertet wird.«

Propheten, wahre Propheten im Unterschied zu Prognostikern, müssen über dieses Charisma verfügen, das ihnen allerdings nur in Wechselwirkung mit einer Gefolgschaft zukommt. Es gibt – als soziale Rolle – keine einsamen Propheten. Ohne Resonanzboden eines gleichermaßen gestimmten Publikums gibt es keinen Propheten.

Das heißt aber nicht, dass apokalyptische oder eschatologische Warnungen und Prognosen einzelner falsch sein müssen – nur: ohne apokalyptisch oder eschatologisch gestimmtes Publikum empfiehlt es sich, dieselben Ziele, die man anderweits mit prophetischer Emphase ansprechen würde, dem Publikum möglichst nüchtern vorzutragen. Andererseits gilt es festzuhalten, dass nicht jede apokalyptische Stimmung auf eine wirkliche Apokalypse verweist – diese Konstellation ist aber der Hintergrund dafür, dass wiederum falsche Propheten erstehen.

Indes: *The times they are* – wie ein anderer, prophetisch gestimmter Künstler, Bob Dylan, zu vermelden wusste – *a changing*. Es könnte sein, dass prophetische Performanz unlöslich an analoge Kommunikation, an leibhafte, unmittelbar verkörperte Rede, an Charisma gebunden ist. Womöglich ist das der Grund dafür, dass sie im Internetzeitalter durch digital kommunizierende Paranoiker ersetzt werden – eschatologische Hoffnung weicht der grüblerischen Apokalypse. Freilich ist nicht abzusehen, wie ein Manifest von Intellektuellen diese Ausdrucksformen ersetzen können soll.

# »Nichts geht ohne Leidenschaften?«

## Zur Mobilisierung von Affekten im konvivialistischen Manifest

*Christine Unrau*

An prominenter Stelle – unter der geschichtsträchtigen Überschrift »Was tun?/Que faire« – tauchen im konvivialistischen Manifest die Leidenschaften auf. Nach der Darlegung der konvivialistischen Prinzipien und der Aufzählung der Faktoren, die der Verwirklichung dieser Prinzipien entgegenstehen, werden die Leidenschaften als Instrumente präsentiert, mithilfe derer es gelingen kann, den »kolossalen und oft unsichtbaren« gegnerischen Mächten etwas entgegen zu setzen. Als die »drei Hauptwaffen« (»armes principales«) gegen die finanziellen, ökonomischen, technischen und militärischen Widersacher benennen die Konvivialisten:

> »Die *Entrüstung* über die Maßlosigkeit und die Korruption sowie die *Scham*, die all jenen spürbar gemacht werden muss, die direkt oder indirekt, aktiv oder passiv die Prinzipien der gemeinsamen Menschheit und der gemeinsamen Sozialität verletzen.
> *Das Gefühl, Teil einer gemeinsamen Weltgemeinschaft* von Millionen, ja Milliarden von Individuen aller Länder, aller Sprachen, aller Kulturen und Religionen, aller sozialen Schichten zu sein, die am selben Kampf für eine ganz und gar menschliche Welt teilnehmen. [...]
> Über die ›rationalen Entscheidungen‹ hinaus *die Mobilisierung der Affekte und Leidenschaften*. Ohne sie geht nichts. Weder das Schlimmste noch das Beste [...]« (S. 72).

Obwohl die »Waffen« im Manifest im Aufzählungsmodus gelistet werden, lässt sich der dritte Punkt – die Mobilisierung der Affekte und Leidenschaften – als übergeordnetes Element verstehen. Entrüstung, Scham und Zusammengehörigkeitsgefühl sind aus meiner Sicht Beispiele für »Affekte und Leidenschaften«[1], die die Konvivialisten in Anschlag bringen wollen. Sie argumentieren

1 | Im französischen Original des Manifests ist von »mobilisation des affects et des passions« (S. 36) die Rede. Beide Schlüsselwörter gehen auf gängige lateinische Äquivalente für das griechische »pathos« zurück, nämlich »affectus« und »passio«. Während

hier nicht im luftleeren Raum, sondern fügen sich in einen größeren Diskurs ein, der sowohl die politisch-philosophische Debatte, als auch das Selbstbild verschiedener sozialer Bewegungen seit den neunziger Jahren prägt: die Rehabilitierung der Leidenschaften in der Politik. Die Aussage »Ohne sie geht nichts. Weder das Schlimmste noch das Beste« übernehmen die Konvivialisten dabei möglicherweise von Michael Walzer, der 2002 in seinem Essay »Passion and Politics« Ralph Waldo Emerson mit den Worten zitiert: »Nothing great was ever achieved without enthusiasm« und dabei sofort konzediert, dass dasselbe auch für die schrecklichen Errungenschaften gilt (2002: 623).[2]

Jedenfalls setzen die Konvivialisten große Hoffnungen in die »Affekte und Leidenschaften«, Grund genug, dieses Thema etwas genauer zu beleuchten, was im Folgenden geschehen soll. Dabei sollen zwei Fragen diskutiert werden, die diese Hochschätzung der Leidenschaften in der Politik aufwirft: 1.) Was genau geht nicht ohne die Leidenschaften? 2.) Welche Leidenschaften sind gefragt um das »Beste« zu fördern und nicht das »Schlimmste« und wie soll zwischen ihnen unterschieden werden? Der Schwerpunkt wird bei der Besprechung auf derjenigen von den Konvivialisten genannten Leidenschaft liegen, die die Debatte in letzter Zeit am stärksten geprägt hat und die zu einer Art übergeordnetem Leitmotiv politischer Bewegungen avanciert ist: Die Empörung: Sie wurde bereits von Vertretern der Globalisierungskritik wie Michael Hardt und Antonio Negri, aber auch Pierre Bourdieu und dem brasilianischen Befreiungstheologen Leonardo Boff beschworen. Zu weltweiter Prominenz gelangte sie durch die 2011 veröffentlichte Streitschrift »Empört Euch« (»Indignez-Vous«) des ehemaligen Résistance-Kämpfers Stéphane Hessel. Aufgenommen wurde Hessels Aufforderung unter anderem von der spanischen Bewegung, die sich selbst als die »Empörten« (»Indignados«) bezeichnet und im Jahr 2011 in Spanien für eine intensive Mobilisierung gegen Austerität, Massenarbeitslosigkeit und Demokratiedefizite sorgte.

---

die Leidenschaften bzw. Affekte in der klassischen Philosophie intensiv diskutiert wurden, ist die Entdeckung der Emotionen (oder *sentiments*) als mit der Vernunft gleichgestellte Form der Partizipation an der Realität ein Phänomen des 18. Jahrhunderts, was sich nicht zuletzt anhand der Explosion von Gefühlsartikulationen in Poesie und (Brief-)Roman zeigt. Trotz dieser Unterschiede werden Affekte bzw. Leidenschaften und Gefühle hier gemeinsam besprochen, weil die Gemeinsamkeiten – vor allem ihre Nicht-Neutralität, ihre Intensität und die gleichzeitige Beteiligung von leiblicher und kognitiver Sphäre – in diesem Zusammenhang wichtiger sind als die begriffsgeschichtlichen und erfahrungbezogenen Unterschiede.

**2** | Walzer nennt Ralph Waldo Emersons Essay »Circles« als Quelle. Eine sehr ähnliche Formulierung findet sich bereits in Herders Text »Vom Geist des Christentums« von 1798 (5. Abschnitt).

## Was genau geht nicht ohne die Leidenschaften?

Dass die Leidenschaften in der Politik einen legitimen Ort haben, ist im Moment der Tenor der politischen und politiktheoretischen Debatte. Diese Hochschätzung der Leidenschaften in der Politik lässt sich als eine Gegenbewegung zu der Position interpretieren, die zuvor vorherrschte: Leidenschaften wurden als bedrohlich und unkontrollierbar angesehen und systematisch aus der Politik ausgeschlossen. Die Erfahrung der totalitären Regime des 20. Jahrhunderts, mit ihrer auf rassistischen Hass und nationalistische ›Liebe‹ abzielenden Propaganda hat dafür gesorgt, dass lange Zeit eine Ausgrenzung der Leidenschaften aus der Politik das erste Ziel in Theorie und Praxis darstellte. Paradigmatisch dafür ist Hannah Arendt, die im 2. Kapitel von »Über die Revolution« die Gewaltexzesse der Französischen Revolution mit der obsessiven Rhetorik und Praxis des Mitleids in einen kausalen Zusammenhang bringt.

Dagegen wird spätestens seit den neunziger Jahren argumentiert, dass die völlige Exklusion der Leidenschaften aus der Politik nicht nur unrealistisch, sondern auch nicht wünschenswert ist. Gleichzeitig wird darauf hingewiesen, dass auch bei liberalen Denkern wie John Rawls eine gefühlsmäßige Komponente, nämlich der »Sense of Justice« eine entscheidende Rolle für die Begründung unserer Vorstellungen für eine gerechte Gesellschaftsstruktur spielt.

In dem Projekt der Rehabilitierung der Leidenschaften stehen jedoch sehr unterschiedliche Positionen nebeneinander, wenn es um die Frage geht, was genau die Funktion der Leidenschaften sein soll. Zu den positiven »großen« Errungenschaften, die in der Politik nur mit Enthusiasmus und Leidenschaft erreicht werden können, zählt Michael Walzer etwa die Infragestellung und Überwindung von Hierarchien. Passionen und Enthusiasmus radikal von der Vernunft ab- und aus der Politik auszugrenzen, würde also laut Walzer bedeuten, die Hoffnung auf echte Veränderungen aufzugeben. Dem entsprechend bezeichnet er die Gegenposition, die nicht in der Lage ist, Menschen zu bewegen, als »an ideology of risk-avoidance, which is also, willy-nilly, a defense of the status quo« (Walzer 2002: 624).

Zentral für die von Walzer gebrochene Lanze für die Leidenschaften in der Politik ist also deren verändernder Impetus. Martha Nussbaum hingegen betont in »Political Emotions« (2013) die stabilisierende Wirkung positiver Emotionen für jede Ordnung und plädiert dafür, diese Wirkung auch in guten Ordnungen zu nutzen, ohne dabei einen Verlust von Liberalität zu riskieren. Während es Walzer und Nussbaum darum geht, ein Korrektiv zur rationalistischen Position zu entwickeln und Emotionen bzw. Leidenschaften einen legitimen Ort in der Politik neben dem ebenfalls legitimen Status der Vernunft zuzusprechen, reklamiert Richard Rorty den klaren Vorrang der Gefühle vor der Vernunft. Er wertet alle Versuche, die Gültigkeit politisch-moralischer Verhaltensnormen aus dem Wissen über die Natur des Menschen abzuleiten, als nutzlosen »foundationalism«. Dementsprechend plädiert er, ähnlich wie Rousseau in seinem »Traktat über die Ungleichheit« dafür, diese Versuche aufzugeben, und stattdessen auf den Effekt von »traurigen und sentimentalen Geschichten« (Rorty 1993: 119) zu vertrauen, deren Erzählung auf eine Gefühlserziehung abzielt.

Ein weiteres Argument für die Sensibilität gegenüber Gefühlen und Leidenschaften in der Politik entwickelt Judith Shklar. Sie hebt in ihrem viel beachteten Text »The faces of injustice« (1990) die Bedeutung der persönlichen Erfahrung der Ungerechtigkeit hervor, womit sie eine spezielle Form von Ärger meint, mit der wir auf die Vorenthaltung dessen reagieren, was uns zusteht oder auf die Enttäuschung von Erwartungen, die andere in uns geweckt haben. Dieser Erfahrung spricht sie die Fähigkeit zu, Ungerechtigkeit von Unglück zu unterscheiden, was argumentativ sehr schwer fällt. Den »sense of injustice« bezeichnet sie dann als »imminent politisch« (ebd.: 83), insofern er uns ein Sensorium für und damit Schutz vor Unterdrückung bietet und zum Kern moderner politischer Sensibilität geworden ist.

Auch die Ungerechtigkeit und ihre politischen Implikationen erklärt sie aus der Perspektive der Erfahrung, genauer aus der Unfähigkeit oder Unwilligkeit, die Erfahrung von Ungerechtigkeit zu machen. Dies illustriert sie anhand von Giottos Fresko »L'ingiustizia«, in dem der Künstler die Verkörperung der Ungerechtigkeit als völlig affektlos darstellt: Während zu seinen Füßen Raub, Mord und Vergewaltigung begangen werden, blickt *l'ingiustizia* ungerührt weg. Shklar überträgt diese Haltung dann auf den einzelnen Bürger: Der ungerechte Bürger ist demnach nicht nur gewalttätig oder gierig, sondern »morally deaf and dissociated« (ebd.: 48). Er ist deshalb moralisch verantwortlich dafür, schlechte Regierungen an der Macht zu halten und im täglichen Leben Betrug und Aggression zuzulassen. Aus der Unfähigkeit, Ungerechtigkeit zu erfahren ergibt sich also für sie politische Apathie als Signum des ungerechten Bürgers. Im Umkehrschluss ist die Fähigkeit, Ungerechtigkeit zu erfahren die Voraussetzung für politische Wachsamkeit und Engagement.

Damit geben die verschiedenen Autoren also sehr unterschiedliche Antworten auf die Frage, was genau die Aufgabe der Leidenschaften ist: Förderung des Zusammenhalts in der Gesellschaft, Warnsystem für Ungerechtigkeit, Motivation für Engagement und Verstärkung der Durchschlagskraft von politischen Bewegungen.

Die Formulierung des Manifests, wonach die Leidenschaften die »stärksten Waffen« gegen die gegnerischen Mächte seien, deutet hingegen auf ein eher instrumentelles Verständnis hin: Die aufgrund von vernünftiger Überlegung erkannten Prinzipien des Konvivialismus sollen mithilfe der Mobilisierung der Leidenschaften umgesetzt werden. Dieser Funktionalismus birgt jedoch die Gefahr eines elitären Paternalismus: Marketingabteilungen produzieren Leidenschaften und damit künstliche Bedürfnisse, um Produkte an eine manipulierbare Käuferschaft zu bringen; Politiker mobilisieren Leidenschaften wie den Patriotismus oder das Mitleid, um etwa Entscheidungen für Kriege zu legitimieren. In allen Fällen haben wir es mit einer Teilung in eine ›wissende‹ Elite und eine zu beeinflussende Masse zu tun. Diese Trennung wird dadurch nicht behoben, dass die Ziele einer emotionalen Vereinnahmung eindeutig positiv sind. Daher sehe ich eine ähnliche Gefahr des Paternalismus auch in Martha Nussbaums Plädoyer für »Political Emotions«: Wenn sie beispielsweise den interreligiösen und kastenübergreifenden Zusammenhalt beschwört, den der indische Film »Lagaan« von 2001 zum Ausdruck bringt (vgl. Nussbaum 2013: 301ff.), erinnert dieses Lob an das zurecht belächelte Prädikat »pädagogisch wertvoll« für Filme, Bücher und Spiele und damit eben eher an Kindererziehung als an autonome Bürger oder eine autonome (Film-)Kunst.

Wenn das Manifest also fordert, die Leidenschaften als »Waffen« zu mobilisieren, könnte das so interpretiert werden, dass eine Elite von eingeweihten Konvivialisten eine rationalen Argumenten nicht zugängliche Masse mithilfe der Leidenschaften vom Sinn des Konvivialismus zu überzeugen, genauer: emotional zu vereinnahmen sucht. Diese Interpretation wäre zwar sicher nicht im Sinne der konvivialistischen Prinzipien der »gemeinsamen Menschheit« und der »Individuation«, dies allein verhindert jedoch noch nicht die Gefahr einer paternalistischen Instrumentalisierung von Leidenschaften.

Eine nicht-elitäre Auffassung des Appells, die Leidenschaften zu mobilisieren, kann daher nur an jeden einzelnen und jede Gruppe von Aktivist/innen gerichtet sein und bedeuten, etwa die aufkommende Empörung über die Ungerechtigkeit nicht zu ersticken, sondern zuzulassen und in positive Energie umzuwandeln. Wie dies gelingen soll, ist jedoch auch nicht ohne weiteres klar: Genauso wenig wie etwa Mitleid oder Liebe kann Empörung auf einem konstant hohen Niveau aufrecht erhalten werden, ohne dass eine starke Einschränkung der Handlungsfähigkeit droht. Im Falle der Empörung bedeutet diese Einschränkung oft zerstörerischen Aktivismus.

Die Globalisierungskritiker Michael Hardt und Antonio Negri betonen beispielsweise, dass empörungsgeleitete Rebellionen im Weberschen Sinne »zweckadäquat« (Hardt/Negri 2009: 237) sind, insofern sie sich gegen die jeweils vorherrschenden Produktionsmittel richten: Mittelalterliche Bauernaufstände zerstörten Symbole der Aristokratie, in Arbeiterrebellionen des 19. Jahrhunderts wurden Maschinen zerstört und aktuelle Revolten, wie etwa die französischen Unruhen von 2005 richten sich gegen Schulen, Transportmittel und andere Materialisierungen des »biopolitischen« Regimes. Auch wenn diese Beobachtung zutreffend sein mag, drängt sich hier jedoch ein anderer Weberscher Begriff auf, nämlich der der Verantwortungsethik: Unreflektierte Umwandlung von Empörung in Zerstörung mag »zweckadäquat« sein, aber nicht verantwortungsethisch. Ein Beispiel dafür liefern etwa die Gewaltepisoden im Zuge der Blockupy-Proteste im März 2015, die im Ergebnis dazu beitrugen, die Demonstrierenden insgesamt zu diskreditieren und ihre Anliegen – etwa die Infragestellung einer radikalen Austeritätspolitik im Euroraum – in den Hintergrund zu drängen.

## Gute und schlechte Leidenschaften?

Hier ließe sich einwenden, dass in diesen Gewaltentladungen eben nicht emanzipatorische Empörung, sondern blinder Hass am Werk war. Daraus ergibt sich jedoch eine weitere zentrale Frage: Welche Leidenschaften brauchen wir, um im Sinne von Michael Walzer und der Konvivialisten »das Beste« und nicht »das Schlechteste« zu fördern und wie lässt sich zwischen »guten«, berechtigten und emanzipatorischen Emotionen und »schlechten«, falschen und destruktiven Leidenschaften unterscheiden?

Mit dieser Frage hat sich bereits Aristoteles auseinandergesetzt, und zwar unter anderem im Zusammenhang mit der Unterscheidung von Neid und Empörung. In seiner »Rhetorik« nennt er die Empörung (die er mit dem Verb »to nemesan«/Empörtsein bezeichnet) die spiegelbildliche Leidenschaft zum Mitleid: Wenn Mitleid die Empfindung von Schmerz über unverdiente Unglücksfälle anderer ist, so ist Empörung die Empfindung von Schmerz über unverdientes Wohlergehen (1386 b10ff.). Zwar ist auch der Neid »ein beunruhigender Schmerz und auf das Wohlergehen gerichtet« (1386 b18), aber anders als die Empörung geht der Neid nicht darauf zurück, dass ein Wohlergehen unverdient ist, sondern einfach auf die Tatsache, dass jemand in verschiedener Hinsicht besser gestellt ist, der dem Neider ansonsten ähnlich oder gleich ist (vgl. 1386 b18-19). Des weiteren präzisiert Aristoteles, dass nicht alle Formen unverdienten Wohlergehens Anlass für »to nemesan« sind – so wie etwa die Tatsache, dass jemand gerecht, mutig oder tugendhaft ist, keinen angemessenen Grund liefert, entrüstet zu sein. Anlass für das Empörtsein bilden hingegen unverdienter Besitz von Reichtümern sowie das unverdiente Bekleiden von Machtpositionen (vgl. 1387 a9ff.). Zumindest die zweite Variante – unverdientes Innehaben von Machtpositionen – hat eine klar politische Bedeutung. Aristoteles spricht der Empörung also eine gewisse Berechtigung im Politischen zu und macht gleichzeitig die Notwendigkeit deutlich, Kriterien der Abgrenzung zu finden zwischen der positiven Leidenschaft der Empörung und der des Neids, den er als Hinweis auf einen schlechten Charakter wertet.

Dass es gewisse ›objektive‹ Motive für Empörung gibt, die dann zu einer Gefahr für das Gemeinwesen wird, deutet auch Machiavelli an. So bespricht er etwa im 2. Buch (Kap. 28) seiner Discorsi die Folgen, die drohen, wenn ein Unrecht an einer Gruppe oder einer Person nicht bestraft, sondern im Gegenteil noch belohnt wird. Für derartige »sdegni«, also Unrechtshandlungen und darauffolgende Kränkungen, gibt er mehrere Beispiele. Als Schlussfolgerung gibt Machiavelli allen Regierenden den Rat, niemanden jemals so gering zu schätzen, dass er meint, ihn fortwährend beleidigen oder ungerecht behandeln zu können.

Auch Spinoza sieht in der unmittelbaren emotionalen Reaktion auf Beleidigungen ein politisch relevantes Phänomen und betont, dass Regierungen von empörten Bürgern mehr Gefahr droht als von ihren Feinden. Anders als Machiavelli leitet er daraus jedoch nicht den machttechnischen Rat ab, Empörungen zu vermeiden oder zu regulieren, sondern auch eine generelle Einschränkung der Staatsgewalt: Wie er im Politischen Traktat ausführt, kann das, was die Empörung der Vielen hervorruft (»que plurimi indignantur«: Spinoza 1994 [1677]: 59), nicht zu den rechtmäßig verfügbaren Optionen eines Gemeinwesens gehören. Denn die (kollektive) empörte Reaktion auf eine Schädigung ist nicht etwa eine zu bekämpfende Pathologie, sondern Teil der menschlichen Natur. Als Beispiele für Verhalten, das Empörung hervorruft, nennt Spinoza »Untertanen zu ermorden, sie auszuplündern, junge Mädchen zu entführen und anderes dieser Art« (ibid.). Aus den Folgen der Empörung der Bürger leitet Spinoza letztlich auch die grundsätzliche Reversibilität des Gesellschaftsvertrags ab: Zwar ist der Inhaber der Regierungsgewalt alleiniger Interpret der Gesetze und nicht an sie gebunden. Bricht er jedoch Gesetze von solcher Art, »dass sie nicht verletzt werden können, ohne dass zugleich die gemeinsame Furcht der Mehrzahl der Bürger in Empörung umschlägt, dann löst sich, wenn dies geschieht, das Gemeinwesen auf, d.h.: der Vertrag zerbricht [...]« (ibid.: 61).

Aristoteles, Machiavelli und Spinoza ist also eine Grundüberzeugung gemeinsam, dass es Tatbestände gibt, die natürlicherweise oder berechtigterweise zu Empörung führen. Im Umkehrschluss bedeutet das auch, dass eine unberechtigte oder unangemessene Empörung zurückgewiesen werden kann. Die leidenschaftliche Erfahrung der Empörung müsste dann also im zweiten Schritt einer rationalen Prüfung unterworfen werden.

Eine etwas andere Position vertritt hier Judith Shklar. Zwar konzediert auch sie, dass das jeweils subjektive Gefühl der Ungerechtigkeit des ›Opfers‹ argumentativ als unberechtigt bewertet werden kann. Gleichzeitig betont sie jedoch, dass die Kriterien für diese Bewertung politischen und ideologischen Veränderungen unterliegen und daher nicht automatisch auf einer höheren Ebene liegen als das jeweilige Unrechtsgefühl: So erfuhren etwa US-amerikanische Schwarze in den 30er Jahren ihre Diskriminierung als Ungerechtigkeit, was jedoch die weiße Bevölkerung als unangebrachte Anmaßung verwarf. Die rationale Anerkennung der rassistischen Diskriminierung als unzulässig und ungerecht hinkte somit dem bereits empfundenen Unrecht hinterher. Insofern ist für sie zunächst jeder sein eigener Richter für die Beurteilung des eigenen Gefühls der Ungerechtigkeit: »In determining the validity of one's sense of justice, one is one's own judge« (Shklar 1990: 123). Dies wirft die Frage auf, wie mit kollidierenden subjektiven Unrechtsgefühlen politisch umzugehen ist, wenn die jeweilige Legitimität sich nicht letztgültig feststellen lässt. Als Lösungsansatz empfiehlt Shklar, der Äußerung eines Unrechtsgefühls zunächst als potenziellem Indikator für Ungerechtigkeit Gehör zu schenken, und zwar in dem Bewusstsein, dass die aktuell geltenden Bewertungsmaßstäbe möglicherweise zu revidieren sind. Demokratien hält sie zu Gute, zumindest die Stimme derer, die sich ungerecht behandelt fühlen, nicht zu unterdrücken (vgl. ibid.: 108).

Die Erstunterzeichnerin des konvivialistischen Manifests Elena Pulcini (Pulcini 2012) bringt neben dem Neid eine weitere Konkurrenzemotion zur Empörung ins Spiel, nämlich das Ressentiment. Wie von Nietzsche herausgearbeitet, entsteht das Ressentiment immer aus einem Gefühl der Ohnmacht. Im Sinne Schelers neigt es dazu, »die Seele zu vergiften«. Damit ist ein weiteres mögliches Kriterium für die Reflexion von Gefühlen angesprochen, nämlich die subjektiven Auswirkungen auf den Erfahrenden selbst: »vergiftende« Leidenschaften stehen dann etwa beflügelnden gegenüber.

In jedem Fall bringt auch die Frage nach den Unterscheidungskriterien für bestimmte Leidenschaften – hier am Beispiel der Abgrenzung von Empörung, Neid und Ressentiment skizziert – die Aufgabe der möglichen Erziehung der Leidenschaften und Gefühle auf den Tisch, die besonders die Denker des achtzehnten Jahrhunderts beschäftigte und für die auch Richard Rorty und Martha Nussbaum wieder vehement plädieren. Dies führt jedoch wiederum zurück zu der Frage, wer gegenüber mündigen Bürgern in Gefühlsfragen erziehungsberechtigt ist und welche Kultur der Affekte wir insgesamt anstreben sollen.

## Fazit

Es hat sich gezeigt, dass die Konvivialisten mit ihrem Anliegen, die Leidenschaften in Anschlag zu bringen, nicht im luftleeren Raum argumentieren, sondern vielmehr Teil eines allgemeinen Diskurses ist, der sowohl in den Sozialwissenschaften und der Philosophie, als auch in verschiedenen sozialen Bewegungen besonders seit den neunziger Jahren prominent ist. Eine zentrale Rolle spielt dabei die Empörung, die sich zum Leitmotiv einer Bewegung entwickelt hat. Gleichzeitig wurden zwei Fragen aufgeworfen, auf die das konvivialistische Manifest mit seinem Aufruf zum Einsatz der Leidenschaften keine Antwort gibt: Die erste Frage ist die nach der genauen Funktion der Leidenschaften: Sollen sie beim Aufdecken von Ungerechtigkeiten helfen, den Zusammenhalt in der Gesellschaft fördern oder das Umsetzen von politischen Veränderungen erleichtern und beschleunigen? Die vage Formulierung des Manifests deutet auf ein funktionales Verständnis hin, bei dem Leidenschaften dazu dienen sollen, als richtig erkannte Ziele durchzusetzen. Dieses Verständnis birgt jedoch die Gefahr des Paternalismus, die mit anderen Botschaften des Manifests nicht vereinbar ist. Die zweite Frage betrifft die Unterscheidung zwischen »guten« und »schlechten« Emotionen: Hier sind mögliche Kriterien die jeweilige Berechtigung einer Emotion oder auch die subjektiven und objektiven Folgen. Das Manifest lässt die Frage jedoch völlig offen. Es zeigt sich also, dass das Manifest den – wertvollen und wichtigen – Anstoß für eine differenziertere Reflexion geben kann, und nicht als umzusetzendes Rezept für Engagement zu verstehen ist. In der Ideengeschichte, bei den Autor/innen des Manifests, aber auch in der persönlichen Erfahrung jedes Einzelnen lassen sich Ansatzpunkte für eine solche Reflexion finden. Die Forderungen des Manifests sind daher nur ein erster Schritt zu einer größeren Sensibilität für die Macht der Leidenschaften und einem klugen Umgang mit ihnen, wenn es gelingen soll, sie für das »Beste« einzusetzen.

## Literatur

Aristoteles (2002): Rhetorik, Übersetzt und erläutert von Christoph Rapp, Berlin: Akademie Verlag.

Hardt, Michael/Negri, Antonio (2009): Commonwealth, Cambridge (MA): The Belknap Press of Harvard University Press.

Machiavelli, Niccolò (1996 [1531]): Discorsi sopra la prima deca di Tito Livio, Mailand: Rizzoli.

Nussbaum, Martha (2013): Political Emotions. Why Love Matters for Justice, Cambridge: Harvard University Press.

Pulcini, Elena (2012): »Paura, risentimento, indignazione. Passioni e patologie dell'età globale«, in: Massimo Cerulo/Franco Crespi (Hg.), Emozioni e ragione nelle pratiche sociali, Neapel: Orthotes, S. 177-194.

Rorty, Richard (1993): »Human Rights, Rationality, and Sentimentality«, in: Steven Shute/Susan Hurley (Hg.), On Human Rights. The Oxford Amnesty Lectures, New York: BasicBooks.

Shklar, Judith (1990): Faces of Injustice, New Haven/London: Yale University Press.

Spinoza, Baruch de (1994 [1677]): Tractatus Politicus/Politischer Traktat, Lateinisch-Deutsch, übersetzt und hg. v. Wolfgang Bartuschat, Hamburg: Meiner.

Walzer, Michael (2002): »Passion and Politics«, in: Philosophy and Social Criticism, Vol. 28, Nr. 6, S. 617-633.

# Konvivialismus als Kunst und Komplexität als Erfahrung

*Sacha Kagan*

Das konvivialistische Manifest zeigt sich ehrgeizig darin, in einem Zug auf wachsende Bedrohungen der menschlichen Zivilisation zu verweisen, eine Reihe von Schlüsselbotschaften zu verkünden und ein kurzes Handlungsprogramm für viele Bewegungen weltweit zu entwerfen, die jene Bedrohungen ernst nehmen und sich für eine nachhaltige menschliche Entwicklung einsetzen.

Ob man diese Bewegungen unter dem Stichwort »Zivilgesellschaft«, »Multitude« oder einem anderen Namen zusammenfasst, ist ganz nebensächlich. Lobenswerterweise umgeht das konvivialistische Manifest die vielen kleinlichen Kämpfe um festgefahrene Namen, Begriffe und Posen diskursiver Radikalität, die die sogenannte Linke plagen und spalten. Stattdessen liegt die Betonung auf grundlegenden Gemeinsamkeiten, geteilten Problemsichten, Werten und Ansätzen.

Die Behandlung wachsender Bedrohungen wie des Klimawandels stellt eine Herausforderung dar, weil sie klug mit verwickelten Kombinationen von Wissen und Nichtwissen, relativen Gewissheiten und Ungewissheiten, unterschiedlichen Fähigkeiten und Unfähigkeiten, harten Grenzen und offenen Möglichkeiten umgehen muss. Es ist eine Herausforderung, kreativ und zugleich demütig zu denken, die Hybris einzudämmen und nicht der unglückseligen Neigung nachzugeben, für jedes Problem einfache Lösungen zu suchen. Gregory Bateson hat diese Neigung der Gesellschaft, nach Abkürzungen zu suchen, beklagt, anstatt sich auf die mühsamere Suche nach den tiefer liegenden Ansatzpunkten zu begeben (*leverage points*, wie Donella Meadows gesagt hat).

Wie die Forschung zum Klimawandel und wie auch das bisherige Scheitern, diesen Wandel einzudämmen, gezeigt haben, müssen wir uns auf Krisen einstellen, die wahrscheinlich viel gravierender sein werden als das, was wir bisher kennengelernt haben. Entsprechend müssen wir bereit sein, kreative Antworten zu entwickeln in Maßstäben, auf Ebenen und in Geschwindigkeiten, die uns bisher unbekannt sind.

Wie das Manifest deutlich macht, geht es nicht um die Bewahrung derselben Art des »guten Lebens«, das wir in den reichen Ländern für einige Jahrzehnte genossen haben. Die oberflächlichen Vorstellungen vom guten Leben und von Nachhaltigkeit mögen den Status quo noch für einige Jahrzehnte stabilisieren, zumindest in einigen Teilen der Welt. Aber langfristig (und für einige früher als für andere) werden diese Vorstellungen unseren Mangel an Resilienz nur weiter verschärfen und unsere Lage verschlimmern. Anstatt das gute Leben zu bewahren, zielt das Manifest darauf ab, so meine Interpretation, uns dazu einzuladen, mit anderen Lebensweisen zu experimentieren, neue, in verschiedene mögliche Zukünfte weisende Fragen zu stellen und zugleich jene anderen (potenziell guten?) Lebensformen wieder zu durchkreuzen[1], um Resilienz immer wieder aufs Neue zu definieren.

An dieser Stelle muss ich einen Augenblick innehalten, um ein paar Worte zum kritischen Begriff der Resilienz zu sagen, der für meinen Gedankengang zentral ist. Resilienz bezieht sich auf die Fähigkeit eines Systems, Veränderungen, die von außen oder innen auf das System einwirken, auszuhalten, zu widerstehen, sie zu überwinden und gegebenenfalls sich an sie anzupassen.

Aus einer Nachhaltigkeitsperspektive verweist Resilienz auf die Fähigkeit zu überleben und langfristig gut zu leben, indem die eigene Beziehung zur Umwelt transformiert wird. Der Begriff schließt die Fähigkeit ein zu lernen und Störungen durch Reorganisation aufzufangen, ohne dabei die eigene ›Identität‹ vollständig und unkontrolliert preiszugeben – oder, besser gesagt, ohne eine bestimmte ethische Richtung der Gesellschaftsentwicklung preiszugeben, wie sie im konvivialistischen Manifest angedeutet wird. Ein solches Verständnis von Nachhaltigkeit verweist auf die Notwendigkeit, aus unerwarteten Ereignissen zu lernen. Resilienz funktioniert als Fähigkeit zur Entwicklung durch ernste Krisen. Es geht nicht nur um Widerstand oder Anpassung, sondern um beides gleichzeitig. In den nächsten Jahrzehnten, wenn die vertrauten Ansätze der Gesellschaftsentwicklung einem Härtetest unterworfen werden, wird der Aufbau einer solchen Fähigkeit von großer Bedeutung sein (vgl. John/Kagan 2014).

Der Begriff der Resilienz stammt aus der wissenschaftlichen Erforschung der Art und Weise, in der es natürlichen und sozialen Systemen in der Vergangenheit gelungen ist (oder auch nicht), sich angesichts von wandelnden Umweltbedingungen weiterzuentwickeln. Biologische Arten, Ökosysteme und Gesellschaften, die extreme Krisen überstanden haben, teilen drei Merkmale.

---

1 | Anmerkung der Übersetzer: Im englischen Originaltext heißt es *to queer*.

Erstens das Merkmal der Redundanz. Sie besteht darin, dass es mehrere Wege zum selben Ziel gibt. So hat unser Körper zum Beispiel, um ein Bild von Gregory Bateson zu zitieren, mehrere Möglichkeiten, uns darüber zu informieren, dass er Hunger hat: nur eine davon sind Symptome der Unterzuckerung. Redundanz wird massiv eingeschränkt durch die Idee der Effizienz. Effizient organisierte Gesellschaften haben üblicherweise weniger Redundanz. Im Bild der Ernährungsmetapher: Wären unsere Körper supereffiziente Maschinen und Unterzuckerung der einzige Impuls, der uns zur Nahrungsaufnahme bewegen würde, wäre die Menschheit keine überlebensfähige Spezies.

Das zweite Merkmal ist Vielfalt. Das heißt, wir haben vielfältige Optionen, zum Beispiel mehrere Arten, die Welt zu betrachten und uns auszudrücken, und mehrere Arten, aus Erfahrung zu lernen und Wissen weiterzugeben. Kulturelle Vielfalt sollte ebenso wie biologische Vielfalt geschützt und sogar gesteigert werden.

Das dritte Merkmal ist Selbstorganisation. Gemeinden, Nachbarschaften und alle möglichen Gruppen von Leuten müssen die Fähigkeit erwerben, sich selbst zu organisieren und ihre Antworten auf Krisen selbst festzulegen. Dies widerspricht der Erwartung, immer auf die Hilfe von außen und von oben zu warten. Es widerspricht ebenso der Erwartung, dass die unsichtbare Hand des Marktes spontan all unsere Probleme löst, während wir uns untereinander einen Wettbewerb um Ressourcen liefern. Selbstorganisation bedeutet, sich auf seine eigenen Kräfte und die anderer zu verlassen: auf die Verbindung von *hands, head and heart,* wie Rob Hopkins und das Transition Initiatives Network es seit mehreren Jahren verkünden.

## Was hat all dies nun zu tun mit »Konvivialismus als Kunst und Komplexität als Erfahrung«?

Erstens, warum der Fokus auf die Kunst?

Wenn ich die Charakteristika eines resilienten Systems betrachte, sehe ich den Ausdruck der inhärenten Kreativität des Lebens. Meine Behauptung ist folgende: Nachhaltigkeit setzt Resilienz voraus. Für den Aufbau resilienter Qualitäten in menschlichen Gesellschaften ist es wiederum notwendig, verschiedene kreative Antworten und Fähigkeiten zu fördern, als radikale Annahme von Joseph Beuys' Provokation: »Jeder Mensch [ist/wird (wieder)] ein Künstler«.

Zweitens, warum Komplexität?

Die sich verschärfenden Bedrohungen, die im konvivialistischen Manifest diskutiert werden, erlauben nicht einfach irgendeine willkürliche Form kreativer Entwicklung in menschlichen Gesellschaften. Sie setzen eine Form der kulturellen Entwicklung voraus, die besonders sensibel für Komplexität ist.

Mein Verständnis von Komplexität folgt dem, das Edgar Morin in seinem sechsbändigen Werk »La Méthode«[2] entwickelt. Obwohl schwer in wenigen Worten zusammenzufassen, lässt sich eine Annäherung an Morins Komplexitätsbegriff anhand seiner Vorstellung von »Makro-Begriffen« vornehmen. Ein Makro-Begriff enthält die dynamische, sowohl sich widersprechende als auch sich ergänzende Spannung zwischen Beziehungen von Einheit, Komplementarität, Wettbewerb und Antagonismus. Auf verschiedenen Ebenen von Systemen müssen wir lernen, sowohl die Widersprüche als auch den dynamischen Ausgleich zwischen verschiedenen Logiken zu verstehen und das große Ausmaß an Ambivalenz, Unsicherheit und Unbestimmtheit anzuerkennen, mit dem alle Lebewesen auf diesem Planeten umgehen müssen. Morin appellierte, metaphorisch, an unser »Musikerohr [...] das den Wettbewerb, die Symbiosen, Interferenzen, Überlappungen der Themen im selben symphonischen Fluß wahrnimmt, wo der grobe Geist lediglich ein Thema erkennen wird, von Lärm umgeben« (Morin 2010 [1977]: 171).

Eine wichtige Qualität des konvivialistischen Manifests liegt genau hier: in seiner grundsätzlichen Sensibilität für Komplexität. Insbesondere gibt das Manifest uns Hinweise, dass »konvivial« nicht gleichgesetzt werden kann mit konformistisch-konsensualistischer Political Correctness und nicht in diese Richtung abgleiten sollte. Dennoch bewegt sich das Manifest bei seiner Begegnung mit einem größeren Leserkreis auf einem schmalen hermeneutischen Grat: Wenn es in einer die Komplexität vernachlässigenden Art und Weise fehlinterpretiert wird, wird dieses Manifest in die Falle einer neuen Form von grünem/linkem Moralismus tappen.

Um diese Eigenschaft, die ich im Manifest erkenne, zu konsolidieren und um dazu beizutragen, die erwähnte Fehlinterpretation zu verhindern, werde ich mich in meinem Beitrag nun konzentrieren auf... »wie wichtig es ist, ernst zu sein?«[3] ... Nicht ganz. [Nachdem ich Sie nun aus ihrem Leseschlummer erweckt habe, kann ich zu meinem Hauptargument in diesem Text kommen.] Ich werde mich im verbleibenden Text auf die Bedeutung einer Ästhetik der Komplexität konzentrieren – als Basis für eine Praxis, die aus dem konvivialistischen Manifest lebt. Das ist der Grund, warum der Titel dieses Textes »Komplexität als Erfahrung« hervorhebt (wobei die Formulierung natürlich John Deweys »Kunst als Erfahrung« aufnimmt).

**2** | Für eine umfassendere Einführung in Morins Komplexitätsbegriff auf English, vgl. Kap. 3 in meinem Buch »Art and Sustainability« (Kagan 2013).

**3** | A.d.Ü: Im Original: »The importance of being Earnest« (Anspielung auf das Stück von Oscar Wilde).

Ein Punkt, in dem das Manifest seine Sensibilität für Komplexität sehr gut zum Ausdruck bringt, ist in seiner Betonung der Balance zwischen Kooperation und Antagonismus (»zusammenarbeiten« und »einander widersprechen«: S. 45)[4]. Diese Einsicht erinnert an Edgar Morins Verständnis und Philosophie der Komplexität als *unitas multiplex* (in der jede lebendige Beziehung durch die vier sich überlappenden, sich verbindenden und wieder lösenden Optiken von Wettbewerb – Kooperation – Antagonismus – Einheit erfahren werden müssen). Sie erinnert auch an Chantal Mouffes Arbeit über die Bedeutung antagonistischer Beziehungen (und ihr Plädoyer für »agonistische« Politik) als wichtige Dimensionen demokratischer Praxis, sowie ihre Warnung vor der Reduktion von Politik auf einen rein konsensuellen Prozess.

Das ist in der Tat der Kern der Aufforderung des Manifests einander zu widersprechen und gleichzeitig zusammenzuarbeiten. Das bedeutet, zum einen in aktuellen Gesellschaften den exklusiven Fokus auf marktförmigen Wettbewerb (bei Verkümmerung der Kooperation) aufzugeben; zum anderen heißt es jedoch auch, das sehr hohe Risiko einer Konsensideologie zu vermeiden, die unausweichlich in einer Form des »weichen Totalitarismus« münden würde (um eine provokante Wendung aufzunehmen, die ich erstmalig – im Zusammenhang mit einer Kritik an Konsens und Medien in den Demokratien des späten 20. Jahrhunderts – aus dem Mund des Politikwissenschaftlers Slobodan Milacic gehört habe). Anstelle eines rigiden Dogmas des Konsenses, braucht der Konvivialismus (eine) »uniplurale« (Morin) Kultur(en) der Komplexität.

Die Herausforderung besteht darin, in sehr konkreten Situationen und Kontexten, eine feine Kunst des Ausbalancierens von Wettbewerb, Kooperation, Antagonismus und Einheit zu entwickeln. Dies ist in der Tat nicht einfach ein Set von Rezepten mit ausgetesteten Techniken. Es bedeutet, sowohl auf den konsensfördernden Ansatz der gewaltfreien Kommunikation zurückzugreifen als auch auf den kritischen, dekonstruktiven und auf Dissens ausgerichteten künstlerisch-aktivistischen[5] Ansatz, für den Mouffe steht. Und es bedeutet, letztgenannten Ansatz natürlich nicht nur gegenüber anderen, z.B. irgendwelchen bösen hegemonialen Mächten anzuwenden, sondern auch selbstreflexiv, als Individuum, Gesellschaft und Art. Das Gelingen einer solchen Balance erfordert auch die Eigenschaften der Vieldeutigkeit und Ambivalenz, sowie das von Morin beschworene »musikalische Ohr«, d.h. es verlangt nach künstlerischen Fähigkeiten, die eine ästhetische Erfahrung von Komplexität fördern. Kurz gesagt, das konvivialistische »coopérer et s'opposer« ist weniger eine Wis-

**4** | A.d.Ü.: Soweit nicht anders gekennzeichnet, beziehen sich die Stellenangaben auf die deutsche Ausgabe des Manifests.

**5** | A.d.Ü.: Im Originaltext »artivistic«, Kunstwort aus *art* (Kunst) und *activism* (Aktivismus).

senschaft im engeren Wortsinn als eine »art de vivre ensemble« (französische Ausgabe, S. 14): eine Kunst des Zusammenlebens.

Diese Kunst ist natürlich keine propagandistische Kunst nach Art des Agitprop. Es geht eher um einen kontinuierlichen Prozess des Lernens und Forschens mit *queer* und *diskordianischen* Akzenten. Sie erfordert sowohl die dekonstruktiven und Dissens betonenden Eigenschaften, die in den Arbeiten einiger zeitgenössischer Künstler zu finden sind, als auch die rekonstruktiven und Verbindungen wiederherstellenden Eigenschaften ökologischer Künstler, wie ich sie in dem Buch »Art and Sustainability« in Anlehnung an Suzi Gablik bespreche. Ein Beispiel für öffentliche Kunst, die einen interessanten Versuch unternimmt, diese Eigenschaften in Balance zu bringen, ist die Arbeit von Hans Haacke für den Bundestag in Berlin: »Der Bevölkerung« (2000 bis heute), eine Arbeit, für die Haacke die Bundestagsabgeordneten auffordert, Erde aus ihren Bundesländern mitzubringen. (Neue Abgeordnete werden gebeten, neue Erde mitzubringen, und ein Teil der Erde wird entfernt, wenn das Mandat eines Abgeordneten endet). In seinem Kommentar zu der Arbeit schrieb Haacke: »In einem extrem kontrollierten Gebäude begründet das Ökosystem importierter Samen im Hof des Parlaments eine Enklave von unvorhersehbarer und freier Entwicklung. Es ist ein unregulierter Ort, ausgenommen von der Forderung, alles zu planen. Es ist DER BEVÖLKERUNG gewidmet«.

Doch warum plädiere ich dafür, dass diese notwendige Kunst *queer* und *diskordianische* Akzente haben muss? Ich werde mein »ernstes Auge« später auf die *Diskordianer* richten. Zunächst geht es um *queer*:

Die Funktion eines durchkreuzenden künstlerischen Prozesses besteht nicht darin, Gewissheiten zu bringen, das Publikum von der kritischen Botschaft zu überzeugen, oder es notwendigerweise »dazu zu bringen etwas zu verstehen«, das man selbst schon identifiziert und durchdacht hat. Es ist kein brechtscher Verfremdungsprozess, der das Publikum in (die kalten Winde der) intellektuellen Aufklärung katapultiert und alle Mehrdeutigkeiten ausschließt. Die Funktion eines durchkreuzenden künstlerischen Prozesses ist es im Gegenteil, Unsicherheiten hervorzubringen, die de-normalisierende und de-naturalisierende ästhetische Erfahrungen, sowie Denk- und Verkörperungsprozesse stimulieren. Es ist ein Prozess der Verfremdung und der *Freak-Begehren* (um eine Formulierung der Künstlerin und *Freak* Theoretikerin Renate Lorenz aufzunehmen), die einen in einem warmen Fluxus von intellektueller, emotionaler und körperlicher Verwirrung hält, und Mehrdeutigkeiten und Ambivalenzen für eine längere Zeit lebendig halten. Von solch einer Erfahrung können interessantere Durchkreuzungen von guten Leben hervorgehen, die uns zu anderen Formen des Begehrens bringen, außerhalb der Pfadabhängigkeiten von Überfluss und Konsumlust.

Dies setzt auch eine durchkreuzende Wachsamkeit voraus, um der »Relokalisierung« und »Reterritorialisierung« (S. 73, 75), sowie dem »entre soi suffisamment solide« (S. 38 in der französischen Ausgabe), d.h. dem »hinreichend stabilen Unter-Sich-Bleiben«, wie sie im konvivialistischen Manifest vorgeschlagen wird, eine konstante reflexive Arbeit der De-Normalisierung und De-Territorialisierung von Identitäten entgegenzusetzen. Ohne eine solche Reflexion würde das Zeugungspotential des Chaos (wie es von Morin diskutiert wird) erstickt. Der Trick besteht darin, einen übertriebenen Parochialismus zu vermeiden und das aufrechtzuerhalten, was Ursula Heise einen »Öko-Kosmopolitismus« genannt hat. Wir müssen jede potentielle Verwirrung und jedes Missverständnis ausräumen: Das konvivialistische Manifest darf nicht mit irgendeiner Form von Kommunitarismus verwechselt werden: Das Manifest basiert deutlich auf den Prinzipien der »gemeinsamen Menschheit [...] gemeinsamen Sozialität [und] Individuation« (S. 61), d.h. Morins drei Ebenen menschlicher Identität als Individuum – Gesellschaft – Art, ohne dass diese auf eine einzige Ebene reduziert würden. Das zusätzliche Risiko, das es – wie ich hinzufügen würde – zu vermeiden gilt, besteht darin, bei dem identitären Dreiklang von Spezismus, Kommunitarismus und Individualismus landen. Diese Tendenzen durch *Durchkreuzen* (oder *Ausflippen*)[6] zu torpedieren ist von höchster Wichtigkeit! Allgemeiner gesagt, ein aufmerksamer und dauerhafter Prozess des Durchkreuzens ist notwendig, um jede Bewegung, die sich mit dem Konvivialismus identifiziert, gegen einen verhärteten Moralismus zu verteidigen.

Aus einer *queer*-ökologischen Perspektive müsste beispielsweise die negative Haltung des Manifests gegenüber der Vorstellung von »démesure« (»Maßlosigkeit«, S. 64, 69) mit Vorsicht behandelt werden, denn Exzesse, Ineffizienzen von Redundanzen und irrationale Ausbrüche sind wichtige Eigenschaften aller lebendigen Systeme, ohne die keine Resilienz erreicht werden könnte. Eine völlig ›gemäßigte‹ konvivialistische Ordnung, die »démesure« verbietet, wäre eine ebenso törichte Unternehmung wie der technische Traum effizienter *Smart Cities*. Der moralische Warnschuss des Manifests trifft sein Ziel auf relevantere Art – so würde ich behaupten – wenn er sich gegen »illimitation« (S. 35 in der französischen Ausgabe) und »Hybris« (ibid., S. 29) wendet, als wenn es den Exzess ablehnt.

Das zweite Kapitel des Manifests präsentiert »vier (und eine) Grundfragen« (S. 50ff.) als Basis einer »minimalen Doktrin, die von allen geteilt werden kann«, und die eine Reihe gleichzeitiger, auf dem ganzen Globus anwendbarer Antworten hervorbringen, unterstützen und legitimieren kann. Es handelt sich um die moralische, politische, ökologische (und spirituelle) Frage.

Diese »4+1« Fragen konstituieren eine sinnvolle Zusammenstellung (obwohl die »und eine« spirituelle Frage letztlich in der Luft hängt und nicht wei-

6 | A.d.Ü.: Im Original: *queering apart* und *freaking out*.

ter diskutiert wird)[7], aber es gelingt ihnen nicht, explizit zu formulieren, dass jede relevante moralische Frage in der Ästhetik begründet sein sollte. Gemeint ist hier nicht eine kantianische Ästhetik, sondern in Anlehnung an Dewey eine »Ästhetik als Erfahrung« und im Sinne Ingolds die Erfahrung der Lebendigkeit: eine stetige Bewegung, die die Wahrnehmung konstituiert, als die präethische Basis jeder moralischen Frage, die wir aufwerfen können:

Laut Tim Ingold braucht jedes Wissenssystem oder ethische System, das in der Praxis funktionieren soll, die Intuition als Grundlage, d.h. eine »empfindende Ökologie,«[8] ein »auf Gefühl basierendes Wissen [...], das in den Fähigkeiten, Sensibilitäten und Orientierungen besteht, die sich aufgrund der langen Erfahrung eines an einem bestimmten Ort verbrachten Lebens entwickelt haben. [...] Diese Fähigkeiten [...] stellen die notwendigen Grundlagen bereit für jedes wissenschaftliche oder ethische System, das die Umwelt zum Gegenstand seiner Sorge machen würde. Die ›empfindende Ökologie‹ ist damit sowohl prä-objektiv, als auch prä-ethisch« (vgl. Ingold 2011: 25).

Das Manifest verkennt also ... »wie wichtig es ist, ernst zu sein?!« immer noch nicht. (In Wahrheit ist das Manifest schon ernst genug.) Oder fehlen ihm Verstand und Gefühl?[9] Das ist es auch nicht ganz. Lassen wir aber meinem Gedankengang jetzt noch nicht auf Abwege geraten.

Das Manifest verkennt die Bedeutung der Entwicklung von Sinn, Sensitivität und Sensibilität für unsere Umwelt, als multiple und miteinander verknüpfte Modi körperlichen Lernens und verkörperten Wissens. Eine solche Sensibilität öffnet uns für unsere komplexe Verstrickung mit Umgebungen und erweckt uns so aus der »Anästhetik« (im Sinne der Begriffsprägung von Wolfgang Welsch [1990]), sowie der damit verbundenen psychischen Abstumpfung.

Die moralische Frage, sowie die politische, ökologische und ökonomische Frage, die das konvivialistische Manifest aufwerfen, müssen anhand von wei-

---

**7** | Ein bemerkenswertes Detail: In der englischen Übersetzung des Manifests (jedoch nicht im französischen Original), wird die »spirituelle« Frage auch »the question of meaning«/»die Frage des Sinns« genannt... Das bringt dann die »und eine«, das heißt die fünfte, Frage in gewisser Weise näher zu meinen eigenen Ausführungen hier... Meine Überlegungen über Wahrnehmung und ästhetische Erfahrung als präethische Basis jeder Bedeutung gehen allerdings von einer wesentlich grundsätzlicheren Funktion aus, als es die »und eine«, optionale Frage nahelegt. (A.d.Ü: Der Autor bezieht sich hier auf die Übersetzung der gekürzten Version des Manifests [zugänglich unter http://lesconvivialistes.fr/?page_id=12]. In der Übersetzung der Langfassung von Margret Clarke [zugänglich unter www.gcr21.org/publications/global-dialogues/2198-0403-gd-3/] findet sich dieser Zusatz nicht.)

**8** | A.d.Ü.: im Original: *sentient ecology*.

**9** | A.d.Ü.: im Original *sense and sensibility* (Anspielung den Roman von Jane Austen).

teren Fragen neu überdacht werden, die tiefergehende Qualitäten berühren. Die Ästhetik, d.h. die »Organe der Wahrnehmung«, die beispielsweise Shelly Sacks und Hildegard Kurt in ihrem künstlerischen Werk entwickeln (und in ihren Texten diskutieren), werden dazu beitragen, das Feld von Wahrnehmung-Erfahrung-Wissen für solche tiefergehenden Fragen zu öffnen.

Um fair zu sein: Einige der Aspekte des Manifests nähern sich dieser Einsicht tangential an, wenn Menschen als »êtres de désir« (S. 18 in der französischen Ausgabe) verstanden werden, die von Begehren geleitet werden, sowie wenn die Bedeutung der »mobilisation des affects et des passions« (ibid., S. 36), der Mobilisierung der Affekte und Leidenschaften, erkannt wird. Wir müssen die ästhetischen Sensibilitäten für die lebendige Komplexität mobilisieren, mit einer *konvivialistisch-diskordianischen* Erotik.

Das bedeutet auch, dass »Scham« und »Entrüstung« alleine (S. 72), abgesehen von ihren taktischen und strategischen Funktionen für Mobilisierung und Protest, einen verarmten und beschränkten Werkzeugkasten für kulturelle und soziale Bewegungen ausmachen. Hier ist der Appel des Manifests an »Affekte und Leidenschaften« (S. 72) sehr relevant, muss aber auch genauer spezifiziert werden. Wir müssen künstlerische Taktiken der Reflexivität betonen und miteinander verknüpfen, die zukunfts- und ethikorientiert sind, und gleichzeitig Eigenschaften der Ambivalenz aufrechterhalten, sowie, was besonders wichtig ist, Taktiken des Humors... Nur mit einem erweiterten Werkzeugkasten, der nicht von einem engen Moralismus eingeschränkt wird, kann die horizontale »Kreativität«[10] (S. 73), die im Manifest kurz genannt wird, beginnen sich zu entfalten und Resilienz hervorbringen.

Mit Hans Dieleman vertrete ich den Standpunkt, dass Resilienz das Gedeihen von Räumen voraussetzt, in denen Imagination, Experiment und herausfordernde Erfahrungen zukunftsorientierte Fragen und Perspektiven eröffnen. Dies sind sowohl mentale als auch physikalische Räume der Konvivialität, der agonistischen Konfrontation, sowie anderer, verwirrender, individueller und auch sozial kreativer, geteilter Erfahrungen. Dies sind Räume, in denen soziale Konventionen reflektiert, aufgetaut und herausgefordert werden, und wo imaginative und experimentelle Praktiken sich entfalten.

Forscher (mich eingeschlossen) müssen sich noch stärker der ortsübergreifenden vergleichenden Erschließung solcher Räume widmen, sowie der Funktion kunstbasierter Aktivitäten und Prozesse und der Rolle von Künstlern und anderen kreativen Individuen und Gruppen in solchen Möglichkeitsräumen. Dabei gilt es, lokale Szenen als »Anthropo-Szenen« zu erforschen, z.B. Städte, Vororte, Dörfer und andere menschliche Siedlungsformen, als natur-kulturelle

**10** | A.d.Ü.: Im Original: »bottom-bottom ›creativity‹«, in Abgrenzung von dem gebräuchlichen Ausdruck *bottom-up*, sowie als Anspielung auf die doppelte Bedeutung von *bottom*.

Szenerien und als Bühnen, auf denen sich verschiedene Akteure auf verschiedenen Ebenen mit dem Prozess der Suche nach der Nachhaltigkeit auseinandersetzen.[11]

Ich fasse zusammen: Eine konvivialistische Kunst – oder vielmehr: eine Kunst des Konvivialismus – sollte in der Lebendigkeit all der Erfahrung von Komplexität gründen. Sie sollte eine kreative, reflexive, kritische und vor allem humorvolle Aktivität sein. Das Manifest darf nicht verstanden werden als eine strenge Abhandlung für eingeschworene Revolutionäre, sondern als eine offene und fundamental demokratische Einladung. Aus künstlerischer Sicht sollte dies eine Einladung sein, die Kunst des Zusammenlebens neu zu erfinden. Eine Kunst des Umgangs mit Interdependenz, der Bescheidenheit und ebenso eines ernsthaft gesunden reflexiven Humors (wie ihn die *Diskordianer* seit einiger Zeit praktizieren, auf die ich sogleich zurückkomme).

In den Worten einer berühmten Systemdenkerin: »Es gibt einen Ansatzpunkt, der noch wichtiger ist als der Wechsel eines Paradigmas: nämlich der, sich überhaupt keinem Paradigma zu verschreiben, flexibel zu bleiben und zu realisieren, dass kein Paradigma ›wahr‹ ist. Jedes Paradigma, auch das, was unsere liebgewonnene Weltsicht formt, ist eine schreckliche Verengung unserer Sicht auf ein immenses und erstaunliches Universum, das sich bei Weitem unserem Verständnis entzieht. Es kommt darauf an, aus dem Bauch heraus das Paradigma zu verstehen, demzufolge es so etwas wie Paradigmen gibt, und zu sehen, dass dies selbst ein Paradigma ist und dass all das unglaublich komisch ist. Es kommt darauf an, loszulassen und Nichtwissen zuzulassen, also auf das, was Buddhisten Aufklärung nennen« (Meadows 1999: 19).

Der Diskurs, der dem, was Meadows hier beschreibt, am nächsten kommt, ist die halb ernste, halb absurde Verehrung des Chaos, wie sie die sogenannten *Diskordianer* betreiben. Aber ich habe diese Leute bisher gar nicht vorgestellt. Das habe ich mir für das Ende aufgespart. So lasst mich diese Aufgabe an die (konvivialistische) Autorität der englischsprachigen Fassung von Wikipedia weitergeben: »Diskordianismus ist eine Religion und dann eine Philosophie, die auf der Verehrung der römischen Discordia (›Zwietracht‹) beruht, dem Gegenstück zur griechischen Göttin des Chaos, Eris, oder den Archetypen und Idealen, die mit ihr assoziiert werden. Diese Philosophie wurde nach der Publikation ihres (ersten) heiligen Buches im Jahr 1965 gestiftet, den Principia

**11** | Mein aktueller Forschungsschwerpunkt liegt besonders auf verschiedenen Rollen und Formen von Wirkungen, die eine Vielfalt von Künstlern und Kreativen in die Entwicklung dieser Möglichkeitsräume in der Stadt einbringen. Dabei konzentriere ich mich auch auf die Beziehungen dieser kreativen Akteure zu urbanen und sozialen Bewegungen und zu Entwicklungen in der Stadtpolitik (vgl. das bald startende interdisziplinäre Forschungsprojekt »Stadt als Möglichkeitsraum« mit Kollegen an der Leuphana Universität).

Discordia [...] Die Religion wurde mit Zen verglichen, auf der Basis von Ähnlichkeiten mit absurdistischen Interpretationen der Rinzai-shū, einer Lehrtradition des Zen-Buddhismus, sowie der taoistischen Philosophie. Im Zentrum des Diskordianismus steht die Idee, dass sowohl Ordnung als auch Unordnung Illusionen sind, die dem Universum aufgezwungen werden [...] Eine gewisse Uneinigkeit besteht in der Frage, ob es sich hierbei um eine Parodie von Religion handelt, und wenn ja, bis zu welchem Grad. Diskordianer verwenden subversiven Humor, um ihre Philosophie zu verbreiten und zu verhindern, dass sie dogmatisch wird. Es ist schwer, die Zahl der Diskordianer genau zu bestimmen, weil sie nicht verpflichtet sind, den Diskordianismus als einziges Glaubenssystem anzunehmen, und weil sie zu Abspaltungen und Intrigen ermutigt werden.«

Eine Prise *Diskordianismus* dürfte eine willkommene Zutat sein an der verlockenden Tafel des Konvivialismus. Ach, aber selbst dieser Beitrag hat doch weitgehend das Ziel verfehlt, eine humorvolle Form anzunehmen – trotz meiner ernsthaften, von äußerst »wichtigen« Erklärungen umwölkten Bemühungen.

## Literatur

Ingold, Tim (2000). The Perception of the Environment: Essays on livelihood, dwelling and skill, Abingdon: Routledge (2. Aufl. 2011).

John, Beatrice und Sacha Kagan (2014): »Extreme climate events as opportunities for radical open citizenship«, in: Open Citizenship, 5 Heft 1, S. 60-75.

Kagan, Sacha (2013): Art and Sustainability: Connecting patterns for a culture of complexity, 2. korr. Aufl. Bielefeld: transcript.

Les Convivialistes (2013): Manifeste Convivialiste: Déclaration d'interdépendance, Lormont: Le bord de l'eau.

Meadows, Donella (1999): Leverage Points: Places to intervene in a system, Hartland: The Sustainability Institute [available online at www.donellameadows.org/wp-content/userfiles/Leverage_Points.pdf]

Morin, Edgar (2010 [1977]): Die Methode: Die Natur der Natur, Hg. v. Wolfgang Hofkirchner; aus dem Frz. übers. u. mit einem Nachwort versehen v. Rainer E. Zimmermann, Wien/Berlin: Turia und Kant.

Welsch, Wolfgang (1990): Ästhetisches Denken. Stuttgart: Reclam.

*Aus dem Englischen von Volker Heins und Christine Unrau.*

# Konvivialistische Kunst?

## Über das freundschaftliche Zusammenleben im urbanen Raum

*Gesa Ziemer*

In den westlichen, kapitalistisch organisierten Industrieländern wird aufgrund jüngster Wirtschafts- und Ökologiekrisen ökonomisches Wachstum als das zentrale Paradigma einer fortschrittlichen Entwicklung von Gesellschaft zunehmend in Frage gestellt. Die Postwachstumsgesellschaft kommt auf jeden Fall, entweder »by design oder by desaster«, so pointiert es der Ökonom Peter A. Victor und fordert uns damit auf, nicht abzuwarten, sondern Gesellschaft aktiv zu gestalten, was eine engagierte urbane Bürgerschaft, zu der auch viele Künstler_innen gehören, bereits aktiv tut. Das konvivialistische Manifest nimmt sich dieses Themas an, indem es gesellschaftliche Alternativen diskutiert. Der Fokus wird unter anderem auf Qualitäten des Zusammenlebens (*con-vivere*) im Sinne des »freundschaftlichen Umgangs, den Menschen miteinander pflegen« (Adloff 2014: 12) gelegt. Die Perspektiven, die uns auf Alternativen zur Wachstumsgesellschaft blicken lassen, sind im Manifest vielfältig, allerdings bleibt die Rolle der Künste für diesen Diskurs bislang wenig erwähnt. Da im Manifest explizit eine »neue Kunst des Zusammenlebens« thematisiert wird, scheint es jedoch notwendig, auch die zeitgenössische Kunstproduktion in den Blick zu nehmen. Denn diese hat in den letzten Dekaden eine Reihe von Projekten hervorgebracht, in denen es nicht so sehr auf die Kunst als Selbstzweck ankommt, sondern eher auf die Herstellung von sozialen Settings, die das »freundschaftliche Miteinander« fördern.

Zwei Gedanken des konvivialistischen Manifests bieten sich besonders für eine Inbezugnahme auf künstlerische Praxis an: Erstens basieren künstlerische kollektive Projekte in diesem Kontext häufig auf gut funktionierender Selbstorganisation. Es wird betont, dass vor allem »die zivilgesellschaftliche Selbstorganisation« von Menschen entscheidend ist »für die Theorie und Praxis der Konvivialität« (ebd.: 25). Zweitens füllen künstlerische Projekte oft »das Bestreben, die Territorien und Lokalitäten mit Leben zu füllen«. Es geht darum, »all das zu reterritorialisieren und zu relokalisieren, was die Globalisierung zu stark ausgegliedert hat« (S. 75). Die Stärken der von mir im Folgenden vorgestellten Kunstbeispiele liegen genau in den Fähigkeiten guter Selbstorganisation und dem Starkmachen des Lokalen innerhalb einer globalisierten Welt.

Von welcher Kunst ist hier die Rede? Eine Kunst mit konvivialistischem Anspruch produziert an Schnittstellen verschiedener gesellschaftlicher Systeme und sieht sich nicht dem Prinzip der *l'art pour l'art* in Einzelautorschaft verpflichtet. Sie inszeniert qua Teilhabe und Alltagsexpertise trans- oder interdisziplinäre Realexperimente, in denen es auf soziale Innovation genauso ankommt wie auf die ästhetische. Kollektive Autorschaft löst die individuelle dabei meistens ab. Besonders die Kunst im öffentlichen urbanen Raum hat sich in den letzten Dekaden Gehör verschafft – und dies nicht nur innerhalb der Kunstszene, sondern auch in anderen Bereichen der Gesellschaft wie der Bildung, dem Sozialen, der Stadtentwicklung, der Politik oder der Wissenschaft. Viele dieser Projekte zeigen, dass Wachstum nicht mehr als das einzige und scheinbar alternativlose Imaginations-, Denk- und Handlungsmodell der Zukunft verstanden werden sollte. Stattdessen wird die Vorstellung eines sich nur moderat steigernden, gleichbleibenden oder gar sinkenden Wachstums mit nachhaltiger Stiftung von Gemeinwohl und dem Anspruch sozialer Innovation verbunden. Dabei bleibt der Zugriff der Künste jedoch immer experimentell, spekulativ und provokativ – im Wissen darum, dass Möglichkeitsräume geschaffen werden, die anregen und zu (widerspruchsvollen) Diskussionen führen. Würde dieser Anspruch aufgehoben, würde es sich nicht mehr um Kunst handeln (sondern eben um Bildung, Sozialarbeit, Stadtentwicklung, Politik oder Wissenschaft).

## Kollektive Kunst

Nehmen wir also erstens den Aspekt funktionierender zivilgesellschaftlicher Selbstorganisation in den Blick:

Kunstbeispiel 1: Das Performance-Kollektiv »geheimagentur« hat zusammen mit dem Theater Oberhausen und einem Netzwerk an Partnern 2012 eine alternative Währung für die Stadt Oberhausen, eine der wirtschaftlich schwächsten Städte des Ruhrgebietes, entwickelt. Unterstützt und beraten wurde das Projekt »Schwarzbank – Kohle für alle«[1] von Expert_innen der brasilianischen Banco Palmas aus Fortaleza. Wer Kohle, so der Name der Währung, bekommen wollte, musste dafür eine Tätigkeit anbieten: dem Nachbarn den Keller aufräumen, im Kindergarten Essen kochen, in der Fußgängerzone Musik machen. Es konnte aber auch etwas sein, das man immer schon machte, und

1 | www.geheimagentur.net/projekte/schwarzbank-kohle-fur-alle/

das es endlich einmal wert sei, bezahlt zu werden, sagt ein »geheimagentur«-Künstler, ein Ehrenamt etwa. Wer eine Stunde lang tätig war, bekam 20 Kohle, womit man an 70 Orten in der Stadt bezahlen konnte: im Café, im Fitnessstudio, in der Buchhandlung. Ein bedeutender Teil dieses Projektes war es also, das lokale Kleingewerbe davon zu überzeugen, an dem Projekt teilzuhaben. Und man kann sich gut vorstellen, dass nur schon durch diese Anfragen eine rege Diskussion und Vernetzung der lokalen Akteure untereinander stattfand.

Alternative regionale Währungen gibt es weltweit und man kann kritisch bemerken, dass es an sich noch kein künstlerischer Akt ist, eine solche in einer strukturschwachen Region einzuführen. In Oberhausen aber erfand das Kollektiv nicht nur die Kohle, sondern es eröffnete für zwei Wochen in der Innenstadt einen Container mit Wechselstube. An diesen Ort kamen viele Bewohner_innen und boten ihre Tätigkeiten an, um sie in Kohle einzutauschen. Gemeinsam mit den Bürger_innen führte das Kollektiv unter dem Motto »Let's make money!« neben den Beratungen vor Ort auch eine Reihe von Veranstaltungen durch – von Konzerten und Lectures über Diskussionen mit Gästen bis hin zu größeren Festen. Dadurch entstand in der sonst sehr unbelebten Innenstadt ein belebter sozialer Ort der Begegnung und Diskussion. Sehr unterschiedliche, sich gegenseitig fremde Oberhausener_innen kamen zusammen, wodurch temporär ein Setting für ein freundschaftliches Miteinander im öffentlichen Raum kreiert wurde. Vor allem deshalb, weil über den eigentlichen Zweck des Projektes hinaus viele politische Diskussionen über Geld, den Wert von Arbeit, Gemeinwohl und soziale Strukturen geführt wurden.

Wenn hier von freundschaftlichem Miteinander die Rede ist, muss geklärt werden, von welchem Freundschaftsbegriff ausgegangen wird. Die gute Freundschaft basiert – so der Philosoph Jacques Derrida – nicht auf Gleichheit, sondern auf Fremdheit, sie ist »außergewöhnlich, extravagant, absurd oder verrückt, absonderlich, un(zu)gehörig, befremdend oder auch fremd« (Derrida 2000: 21). Die Selbstorganisation funktionierte hier also vor allem durch die Integration des Fremden, was zu originellen, auch konfliktuösen und manchmal auch einfach nur gewöhnlichen Treffen und öffentlichen Präsentationen der Oberhausener Bevölkerung führte. Ob hier richtige Freundschaften entstanden sind, wissen wir nicht. Aber freundschaftliches Miteinander im Sinne eines Zusammenkommens sehr heterogener Akteure, die politische Fragen öffentlich diskutierten, ist entstanden.

## Kunst und Stadt

Kunst im öffentlichen Raum ist in Bezug auf die Frage des Miteinanderlebens gerade deshalb so interessant, weil sie in einem besonders brisanten Kräftefeld agiert. Sie ist mit rigider Gesetzgebung, unterschiedlichen öffentlichen Kulturen, gebauter Umwelt und Infrastruktur, ökonomischen Rahmenbedingungen und komplexer Stadttopografie konfrontiert. Sie ruft in der Regel sofort und direkt Reaktionen hervor, die von radikalem Desinteresse und Scheitern bis zur Herstellung großer und manchmal auch unkontrollierbarer Öffentlichkeiten reicht. Kleine Interventionen können hier große Störungen verursachen und gesellschaftliche Strukturen aufzeigen.

Warum sind gerade Städte in Bezug auf den öffentlichen Raum so interessant? Aufgrund einer weltweiten Verdichtung von Städten und der Verstädterung ganzer Regionen finden gerade hier zugespitzte Verhandlungen und Konflikte über die Fragen von Lebensqualität statt: Wie wollen wir leben? Wie integrieren wir Arbeit und Freizeit? Wie können die Bewohner_innen ihre Stadt konkret mitgestalten? Dass das 21. Jahrhundert gern als Jahrhundert der Städte bezeichnet wird, ist nicht nur der offensichtlichen Tatsache geschuldet, dass inzwischen mehr als die Hälfte der Menschheit in Städten lebt und diese Tendenz steigend ist. Eines der wesentlichen Charakteristika von Metropolen, in dem ihre Anziehungs- und Symbolkraft und damit auch ihre Orientierungsfunktion maßgeblich wurzeln, ist ihre Komplexität: Metropolen umfassen zugleich Historie und Gegenwart, Armut und Reichtum, Nähe und Distanz, soziale Prozesse und gebauten Raum, Privatheit und Öffentlichkeit. Sie sind niemals eindeutig lesbar und bewahren sich dadurch die Offenheit für Neues und Unerwartetes. Deshalb sind Städte auch seit jeher Entstehungsorte sozialer Utopien, welche die Menschen mit anderen Lebensmodellen experimentieren lassen. Utopien, gedacht als »u topos«, also nicht nur als »anderer Ort«, sondern auch als »Orte des Anderen« (Nancy: 2004) sind und waren immer konstituierend für urbanes Leben. Und es ist zu beobachten, dass, vor allem in Städten und verdichteten Regionen, kulturelle und soziale Praktiken zunehmen, zu denen auch die Kunst gehört, die auf das Gemeinwohl ausgerichtet sind und vermehrt unser Bild von Urbanität prägen. Eine neue emanzipierte Bürgerschaft übt Kritik an eingeschränkter Freiheit in Städten, die beispielsweise durch zunehmende Privatisierung öffentlicher Räume, einen normiertem Wohnungsbau oder durch unbezahlbare Mieten forciert wird. Künstler_innen, oft in Kooperation mit Stadtbewohner_innen, beteiligen sich an dieser Kritik, jedoch nicht nur, indem sie protestieren, sondern indem sie konkret andere Lebensräume in ihrer lokalen Umgebung gestalten. Beispielhaft zeigen sich solche Praktiken des *Do-it-yourself* heute in Form von *Share economies*, experimentellen Wohnformen, Tauschbörsen, Nachbarschaftsnetzwerken, der Commons-Bewegung, *Urban-Farming, Fablabs, Low-Tech* oder *Upcycling-Spaces* etc. Verschiedenste und oft sehr heterogene Akteur_innen agieren hier miteinander, um alternative Lebensmodelle zu erschaffen, die jenseits offizieller Instanzen von Politik, Wirtschaft und Stadtentwicklung entstehen. Soziale Innovation steht also heute nicht nur auf der offiziellen Agenda avancierter städtischer Entwicklungsstrategien und Politik, sondern wird von vielen nicht offiziell eingebundenen Akteur_innen alltäglich praktiziert. Die wichtige Frage wird also sein, inwieweit Städte zukünftig in der Lage sein werden, solche Initiativen konstruktiv in ihre Prozesse einzubinden. Wenn in diesem Zusammenhang von urbaner Resilienz gesprochen wird, ist die Krisenstandhaftigkeit von Städten stark an diese soziale Komponente gebunden. Aus diesem Grund gilt es als Schlüsselfaktoren urbaner (und damit immer auch sozialer) Resilienz, Modelle erfolgreicher bürgerlicher Selbstorganisation zu integrieren. Um diese Qualitäten als Ressourcen für eine resiliente Stadtentwicklung zu nutzen, bedarf es neuer Kooperationsverfahren. Es reicht nicht aus, Stadtbewohner – allzu oft nur als Alibi – bloß an Planungen partizipieren zu lassen oder nur zu informieren. Gebraucht werden Verfahren, die die Selbstorganisation fördern und die daraus entstehenden Forderungen sinnvoll in konkrete Maßnahmen umsetzen.

Deshalb nochmals zurück zum Thema Selbstorganisation in den Künsten: Es gibt eine lange historische Tradition künstlerischer kollektiver Praxis und damit auch einen erfinderischen Umgang mit kollektiven Organisationsformen. Die Beispiele reichen von den Avantgardekollektiven der 1910er und 1920er Jahre, die häufig sehr elitär agierten, über die Kommunen der 1960er und 1970er Jahre, die keinen ideologischen und politischen Pathos scheuten, bis hin zu heutigen Medien-, Kunst- und Aktivistenkollektiven, die größtenteils pragmatisch und international agieren. Und es gibt eine Reihe aufschlussreicher Beispiele, in denen sich Autor_innen nicht mehr als alleinige Schöpfer ihrer Werke verstehen und vermarkten. Kunsthistorischer Vorreiter bleibt Marcel Duchamps, weil er das Spiel mit der Autorschaft virtuos praktizierte und die Kunstwelt seinerzeit damit bewusst verwirrte. Er verwendete verschiedene weibliche und männliche Künstlernamen, veröffentlichte anonym oder unter Pseudonymen, und auf diese Verfahren referieren bis heute meist implizit viele zeitgenössische Kunstkollektive. Auch die »geheimagentur« spielt ihr Spiel mit dem Namen, denn diesen kann im Prinzip jeder nach einem *Open Source* Prinzip nutzen. Aus diesem Grund weiß man nie genau, welche konkreten Personen sich unter dem Namen verbergen. Auch in diesem Projekt sind mehrere Akteure am Schöpfungsprozess beteiligt: die Künstler_innen selber, aber vor allem die Bewohner_innen von Oberhausen, als Expert_innen ihres eigenen Alltags. Entsprechend entwickeln solche Kollektive als erstes Produkt ihrer Zusammenarbeit auch meistens alternative Kommunikations- und Dialogstrukturen und verstehen diese als integralen Bestandteil ihrer Kunstproduktion. Damit bezieht sich die Rezeption auch nicht mehr nur auf das Produkt, also auf das traditionell ästhetisch zu bewertende Kunstwerk, sondern vor allem auf die Prozesse, die Aspekte von Kommunikation und Kollaboration enthalten. Solche Kollektive zielen oft auf die Aktivierung möglichst vieler Beteiligter. Sie widersetzen sich dem Wettkampf zwischen den Individuen einer Wachstumsgesellschaft nicht nur durch das Aufgreifen ihrer Themen, sondern auch durch alternative Formen der Zusammenarbeit. Erfahrungen von Kollektivität werden meist als fundamentale Umgestaltung der Gesellschaft verstanden (und auch idealisiert) und damit als eine Kritik am individuell zu erfüllenden Leistungsdiktum der modernen Gesellschaft. Die Kunstgeschichte zeigt, dass Künstlerkollektive häufig das Ziel verfolgen, ihre Kritik an Kunst und Gesellschaft in ein soziales Gegenmodell fließen zu lassen.

Die Strategien solcher Künstlergruppen sind vielfältig und auch ambivalent, weil diese einerseits tatsächlich modellhaft zu anderen gelebten Strukturen führen können und andererseits jedoch auch starke Züge von Exklusivität entwickeln, die gerade nicht zu einer breit abgestützten Akzeptanz in der Gesellschaft führen. Dann bleibt die Kunst elitär und simuliert in einer kleinen avantgardistischen Gruppe mehr oder weniger radikal alternative Sozialstrukturen, die jedoch keine weitere gesellschaftliche Verbreiterung finden. Auch dazu liefert die Kunstgeschichte eine passende Anekdote: Die Situationisten gelten als eines der von aktuell praktizierenden Künstler_innen am häufigsten zitierten Kollektive. Warum? Das radikale Avantgarde-Kollektiv, das bis 1972 von Paris aus wirkte, kritisierte schon früh die Eventisierung des Alltags, auch diejenige der Kunst, die im kapitalistischen Umfeld zum puren Spektakel verkommen würde. Die Situationisten wollten um jeden Preis Avantgarde sein und vertraten gleichzeitig den Anspruch, jeden elitären Gestus zu verweigern, weil sie die Welt demokratisch verbessern wollten. Guy Debord, der Kopf der Gruppe, wollte sich nicht am Spektakel beteiligen und gab deshalb konsequent keine Interviews und trat nie im Fernsehen auf. Als das Centre Georges Pompidou in Paris der Gruppe 1989 die erste große museale Show widmen wollte, weigerte er sich, die Ausstellung anzuschauen. Der Ausstellungsort war für ihn Symbol einer Kunst des Spektakels, gegen die er laut argumentierte. Er schlug sogar das Angebot aus, diese über Nacht zu besuchen, wenn ihn keiner seiner zahlreichen Gegner dabei hätte beobachten können. Der Geschichte zufolge hat er seine eigene Ausstellung wohl tatsächlich nie gesehen. Diese Anekdote zeigt, wie paradox das Wirken und Handeln solcher Kollektive sein kann. Die Situationisten wollten avantgardistisch und demokratisch zugleich sein, die Kunst in das Leben überführen, Paris lieben und gleichzeitig hassen, Erfolg haben und sich dennoch dem stumpfen Konsum verweigern. Ihre Faszination basiert auf dem radikalen Ausreizen dieser Paradoxe, die immer Paradoxe bleiben. Genau darin liegt die Stärke und Rolle solcher Kunst, die sich gerade nicht für eine Praxistauglichkeit vereinnahmen lässt.

Solche Kollektive produzieren mit ihrer radikalen Haltung bewusst jedoch auch Ausschluss und sind deshalb gesellschaftlich kaum anschlussfähig. Dadurch wird, obwohl von weniger radikalen Projekten oft das Gegenteil behauptet wird, gerade keine Veränderung der Gesellschaft erzeugt. Die konvivialistische Wirkung ist begrenzt, auch für die Beteiligten, denn mit diesem elitären Gestus wird dann letztendlich Selbstmarginalisierung und nicht

Selbstermächtigung erzeugt. Auch, wenn heutige Kunst- oder Aktivistenkollektive die Situationisten gerne als Referenz angeben, so sind sie in dieser Hinsicht weitaus pragmatischer, denn sie vertreten den Anspruch, sich einzumischen und auch Wirksamkeit zu erzeugen. Die avantgardistische, meist männlich dominierte Genius-Haltung, liegt ihnen meist ferner, viel eher kommt es darauf an, mit spezieller Kunst-Expertise nachhaltige soziale Wirkungen zu erzeugen.

## Die Rolle des Lokalen

Nehmen wir nun den zweiten Aspekt der Relokalisierung und -territorialisierung in den Blick.

Kunstbeispiel 2: Die Künstlerin Jeanne van Heeswijk betreibt seit 2009 mit einem Kollektiv das Projekt »Freehouse«[2] im Afrikaanderdistrikt in Rotterdam. Rotterdam versucht, wie viele andere europäische Städte auch, Unternehmen aus aller Welt anzulocken, unter anderem durch die Entwicklung des Labels der Creative City. Die offizielle von der Stadt herausgegebene »Vision für die Stadt 2030« zeigt, dass diese vorwiegend auf materiellem und ökonomischem Wachstum basiert und im Kern eine Marketingstrategie ist. Da Rotterdam eine Stadt ist, in der jedoch ein großer Prozentsatz der Bewohner_innen keinem einkommensstarken Milieu angehört, scheint diese Strategie die reale soziokulturelle Infrastruktur außer Acht gelassen zu haben. Das Projekt »Freehouse« setzt nun dem offiziellen Slogan der »Creative City« den Slogan der »Skill City« entgegen, indem es danach fragt, was die wirklich kreativen Skills der Bewohner_innen sind und wie man diese aktivieren könnte. »Man sollte dieses Konzept keinesfalls für rückschrittlich halten: Es nimmt das kreative Potenzial von Menschen ernst (...). Ohne diese Grundlage, in der sozialer Zusammenhalt und Kulturbewusstsein in der Stadt fest verwurzelt sind, ist das Kreative nichts weiter als eine Marketing-Strategie« (Laister u.a. 2014: 163). Damit das Afrikaanderviertel, in dem überwiegend Migrant_innen leben, nicht der Expansion der Creative City zum Opfer fällt, hat das Kollektiv den alten Marktgedanken, der für viele afrikanische Kulturen einen starken sozialen Zusammenhalt spiegelt, wieder zum Leben erweckt. Mithilfe eines *Mappings* wurden Kompetenzen der Kulturproduktion gesammelt und dargestellt, um in Werkstätten, lokale Kooperativen, Gemeinschaftsküchen, logistische Infrastrukturen oder auch Design-Geschäfte überführt zu werden. Die Künstlerin nennt ihre Strategie »Die Radikalisierung des Lokalen«, die das Globale nicht außer Acht lässt oder das Lokale romantisiert, sondern lokale Fähigkeiten, wie

2 | www.jeanneworks.net/#/projects/freehouse_-_radicalizing_the_local/

Schneidern, Kochen oder Bauen mit globalen Ansprüchen der Entwicklung einer »Creative City« als Stadtmarketing sinnvoll in Verbindung setzt.

Jeanne van Heeswijk nimmt die Slogans der Stadtpolitik wörtlich und fragt nach den ganz konkreten kreativen Skills dieser Einwanderer-Community. Wer kann was? Und wie kann man Bedingungen schaffen, damit es praktiziert und auch in der Stadt öffentlich sichtbar wird? Die Stärkung des Lokalen ist hier keineswegs an das Gedankengut konservativer, territorialer Heimatideologien geknüpft, sondern daran, konkrete Kompetenzen der Bewohner_innen vor Ort zu stärken und Bedingungen zu schaffen, damit diese gelebt werden können. In diesem Wörtlich-Nehmen liegt eine große Qualität ihrer künstlerischen Praxis, aus der ein konkretes und nachhaltiges Realexperiment in der Stadtpraxis von Rotterdam entstanden ist.

Interessant an beiden Kunstbeispielen ist, dass sie konkrete Settings für die Entstehung eines freundschaftlichen Miteinanders liefern. Beide zielen auf soziale Innovation, indem sie soziale Praktiken initiieren, die auch sozial nachhaltig gedacht sind. Nachhaltig heißt hier vor allem, dass die von den Künstlerkollektiven geschaffenen Strukturen von den Bewohner_innen eigenständig weitergeführt werden können. Das Gemeinwohl der Bewohner_innen vor Ort steht in beiden Projekten im Zentrum und nicht die Vorstellung, die Projekte zu vergrößern und maximal rentabel zu machen. Betont werden soll an dieser Stelle nochmals das Freundschaftskonzept, auf dem diese Aussage beruht. Denn beide Projekte verlaufen mitnichten nur harmonisch, sondern sie basieren auf einem Freundschaftskonzept, das Fremdheit nicht harmonisiert, sondern durchaus auch konfliktuös öffentlich verhandelt. Gerade darin liegt der Wert der Freundschaft: Sie hält Konflikte und Fremdheit aus und ist nicht primär funktionsorientiert. Freundschaft schafft eine Sozialität, in der Differenzen verhandelt werden und nicht zum Abbruch einer Beziehung führen, so dass Anderes entstehen kann. Was bedeutet also soziale Innovation im Kontext solcher Projekte? Grundsätzlich wird zu Recht kritisiert, dass der Begriff Innovation zu stark technisch und produktorientiert gedacht wird. Dementgegen sollte gerade im Bereich Stadtforschung der soziale Aspekt stärker betont werden, denn es geht auch um »neue Organisationsformen, neue Regulierungen, neue Lebensstile, die die Richtung des sozialen Wandels verändern« (Zapf 1989: 182). Sie sollten es wert sein, nachgeahmt und institutionalisiert zu werden. Betont wird dabei, dass soziale Innovation die Praxis nachhaltig verändert und sich Neufigurationen sozialer Praktiken einstellen sollten. In diesem Sinne meint freundschaftliches Zusammenleben auch, dass durch die Integration des Fremden neue soziale Konstellationen entstehen, in denen heterogene Akteure Komplizenschaften miteinander eingehen können.

## ZWISCHEN KÜNSTLERISCHER PRAXIS UND STADTENTWICKLUNG

Die beiden Kunstprojekte inszenieren gesellschaftliche Realexperimente und liefern erfolgreiche Beispiele zur Herstellung von freundschaftlichem Zusammenleben im urbanen Raum. Wenn wir über soziale Nachhaltigkeit nachdenken, ist nun die Frage interessant, inwieweit die Strukturen solcher Projekte von offiziellen Instanzen der Stadtpolitik und -verwaltung aufgenommen und weiterbetrieben werden. Denn es ist meine These, dass solche Künstler_innen bereits sehr nachhaltige Stadtentwicklung betreiben, doch dass diese von offiziellen Instanzen eben oft nicht als solche erkannt und aufgegriffen werden. In Stadtplanungstheorien und -praktiken gibt es kaum theoretische oder methodische Überlegungen dazu, wie solche künstlerischen Initiativen aktiv und systematisch in Entwicklungsprozesse einbezogen werden können. Es gibt jedoch anschlussfähige Zugänge, welche die Tätigkeit der Planenden weniger als lineare Top-Down-Strategie verstehen und dementsprechend Möglichkeiten von niederschwelliger Teilhabe der Bürger_innen hervorgehoben werden. Um die Demokratisierungsanforderungen durch die Beteiligung von Bürger_innen aufzunehmen, wird Stadtentwicklung nicht mehr nur von analysier- und berechenbaren Faktoren bestimmt, sondern immer mehr vom taktischen Aufgreifen von Chancen und vom Ergreifen von Initiativen, die auf regionaler Diplomatie basieren. Im Anschluss daran gab es viele Versuche, Bürger_innenbeteiligung zu initiieren und institutionalisieren, doch diese Versuche erschöpfen sich oft in abstrakten, stark formalisierten Vorgehen, die dann auch an vielen Orten dem Paradox der Partizipation zum Opfer fallen. Denn häufig kommt es in solchen Prozessen zu Situationen, »in denen Menschen partizipieren *wollen*, obwohl sie nicht sollen – und *sollen*, obwohl sie nicht wollen« (Fach 2004: 198). Partizipation wird demnach aktuell am ehesten mit Scheitern in Verbindung gebracht. Die heutige Debatte geht jedoch über Romantisierung und Kritik von Partizipationsansätzen, wie sie in den letzten Dekaden geübt wurden, hinaus. Viel eher geht es um Vorschläge konkreter gemeinsamer gestalterischer Möglichkeiten zwischen offiziellen Planungsinstanzen und nicht offiziell eingebundenen Akteur_innen. Denn nicht nur Mitentscheidung, sondern vor allem Mitgestaltung werden wesentliche Kriterien eines neuen Gesellschaftsvertrages sein, der kreative Lösungen von den Bürger_innen fordert: »Mut statt Wut« lautet die von Claus Leggewie formulierte griffige Formel dazu.

Die Kunstbeispiele haben gezeigt, wie man eine konvivialistische Kunst denken könnte und wie diese aus dem engen Kunstkontext heraus einen wichtigen Beitrag für die Postwachstumsgesellschaft leisten kann. Aktuell gibt es im Kontext der Stadtentwicklung erste Ansätze, um Formate der Innovation zu entwickeln, in denen es auch um die Integration erweiterter Kunstpraxis und um das Initiieren kollektiven Lernens geht. So ein Planungsverständnis fixiert nichts vorschnell und agiert dafür aber mit einer gewissen Offenheit, um Möglichkeitsräume zu erschaffen oder zu erhalten. Wer Teilhabe erzeugen möchte, dockt sinnvollerweise auch an schon bestehende Initiativen an. Diese Beispiele hätten bereits einen Möglichkeitsraum geschaffen, der erhalten, gestärkt oder transformiert werden könnte. Im Hinblick auf das freundschaftliche Zusammenleben im urbanen Raum wird dabei deutlich, dass Planung nicht nur der Verwaltung oder Politik überlassen werden kann, sondern dass möglichst viele Akteure einbezogen werden müssen, die explizit oder intuitiv am Prozess der Strategiebildung mitwirken. Dass konventionelle Formate der Beteiligung dabei oft nicht weiterhelfen, ist erschöpfend erwiesen und erfahren. Die künstlerische Kompetenz liegt in der Art und Weise, wie performative Strategien eingesetzt werden können, um gutes Zusammenleben zu inszenieren oder zu choreografieren. Und es wäre zu wünschen, dass auch offizielle Instanzen des Städtischen von diesen performativen Strategien lernen wollten. Dass Künstler_innen in solchen Situationen Angst vor Vereinnahmung oder gar Instrumentalisierung haben, gehört ebenfalls zum Diskurs und zu den realen Alltagserfahrungen. Auch kann die Kunst falsche Planungen nicht im Nachhinein reparieren, wie es nur allzu oft von ihr gefordert wird. Deshalb kann es wichtig sein, künstlerisches Denken schon früh in Entwicklungsprozesse mit einzubeziehen. Und entsprechend wäre es ebenso wünschenswert, dass auch die Kunst an einer Kunst der Zusammenarbeit arbeiten würde, in der diese selbstbewusst in solchen Kontexten auftritt und ihr gestalterisches (und nicht dekoratives) Denken konstruktiv einbringt.

## Literatur

Adloff, Frank (2014): »›Es gibt schon ein richtiges Leben im falschen.‹ Konvivialismus – zum Hintergrund einer Debatte«, in: Frank Adloff/Claus Leggewie (Hg.), Das konvivialistische Manifest. Für eine neue Kunst des Zusammenlebens, Bielefeld: transcript, S. 7-31.

Derrida, Jacques (2000): Politik der Freundschaft, Frankfurt a.M.: Suhrkamp.

Fach, Wolfgang (2004): »Partizipation«, in: Ulrich Bröckling/Susanne Krasmann/Thomas Lemke (Hg.), Glossar der Gegenwart, Frankfurt a.M.: Suhrkamp, S. 197-203.

Laister, Judith/Makovec, Margarethe/Lederer, Anton (2014): The Art of Urban Intervention, Wien: Löcker.

Leggewie, Claus (2011): Mut statt Wut. Aufbruch in eine neue Demokratie, Hamburg: Edition Körber Stiftung.

Nancy, Jean Luc (2004): »Theater als Ort des Anderen. Gesa Ziemer im Gespräch mit Jean-Luc Nancy«, in: Theater der Zeit, 12, 2004.

Victor, Peter A. (2008): Managing without growth. Slower by design, not disaster, Cheltenham: Edward Elgar Publishing.

Zapf, Wolfgang (1989): »Über soziale Innovationen«, in: Soziale Welt, 40/1-2, S. 170-183.

# Identitäten, Klassen und Sozialpolitik

# It's the middle class, stupid

## (Post-)Wachstum, Ungleichheit, Lebensqualität

*Steffen Mau*

Kollektiv verfasste Manifeste tragen immer das Risiko, ein folgenloses Sammelsurium von Allgemeinplätzen zu sein. Prominente Persönlichkeiten sorgen zwar für moralische, politische oder intellektuelle Autorität des Geschriebenen und Veröffentlichten, aber sie können kaum den Umstand verdecken, die Gutmeinenden und Besorgten hätten sich versammelt, um eigene Absichten und Ziele öffentlich zu machen. Analytische Schärfe oder empirische Genauigkeit ist Manifesten selten zu eigen, oft bleiben sie im Vagen und taugen als politische Handlungsanweisung nur bedingt. Manifest als Adjektiv steht ja auch für offenkundig oder eindeutig, so dass es nicht wundern darf, dass Manifeste häufig das artikulieren, was sowieso schon in der Luft liegt. Nur wenige Manifeste haben es zur Blaupause für politische Reformbewegungen gebracht, und wenn sie es wurden, vor allem dann, wenn sie zum Brennglas oder Sprachrohr eines allgemein wahrgenommenen gesellschaftlichen Veränderungsklimas gegen die Verhältnisse wurden.

Das Manifest der Konvivialisten setzt an allgemein bekannten Bedrohungsszenarien an, die sehr vielgestaltig sind und natürlich auch schon in unterschiedlichen Zirkeln diskutiert werden. Für jedes gibt es eigene Foren und Diskursgemeinschaften, sei es die Klimakatastrophe und die öffentliche Stimme des IPCC (Intergovernmental Panel on Climate Change), seien es globalisierungskritische Bewegungen wie die Attac oder die Weltsozialforen, sei es die globale Occupy-Bewegung, die den entfesselten Kapitalismus und die Ungleichverteilung des Reichtums ins Zentrum stellt, sei es die durch Joseph E. Stiglitz, Amartya Sen und Jean-Paul Fitoussi beflügelte Diskussion zur Messung von Fortschritt und gesellschaftlichen Wohlstand (in Deutschland durch die Enquete-Kommission »Wachstum, Wohlstand, Lebensqualität« aufgegriffen und etwas anders intoniert) oder seien es die Anstrengungen durch NGOs und internationale Organisationen, den sich ausbreitenden kriegerischen Konflikten, den anschwellenden Flüchtlingsströmen und der ethnisch und politisch motivierten Gewalt etwas entgegenzustellen.

Vor dem Hintergrund dieser Vielfältigkeit identifizieren die Konvivialisten nun »die Mutter aller Bedrohungen« (S. 45), versuchen also, die disparaten Arenen gesellschaftlicher Herausforderungen zusammenzudenken. Ihre Leitfrage ist: Wie lässt sich mit der Rivalität und Gewalt zwischen den Menschen umgehen? Sie sehen es als Paradoxon an, dass sich die wissenschaftlich-technische Welt zwar rasant entwickelt hat, aber für die wirklich grundlegenden Fragen und Probleme des Zusammenlebens und der Kooperation immer noch keine Antworten gefunden wurden. Der französische intellektuelle Kosmos, aus dem die meisten der Unterzeichner und Unterzeichnerinnen kommen, legt nun eine Antwort nahe: Es geht um die Qualität des Zusammenlebens, den Konvivialismus. Wenn dies verstanden sei, ließe sich vieles in der Welt zum Guten bewegen. Die Leitcodierung der gesellschaftlichen Verhältnisse solle nicht Wettbewerb und Rivalität sein, sondern die Würdigung von Zusammenarbeit und der Ethos der Kooperation.

## Konvivialistische Sollbruchstellen: Ökonomisches Wachstum und Ungleichheit

Genau dieser Leitgedanke motiviert die stark politische und normative Appellatorik des Manifests. Das gesamte Manifest durchzieht ein Unbehagen gegenüber einer finanzmarktgetriebenen, entfesselten und globalisierten Ökonomie, die die gesellschaftlichen Grundlagen, von denen sie zehrt, nicht zu reproduzieren weiß. Die moralische Entrüstung über exzessive Marktdynamik, grotesk anmutende Ungleichheiten oder anstößige Ausbeutungsverhältnisse ist auf jeder Seite des Manifests zu spüren. Es ist von dem Glauben geprägt, man könne und müsse sich rein ökonomisch geprägten Doktrinen gesellschaftlicher Verfassung entgegenstellen. Die Suprematie des Marktes, das Leitbild des einkommensmaximierenden Egoisten, die Ökonomisierung immer weiterer Lebensbereiche und der Bedeutungszuwachs der spekulativen Rentabilität sind damit die Negativfolien der erarbeiteten Perspektive. Die positiven Referenzen ist die Gesellschaft der Fürsorglichkeit, der wechselseitigen Wertschätzung und Anerkennung und der geteilten Sozialität. Individualität soll im Schoße dieser Prinzipien entfaltet werden, nicht als Gegenprinzip, wofür der Individualismus steht.

Aber was wird als politisches Antidot angeboten? Hier bleibt das Manifest recht wortkarg, mitunter nebulös. Einige nahe liegende Überlegungen werden formuliert, aber kein konsistentes Programm, schon gar keines, welches man als politische Handlungsanweisung verstehen könnte. Die Adressaten sind wir alle (die Menschheit), kein konkreter politischer Akteur. Weitergehende Ideen von institutionellen Arrangements, veränderter Governance oder neuen Interventionsformen sind weitgehend abwesend und derjenige, der händeringend danach sucht, wird sie schmerzlich vermissen, so sehr man auch die Diagnose und die guten Absichten teilen mag. Das Manifest ist zum überwiegenden Teil ein normatives und auf ein verändertes Menschenbild zielendes Programm auf der Ebene der Prinzipiellen, nicht des Konkreten. Das mag man als Stärke sehen, es ist aber zugleich auch eine Schwäche.

Ein von dem Manifest adressierter Problemkreis dreht sich um Fragen von Wachstum und Ungleichheit. Hinsichtlich Wachstum transportiert der Text einen grundlegenden Skeptizismus gegenüber einer kapitalistischen Wachstumslogik *ad infinitum*. Die Autorinnen und Autoren plädieren für die Abkehr vom Wachstumspfad, nicht nur weil er Ressourcen verschlinge und nicht nachhaltig sei, sondern auch, weil er »mehr Konflikte zwischen den Menschen (schüre) als er beilegt« (S. 51). Zugleich richten sie den Suchscheinwerfer auf mögliche Quellen des Wohlstands ohne Wachstum. Soziale Ungleichheit wird problematisiert, weil die exzessive Ungleichverteilung des gesellschaftlichen Reichtums das Prinzip der gemeinsamen Sozialität untergrabe. Die Gesellschaft der Ungleichen ist ihrer Auffassung nach dann besonders problematisch, wenn sich Lebens- und Sozialkreise unterschiedlicher Statusgruppen zunehmend entkoppeln und sich kaum noch eine gemeinsame Lebenswirklichkeit denken bzw. herstellen lässt. Mit dem schwindenden Interesse aneinander verringere sich auch die Sorge füreinander.

## Westliche vs. globale Mittelschichten, Statusangst vs. Aufstiegshunger

Als eingeladener Kritiker möchte ich weniger die normativen Absichten des Manifests, sondern vielmehr die empirischen Wahrscheinlichkeiten seiner Realisierung auf den Prüfstand stellen. Hier fällt es einem recht leicht, in die offenen Flanken zu schlagen. So wünschenswert es erscheinen mag, das Streben nach immer weiterem Wachstum zu zügeln und sich eine Lebensweise der Bescheidenheit und Selbstbegrenzung anzueignen, so schwach erscheint die empirische Fundierung einer solchen Hoffnung. Sind Wachstumsrücknahme, Postwachstum oder Wachstumswende nicht eher Themensetzungen saturierter gesellschaftlicher Enklaven, also jener, die schon Wohlstand angehäuft haben? Blühen diese Blumen nicht vor allem im Paradiesgärtlein der intellektuellen Eliten? Die Stimmen des globalen Südens sind in diesem Chor doch eher schwach vertreten, und wenn sie sich artikulieren, dann vor allem dann, wenn es um besonders gravierende Formen des Raubbaus an der Natur geht, die die Grundlagen subsistenzwirtschaftlicher Produktion zerstören. Ansonsten scheint ökonomisches Wachstum, auch wenn es mit hohen sozialen und ökologischen Kosten verbunden ist, immer noch ein allgemein akzeptiertes und als wünschenswert angesehenes gesellschaftliches Ziel zu sein, aller Wachstumskritik zum Trotz. In der gesellschaftlichen Breite, sowohl im Norden wie auch im Süden, wird Wachstum (auch oft wider besseres Wissen) hofiert, herbeigesehnt und angestrebt. Im Wettbewerb der Weltregionen geht es heutzutage auch um die widerstreitenden Interessen der Saturierten und derer, die in ökonomischer Hinsicht aufschließen wollen oder schon dabei sind, genau dies zu tun. Solcherart »schwindende Unterschiede« können von den Arrivierten leicht als Bedrohung wahrgenommen werden und neben Abwehrreaktionen sich fortwährend steigernde Bemühungen um Wachstum und Wachstumsvorsprünge auslösen. Die Rückwirkungen einer derartigen Konstellation auf die westliche Welt sind jetzt schon erheblich, und es steht zu befürchten, dass Besitzstandswahrung und Statuskampf zu dominanten Motiven politischen und sozialen Handelns werden könnten.

Eine besondere Rolle für gesellschaftliche Veränderungsprozesse spielen die Mittelschichten: Sie sind die wesentliche Trägergruppe sozialen Wandels und alle wesentlichen Reformbemühungen sind auf ein Mindestmaß an Unterstützung gerade dieser wichtigen gesellschaftlichen Fraktion angewiesen, sonst erscheinen sie schwerlich durchsetzbar (Schimank et al. 2014). In vielen OECD-Ländern stehen Stagnation oder sogar ein sozioökonomisches Absacken der Mittelschichten auf der Tagesordnung. Das Ausbleiben von Einkommenszuwächsen, der Anstieg von Arbeitslosigkeit, die Zunahme privater Verschuldung, um die eigenen Konsummöglichkeiten auszuweiten, die Inflationierung von Bildungstiteln mit unsicheren Erträgen, das Entstehen einer *lost generation*, welcher eine stabile Positionierung auf den Arbeitsmärkten immer weniger gelingt, die Einkommensdrift zwischen hoch Qualifizierten und mittel und gering Qualifizierten, die Ausbreitung prekärer Beschäftigung bis in die mittleren Arbeitsmarktsegmente; das alles sind Indizien dafür, dass die einstmals als stabil angesehenen Mittelschichten in den Ländern Westeuropas und den USA an Boden verlieren.

Der Weltbankökonom Branko Milanovic (2014) hat von den »two tales of the middle class« gesprochen, von den gewinnenden neuen Mittelschichten vor allem in Asien und den verlierenden Mittelschichten des Westens. Wenn man seinen Daten zur globalen Einkommensverteilung Glauben schenken darf, dann ist die Gruppe mit mittleren Einkommen deutlich gewachsen und immerhin 90 Prozent dieses Zuwachses kommen aus den asiatischen Ländern, allen voran China. Die Einkommen in den Mittelschichten des Westens haben sich hingegen zwischen Ende der 1980er und 2008 kaum verändert. Gewonnen haben auch die globalen Reichen, so dass sie und die asiatischen Mittelschichten zu den Profiteuren der Globalisierung gezählt werden können. Der Aufstieg der neuen Mittelschichten hat nun, so das Argument, durchaus etwas mit der Stagnation der alten Mittelschichten zu tun, weil forcierte Konkurrenz auf dem Weltmarkt die Löhne in den etablierten westlichen Ökonomien drückt, zu einer zunehmenden Substituierbarkeit von Arbeitsplätzen führt und die strukturelle Arbeitslosigkeit in jenen wirtschaftlichen Sektoren erhöht, die im internationalen Wettbewerb unter Druck geraten.

Randell Collins (2014) sieht in diesem Sinne die langfristige Dezimierung der OECD-Mittelschicht sogar als wahrscheinlichen Entwicklungspfad an, da die zunehmende Computerisierung die Mittelschichtarbeit vom Volumen her verringert und zudem ortsunabhängig macht, was sie wiederum in andere Regionen abwandern lässt. Wurde der Kapitalismus einstmals also durch den kollektiven Aufstieg der Mittelschichten ›gerettet‹, so werden diese nun ausgezehrt, so jedenfalls die Diagnose. Nach Collins bedrohe die heutige Entwicklung der Globalisierung eben nicht nur Arbeitsplätze in der Fertigung (also typische manuelle Tätigkeiten), sondern gleichfalls die wissensbasierten und computerisierten Mittelschichttätigkeiten. Die Globalisierung mache sie zum Teil eines globalen Dienstleistungsmarktes, auf welchem sich mit Konkurrenten auch China oder Indien messen lassen müssen. Die »emerging middle classes« mit ihrem Anspruch auf Teilhabe an Wohlstand und Massenkonsum, ihrer Leistungsbereitschaft und dem ständig wachsenden Humankapitel werden dann zur Herausforderung des westlichen Modells. Nicht überraschend findet sich bei den asiatischen Mittelschichten ein großer Aufstiegshunger, bei den westlichen Mittelschichten hingegen zunehmend Abstiegsangst.

Es braucht sicherlich keine hellseherischen Fähigkeiten, dass in einer derartigen Konstellation die Rede von einem notwendigen Übergang von einer Wachstumsökonomie in eine Postwachstumsgesellschaft nur schwerlich Gehör finden wird. Verzicht und Selbstbeschränkung fallen vor allem dann schwer, wenn man das Gefühl hat, das bislang einträgliche Wachstums- und Wohlstandsmodell könne erodieren, und gleichzeitig anderen dabei zusehen muss, wie sie den Abstand unaufhaltsam verkleinern oder sogar auf die Überholspur wechseln. Schon jetzt glaubt nur ein kleiner Teil der Menschen in der OECD-Welt, dass es zukünftigen Generationen im eigenen Land einmal besser gehen werde – also noch einmal wesentliche materielle Wohlstandsgewinne möglich und wahrscheinlich sind –, während die Mittelschichten in den BRICS-Ländern mehrheitlich davon ausgehen, den eigenen Kindern werde es einmal besser gehen (womit immer vor allem das Materielle gemeint ist). Bei den »emerging middle classes« sehen wir bislang wenige Anhaltspunkte dafür, dass sie zu Trägern von Wachstumsrücknahme und veränderten Konsum- und Lebensstilen werden könnten. Mit dem Risiko einer allzu großen Pauschalisierung lassen sie sich als relativ materialistisch, individualistisch und wettbewerbsorientiert beschreiben. Schon im Hinblick auf die soziale Frage, die in den meisten OECD-Ländern durch den keynesianisch geprägten Sozialstaatskompromiss gelöst wurde, zeigt sich in Ländern wie China, Indonesien, Indien, Brasilien oder Südafrika, dass die Ungleichheitsproblematik bislang kaum adressiert wurde. In diesen Ländern geht wirtschaftliches Wachstum mit einem Aufklaffen der Ungleichheitsschere einher. Noch weiter unten auf der Agenda zentraler Bevölkerungsschichten scheinen die Themen Ökologie und Nachhaltigkeit zu stehen, die auch von den politischen Eliten als nachrangig gegenüber ökonomischen Entwicklungszielen behandelt werden. Im globalen Maßstab hat die Herausbildung neuer Mittelschichten mit entsprechenden Konsum- und Lebensstilen ja gerade erst begonnen, und es ist mit Blick auf die Endlichkeit unserer natürlicher Ressourcen fast bedrohlich, mit welchem Tempo sie vonstatten geht. Vor dem Hintergrund dieser Beobachtungen erscheint der Konvivialismus kaum auf eine Welle breiter Zustimmung hoffen zu dürfen; die Empfänglichkeit für Wachstumsentschleunigung oder gar -umkehr der sog. globalen Mittelschicht scheint begrenzt. Zugleich wird Wachstumsverzicht für die Mehrheit der westlichen Mehrheitsklasse gleichfalls eher eine Zumutung, denn eine attraktive Entwicklungsalternative darstellen.

## Korrosive Ungleichheit

Diese höchst prekären Randbedingungen zur Kenntnis zu nehmen, sollte einen nicht dazu bringen, die Forderungen der Konvivialisten gänzlich ad acta zu legen. So unwahrscheinlich es erscheinen mag, die für alle gesellschaftlichen Veränderungsprozesse so wichtigen Mittelschichten zu Bannerträgern konvivialistischer Ideen machen zu können, so wenig sollte man alle Hoffung fahren lassen. Wenn die Begeisterungsstürme der einkommensbesorgten Mittelschichten für Postwachstumsvisionen ausbleiben, dann sollte man über andere denkbare Akzeptanz- und Zustimmungsgründe für die Wachstums- und Ungleichheitsvorbehalte der Konvivialisten nachdenken, die sich mit den Interessen und dem Moralhaushalt der Mittelschicht besser vereinbaren lassen. Wie dargestellt, ist die Wachstumsfrage an Verteilungsfragen angeschlossen, gefesselt möchte man fast sagen. Dabei stellen sich die globale und die nationale Ebene als verschachtelt und verbunden dar, denn durch die Öffnung des nationalgesellschaftlichen Raumes und die Entstehung globaler Märkte hat sich die ökonomische und politische Handlungsmacht der Reichen dieser Welt deutlich vergrößert. Die Stagnation, die wir für das westliche Modell und seine Mittelschichten ausmachen können, betrifft eben nicht die Wohlhabenden, die Spitzenverdiener und die Investoren. Die OECD-Oberschichten konnten in den vergangenen 20 Jahren ihren Einkommensvorsprung ausbauen und ihren Anteil am Einkommens- und Vermögenskuchen sehr deutlich verbessern (Atkinson/Brandolini 2013). Zusammen mit den Reichen aus anderen Teilen der Welt formieren sie nun eine transnationale Schicht der Kapitalbesitzer, die die Vorteile der globalen Marktbildung für sich auszunutzen wissen. Noch gibt es eine Interessenallianz mit den aufstrebenden Mittelschichten, weshalb es auch so schwierig erscheint, mit dem durch die Globalisierung noch stärker in Szene gesetzten Modell von Marktdynamik und -steigerung zu brechen. Stellt man aber die Verteilungsfrage ins Zentrum, dann geht es sowohl für die westlichen wie auch für die globalen Mittelschichten um die Frage, ob es ihnen gelingt, Märkte wieder einzubetten und sozialen Ausgleich herzustellen, und so ihre eigenen ökonomischen und politischen Positionen gegenüber den Renditeinteressen des globalen Kapitals zu behaupten. Die von den Konvivialisten ins Feld geführte Forderung nach einer Einführung eines Mindesteinkommens, das vor Verelendung schützt, und eines Höchsteinkommens, damit die Fundamente des Zusammenlebens nicht unterminiert werden, macht sich diese Problematik zu eigen.

Die Begrenzung von Ungleichheit mit der Vermeidung von absoluter Armut und Deprivation einerseits und exzessivem Reichtum andererseits, könnte eine Stoßrichtung sein, für die sich auch die Mittelschichten womöglich gewinnen ließen. Allerdings sollte man hierbei nicht zu optimistisch sein, versprechen sich viele in den Mittelschichten eben auch, auf der Gewinnerseite stehen zu können. Dem kann man entgegenhalten, dass große Ungleichheit die Qualität des gesellschaftlichen Zusammenlebens angreift und dies die Interessen der mittleren Fraktionen der Gesellschaft in besonderer Weise berührt. Richard Wilkinson und Kate Pickett (2009) haben darauf hingewiesen, dass recht ungleiche Gesellschaften in der Regel von sozialen Pathologien charakterisiert sind: Sie weisen höhere Kriminalitätsraten auf, einen schlechteren Gesundheitszustand, höhere Suizidraten, geringeres soziales Vertrauen etc. Der Clou ihres Arguments besteht nun darin zu behaupten, dass diese negativen Eigenschaften nicht nur die unteren Gruppen der Gesellschaft tangieren, sondern auch jene in der Mitte und am oberen Ende der sozialen Leiter, wobei die Oberen sich durch *gated communities*, private Gesundheitsleistungen oder Mobilität von vielen Zumutungen abschirmen können. Gesellschaften mit großer Ungleicheit sind insgesamt von stärkerem Statusstress gekennzeichnet, weil der ökonomischen Position in einer Gesellschaft ein sehr hoher Stellenwert zukommt, weil das Risiko des materiellen Verlustes als gravierend empfunden wird und weil der soziale Vergleich und der Wettbewerb die Sozialbeziehungen durchsetzen. Damit, so könnte man im Umkehrschluss sagen, sollte die Begrenzung und Moderation von allzu starken Ungleichheiten auch im wohlverstandenen Eigeninteresse auch der Bessergestellten, aber mindestens der breiten Mittelschichten liegen.

## Lebensqualität und Lebenschancen

Ein zweiter argumentativer Brückenschlag, der die Interessen der Mittelschichten berücksichtigt, ließe sich in Richtung der Lebensqualitäts- und Glücksforschung machen. Hier ist seit längerem bekannt, dass sich oberhalb eines bestimmten Einkommensniveaus die Lebenszufriedenheit durch zusätzliche materielle Ressourcen kaum mehr steigern lässt. Der Grenznutzen von Einkommen bzw. Einkommenssteigerungen für das subjektive Wohlbefinden nimmt also ab. Auch bestimmen sich die Lebenszufriedenheit oder das subjektive Glück aus ganz anderen Faktoren, etwa der eigenen Gesundheit, den sozialen Beziehungen, einem befriedigenden Familienleben und der sozialen Umwelt. Von Erik Allardt (1993) stammt die berühmte »Glücksformel« des »Having, Loving, Being« als den drei Komponenten des subjektiven Wohlbefindens, wobei sich »Having« auf das Einkommen und die materiellen Ressourcen bezieht, »Loving« auf emotionale und soziale Bindungen und die Aspekte der sozialen Integration und »Being« auf Fragen der Anerkennung, Identität und Partizipation. Im Hinblick auf die gesamtgesellschaftlichen Faktoren sind wohlhabendere Länder im Durchschnitt zwar zufriedener als arme Länder, aber dieser Zusammenhang gilt nur mit Blick auf die Extreme. Die Lebenszufriedenheit wächst nicht zwingend mit der wirtschaftlichen Leistungsfähigkeit und ihr Wachstum erschöpft sich oberhalb eines bestimmten Niveaus. Für ersteres ist China ein Vorzeigefall, denn trotz zweistelliger Wachstumsraten sank die Lebenszufriedenheit leicht ab. Andere, tendenziell wichtiger werdende Faktoren sind die Qualität der politischen Institutionen, die öffentliche Infrastruktur und eben das Niveau der sozialen Ungleichheit. Eine Erklärung für das Ausbleiben des Wachstumsglücks in China ist ja gerade, dass die Zunahme an wirtschaftlicher Leistungskraft mit einem gleichzeitigen Aufklaffen der Ungleichheitsschere verbunden ist (Brockmann et al. 2009).

Eine wichtige Rolle für durch ökonomische Zuwächse stimuliertes Glücksempfinden spielen auch Aspirationen und Vergleichsgruppen. Kurzfristig kann wachsender Wohlstand zu höherer Zufriedenheit führen, aber nach und nach verschieben sich die Erwartungen und Vergleichshorizonte, so dass Glücksgewinne schnell wieder aufgezehrt werden. Wir können sogar sagen, dass wir, wenn wir uns und unseren Sozialstatus fortwährend vergleichen, tendenziell unglücklicher werden, ebenso wenn es eine zu große Diskrepanz zwischen erwartetem und erzieltem Einkommen und Lebensstandard gibt. Damit steht und fällt vieles mit den Einstellungen, Werten und mentalen Orientierungen, die unsere gesellschaftliche Statusarbeit anleiten. Einmal in der Vergleichs-, Wettbewerbs- und Statusfalle gefangen, können wir uns kaum noch entziehen.

Vor dem Hintergrund solcher Befunde fällt es nun relativ leicht, einen Punkt gegen Wachstums- und Statushunger zu machen. Wenn wir wissen, dass diese Dinge nur bedingt und oft nur temporär Zufriedenheit herstellen können, ist es nahe liegend, sich auf die nachhaltigeren und verlässlicheren Quellen des Glücks zu besinnen, zu denen das konvivialistische Manifest durchaus einiges zu sagen hat. Zugleich sollte man sich aber davor hüten, (wie manche Glücksforscher) einen problematischen Zielindikator gesellschaftlicher Entwicklung, nämlich materiellen Wohlstand, durch einen anderen, nämlich subjektive Lebenszufriedenheit, ersetzen zu wollen. Gesellschaftspolitik kann sich nicht an einer wie auch immer gearteten gegenwärtigen Zufriedenheit ausrichten. Dann würde sie zur allgemeinen Beglückungsunternehmung verkommen, die fortwährend damit beschäftigt ist, Wohltätigkeiten in dosierter Form über die gesamte Gesellschaft auszubreiten. Länder, in denen das subjektive Glück zum Maßstab politischen Handelns geworden ist, wie das Königreich Bhutan, das nach dem Bruttonationalglück strebt, werden von den meisten von uns nicht als das Paradies auf Erden empfunden. Die Kehrseite einer derartigen Zufriedenheitspolitik sind die Aufgabe längerfristiger Entwicklungsziele, das Verharren in der Komfortzone oder eine resignative Akzeptanz gegenüber den Verhältnissen, in denen man gerade lebt. Es mag daher auch nicht überraschen, dass auf der Weltkarte des Glücks auch einige relativ arme und undemokratische Länder recht gut abschneiden, wobei hier auch die Religion eine große Rolle dafür spielt, ob man sein Leben als sinnvoll empfindet. Der Glaube kann helfen, schwierige Lebensbedingungen zu ertragen und die religiöse Gemeinschaft selbst kann Zugehörigkeit und Unterstützung vermitteln.

Geht man aber über die Lebenszufriedenheit hinaus, dann muss es mit den Konvivialisten um das Prinzip der gemeinsamen Sozialität und die Fundamente des Zusammenlebens gehen. Für Gesellschaften als Ganze sind Entwicklungschancen dann besonders ausgeprägt, wenn sie ihren Gesellschaftsmitgliedern grundlegende Rechte einräumen, sie an den gesellschaftlichen Belangen beteiligen, für ein auskömmliches Leben und Teilhabe an den gesellschaftlich produzierten Gütern sorgen und Möglichkeiten der individuellen Entfaltung einräumen. Die Ermöglichung von Lebenschancen könnte man das wohl nennen. Das gilt sowohl für national verstandene Gesellschaften wie auch für die globale Ebene, also die Weltgesellschaft.

## Social Relations Matter, Institutions Matter

Die Bedingungen dafür werden durch politische und soziale Institutionen bereitgestellt, weshalb sich das Manifest auch mit der Frage konfrontieren lassen muss, welche – außer einem allgemein gehaltenen Wir – die wesentlichen politischen Adressaten des Forderungskatalogs sein könnten, darüber hinaus damit, in welchen institutionellen Architekturen sich die ausgearbeiteten Prinzipien am besten verwirklichen und verstärken lassen. Was diese Fragen angeht, schweigt das Manifest aber und verzichtet auf konkrete Blaupausen, ganz so, als wolle man diese Themenkreise dem politischen Diskurs überlassen.

Nimmt man aber in den Blick, dass die Autorinnen und Autoren allesamt profilierte SozialwissenschaftlerInnen und PhilosophInnen sind, die vielen Politikern im Hinblick auf die empirische Kenntnis und theoretische Reflexion komplexer gesellschaftlicher Zusammenhänge einiges voraushaben, dann wünschte man sich schon Einsichten und Handreichungen, wie man es angehen könnte. Es gibt es ja konkrete Anknüpfungspunkte und Wissen darüber, in welchen institutionellen Kontexten welches Verhalten hervorgebracht und verstärkt wird. Institutionen und die in ihnen eingelassenen impliziten und expliziten Regeln konditionieren, strukturieren, motivieren, ermuntern und unterdrücken bestimmte Handlungsorientierungen und Verhaltensweisen. Deshalb ist es so entscheidend, dass ihre Baupläne die Vielfalt menschlicher Antriebe und Motive berücksichtigen und auf intelligente Weise miteinander in Verbindung bringen, so dass auch soziale und kulturelle Aspekte hinreichend berücksichtigt werden. Ein ökonomischer Reduktionismus sollte hingegen vermieden werden.

Wir wissen beispielsweise, dass die Qualität der sozialen Beziehungen von der Qualität öffentlicher und sozialer Institutionen und der Art und Weise, wie dort Konflikte verhandelt und geregelt werden, abhängen. Wir wissen, dass die Fragen der Korruption eng mit der Entwicklung des Rechtsstaates verwoben sind. Wir wissen zudem, dass Anreiz- und Bonussysteme in Unternehmen Rückwirkungen auf das Verhalten der Beschäftigten und des leitenden Managements haben. Und wir wissen auch, dass die auf Wettbewerb und Leistungsvergleich zielenden Instrumente des *New Public Management* im Bereich der öffentlichen Daseinsvorsorge oder der Bildung Probleme aufwerfen können, weil Bürger zu Konsumenten werden und nicht messbare Orientierungen und Leistungen verdrängt werden können. Diese Aufzählung ließe sich beliebig verlängern. Die Sozialwissenschaften sind also gefragt, ihr Wissen zu den Wirkungsweisen unterschiedlicher institutioneller Designs auf die Fragen des Zusammenlebens, der wechselseitigen Anerkennung und der Zügelung rein ökonomischer Handlungsantriebe in die Waagschale zu werfen. Wenn es um die Balance der Spannungen beispielsweise zwischen Effizienz und Gleichheit, zwischen Individualismus und Kollektivorientierung, zwischen Gegenwart und Zukunft oder zwischen ökonomischen und nicht-ökonomischen Leidenschaften geht, braucht es ihre Stimme und Kompetenz. Sie mögen oft als die hilflosen Bremser in einer hyperdynamischen und globalisierten Wettbewerbsgesellschaft angesehen werden, ihre Einsichten sind aber unverzichtbar, wenn es um die Gestaltung von erfolgreichen Gesellschaften geht.

Wenn es stimmt, dass für die große Frage nach der Qualität und den Entwicklungschancen von Gesellschaften »social relations matter« (Hall/Lamont 2013), dann tritt die Frage nach der politischen und institutionellen Rahmung und Gestaltung eben dieser in den Vordergrund. Die hier angesprochene Qualität sozialer Beziehungen legt ein umfassendes Verständnis gesellschaftlicher Sozialität nahe und erschöpft sich nicht in weitgehend anonymisierten Marktbeziehungen: Es geht um Nachbarschaften, freiwillige Assoziationen, das Verhältnis von Arm und Reich, die Institution der Staatsbürgerschaft, die Rolle öffentlicher Institutionen, informeller Gemeinschaftsbindungen, den Umgang mit Diversität und die sozialen und kulturellen Quellen von Anerkennung, Teilhabe und Identität. Ob eine Gesellschaft mit Herausforderungen umgehen kann, ob die Veränderungen im Großen und im Kleinen zu einem angemessenen Umgang führen, ob Wandel neue Chancen bereithält oder als Bedrohung empfunden wird, wird in der Regel eben nicht nur von einer simplen Gewinner-Verlierer-Dichotomie angeleitet, sondern vor allem durch die Vermittlung solcher Veränderungen in sehr spezifischen institutionellen und sozialen Kontexten.

Es gibt gute Gründe skeptisch zu sein, was die Mitmachbereitschaft der Mittelschichten beim Abarbeiten des Pflichtenhefts der Konvivialisten angeht. Einerseits. Andererseits wiegen das Aufklaffen der Ungleichheitsschere, die Hyperkonzentration von Vermögen und die Ökonomisierung und Verwettbewerblichung der Gesellschaft auch für die Mittelschichten schwer. Die Suche nach einem (politischen) Projekt, das sich dem neoliberalen Marktmodell entgegenstellt und im Verhältnis von Staat und Markt eine neue Balance findet, hält also an, denn nur dann können auch langfristig die Interessen der Mittelschichten hinreichend Berücksichtigung finden. Insofern besteht die Herausforderung heute vor allem darin, die Vielfalt der Quellen des gelingenden Zusammenlebens zu wahren, und nicht dem Paradigma der Marktbeziehungen unterzuordnen. Ob die Mittelschichten, seien sie westlicher oder globaler Provenienz, dies politisch hinbekommen, ist eine offene Frage. Das politische Gewicht dafür hätten sie!

## Literatur

Allardt, Erik (1993): »Having, Loving, Being: An Alternative to the Swedish Model of Welfare Research«, in: Martha Nussbaum/Amartya Sen (Hg.), The Quality of Life, Oxford: Clarendon Press, S. 88-94.

Atkinson, Anthony B./Brandolini, Andrea (2013): »On the Identification of the Middle Class«, in: Janet C. Gornick/Markus Jäntti (Hg.), Economic Disparities and Middle Class in Affluent Countries, Stanford: Stanford University Press, S. 77-100.

Brockmann, Hilke/Delhey, Jan/Welzel, Christian/Yuan, Hao (2009): »The China Puzzle: Falling Happiness in a Rising Economy«, in: Journal of Happiness Studies 10 (4), S. 387-405.

Collins, Randall (2014): »Das Ende der Mittelschichtarbeit: Keine weiteren Auswege«, in: Immanuel Wallerstein/Randall Collins/Michael Mann/Georgi Derluguian/Craig Calhoun, Stirbt der Kapitalismus? Fünf Szenarien für das 21. Jahrhundert, Frankfurt a.M./New York: Campus, S. 49-88.

Hall, Peter A./Lamont, Michèle (2013): »Why Social Relations Matter for Politics and Successful Societies«, in: Annual Review of Political Science 16, S. 1-23.

Schimank, Uwe/Mau, Steffen/Groh-Samberg, Olaf (2014): Statusarbeit unter Druck? Zur Lebensführung der Mittelschichten, Weinheim und Basel: Beltz Juventa.

Wilkinson, Richard G./Pickett, Kate (2009): The Spirit Level: Why More Equal Societies Almost Always Do Better, London: Allen Lane.

# Konviviale Integration in postmigrantischen Gesellschaften

*Naika Foroutan*

»Nicht Verhältnisse von Vertrautheit, sondern der Umgang unter Fremden wird zum Ausgangspunkt der Überlegungen gemacht«, schreiben Frank Adloff und Volker Heins in ihrer Einleitung zum vorliegenden Band über das konvivialistische Manifest und leiten über zu der Frage: »Wie zusammenleben, ohne sich gegenseitig zu schaden?« Reicht dieses Minimalziel – sich keinen Schaden zuzufügen – aus, um stark heterogene, von Debatten um Migration geprägte Gesellschaften vor der herausfordernden Polarisierung durch rechtspopulistische Parteien zu bewahren, die derzeit in 18 europäischen Nationalparlamenten vertreten sind? In postmigrantischen Gesellschaften, die politisch anerkannt haben, dass sie Einwanderungsländer geworden sind und Migration ein konstituierendes Element der Gesellschaft bildet, beanspruchen Migranten und ihre Nachkommen Teilhaberechte auf der Basis des Gleichheitsgrundsatzes der Demokratie. Dies führt zu Aushandlungen um Rechte, Positionen und Privilegien. Ambivalenzen rund um Identitätspolitiken und der Sehnsucht nach Normalisierung prägen die politischen Debatten ebenso wie der Antagonismus zwischen Migrationsbefürwortern und Migrationsgegnern. Neue Narrative entstehen, während die alten noch verteidigt werden und noch ältere erneuert gegen beide antreten. Die postmigrantische Gesellschaft ist ambivalent und unübersichtlich mit dem Versprechen einer radikalen über das ›Migrantische‹ hinausweisenden Utopie der Gleichheit, die jenseits der Herkunft verhandelt wird, weil Herkunft in der zunehmenden Unübersichtlichkeit und Heterogenität der Generationen verschwimmt. Die Rhetorik der Rechtspopulisten bietet eine Reduktion dieser Unübersichtlichkeit an, eine Rückkehr zur Homogenität oder einen sortierten Ethnopluralismus und zu Werten, die ›Europa‹, den ›Islam‹ und Einwanderung als Bedrohung der kollektiven Identität verwerfen. Daraus entsteht ein Kampf gegen Gesellschaftsformen, die von Vielfalt durch Migration geprägt sind, und deren Unübersichtlichkeit eine erhöhte Ambiguitätstoleranz voraussetzt.

Im konvivialistischen Manifest, das beansprucht, »die Umrisse einer anderen möglichen Welt zu skizzieren«(S. 36), taucht das Wort Migration nur ein einziges Mal auf. Dies geschieht in der Einleitung, in der auf gegenwärtige Bedrohungen wie »die Klimaerwärmung, die Katastrophen und die gigantischen Migrationsströme, die sie nach sich ziehen werden«, verwiesen wird (S. 40). Migration als Kernkomponente von Mobilität, von dynamischer Umgestaltung der Einwanderungsgesellschaften, Normalitätsphänomen und dominantem Konfliktdiskurs findet keinen Eingang in die Überlegungen der vierzig Intellektuellen, die als Erstunterzeichner des Manifests auftreten. Stattdessen wird viel und mit maximaler Unverbindlichkeit vom Verhältnis von Menschen und Gruppen untereinander gesprochen. »Konvivialität braucht die Autonomie der Gesellschaft, die sich durch zivilgesellschaftliche Assoziationen realisiert«, (S. 36) fasst Frank Adloff zusammen.

Aber reicht es aus, auf zivilgesellschaftliche Assoziationen zu setzen, wenn die Polarisierung bereits institutionell und politisch strukturiert ist, wie es nicht zuletzt in der Parteienstruktur, sondern auch anhand zivilgesellschaftlich aufgebauter Institutionen, wie Bürgerbüros, Online-Portalen, Radiosendern rechtspopulistischer Parteien in Europa zu beobachten ist? Rechtspopulistische Positionen und Stimmen sind also keineswegs mehr assoziativ zivilgesellschaftlich organisiert, was der 25 Prozent-Erfolg des Front National auf dem Weg ins Europaparlament nahelegt, ebenso wie die 27 Prozent der UKIP in Großbritannien oder die 26,6 Prozent für die Dänische Volkspartei. Der deutliche Anstieg dieser nationalkonservativen Parteien und hier sei weniger auf die seit Jahren um 20-25 Prozent etablierten wie die SVP in der Schweiz oder die FPÖ in Österreich verwiesen, sondern eher auf die Schwedendemokraten, Wahren Finnen, Vlaams Belang, die 52 Prozent für FIDESZ in Ungarn und die PiS in Polen, die nun den Präsidenten stellt, zeigt: Die Rechtspopulisten besitzen sehr wohl eine institutionelle Macht und nicht nur eine assoziative und geben eine Agenda vor, die auf ihre Art auch auf ein gelingendes Zusammenleben ausgerichtet ist – allerdings auf Kosten von Minderheiten und mit dem Ziel der massiven Einschränkung von Einwanderung, globaler und europäischer Kooperation und Wertevielfalt. Die zunehmend offensiv formulierten Antworten der Migrationsgegner lassen ein bloßes Abwarten, wohin die Gesellschaft sich entwickelt, fragwürdig erscheinen. Die zunehmenden Positionsgewinne rechtspopulistischer Parteien führen dazu, sich die Frage »Wie wollen wir zusammenleben?« auch unter dem Aspekt der zunehmenden Migrationsbewegungen deutlich zu stellen – und eine konstruktive Antwort zu formulieren, wenn man sich den einfachen Antworten der Rechtspopulisten entgegenstellen will. Hier gibt es im konvivialistischen Manifest eine Leerstelle.

## Sinnsuche

Postmigrantische Gesellschaften sind von Aushandlungen, Ambivalenzen, Antagonismen und Allianzen gekennzeichnet. Sie sind keine utopischen Gemeinschaften, in denen Rassismus und Ungleichheit überwunden sind. Vielmehr sind sie geprägt von Konflikten zwischen jenen, die unter Demokratie gleiche Rechte für alle Bürger verstehen und jenen, die Vorrechte nur für die jeweils eigene Gruppe beanspruchen. Wir beobachten hier zunehmend eine Spannung zwischen kognitiver und affektiver Wahrnehmung von Zusammenleben: Während der Sachverständigenrat deutscher Stiftungen für Integration und Migration (SVR) in Deutschland von einem Integrationsoptimismus ausgeht (SVR 2014) und weitere Studien für die deutsche Bevölkerung eine Offenheit gegenüber Einwanderung und Diversität konstatieren (GMF 2013), sind Abwehrhaltungen und Stereotype gegenüber sichtbaren Minderheiten auf einem hohen Niveau stabil (Decker/Kiess/Brähler 2014; Foroutan et al. 2015). Auch gegenüber ›nicht sichtbaren‹ Minderheiten wie (säkularen) Juden oder Homosexuellen hält sich eine latente emotionale Abwehr. Man könnte geneigt sein zu denken: Solange sie sich »keinen Schaden zufügen«, sollen die Menschen doch denken, was sie wollen – jeder hat ein Recht auf Antipathie, wir sind nicht verpflichtet, einander zu lieben! Gleichzeitig müssen wir uns fragen, ob demokratische Grundwerte wie Gleichheit und Gleichwertigkeit gänzlich unabhängig von Empathie und übergeordneter Sinngebung tragfähig bleiben oder aber implodieren, wenn die Gleichgültigkeit des Nebeneinanderlebens von dem berauschenden Angebot der Rechtspopulisten überrumpelt wird?

In den 1970er Jahren formulierten vor allem französische Philosophen wie Jean-François Lyotard ihre Kritik an übergeordneten, sinnstiftenden Erzählungen, von denen angenommen wurde, dass sie immer nur exklusiv seien und konkurrierende Wahrnehmungs- und Wahrheitsansprüche grundsätzlich ausschlössen. Dass sie auch miteinander existieren und komplementär sowie kompetitiv zu einander funktionieren können, wurde weniger mitgedacht. Allerdings ist die parallele und gleichzeitige Präsenz von multiplen Großerzählungen (Religion, Säkularismus, Neoliberalismus, Kommunismus etc.) in heterogenen Gesellschaften augenscheinlich, wo unterschiedliche religiöse, werteorientierte, ökonomische und politische Konzepte teilweise miteinander konkurrieren, aber auch überlappend und verschränkt neben- und miteinander bestehen können. Gleichzeitig gibt es dominante Großerzählungen, die stark homogenisierend und ausschließend sind (z.B. Islamismus oder Nationalismus) und Zuspruch bis in die Mitte der Gesellschaft hinein erhalten – man denke z.B. an die Ergebnisse der Studien der Friedrich-Ebert Stiftung, die deutlich fremdenfeindliche, islamophobe und homogenisierende Zusprüche in der Mitte der Gesellschaft aufzeigten (Decker/Kiess/Brähler 2014). Auch Hinwendungen junger Menschen zu radikalen und extremistischen islamistischen Gruppierungen zeigen die Anziehungskraft exklusivistischer Großerzählungen, die strukturierend und gesellschaftserklärend auf Menschen wirken. Daher stellen die Autoren des konvivialistischen Manifests zurecht die Frage, wie man »mit den Gefahren moralischer und politischer Art, die man als anthropisch bezeichnen könnte« (S. 45) umzugehen habe?

Aber wenn die Autoren sich für »ein Maximum an Pluralität, das noch möglich ist, ohne den Zusammenhalt zu gefährden« (S. 27) aussprechen, wie Adloff zusammenfasst, wird deutlich, dass sie sich nicht trauen, zu beschreiben, was sie mit der mitschwingenden Einschränkung konkret meinen? Denn durch den ganzen Text hindurch ist die Unentschiedenheit zu spüren, dass die Autoren sich auf der einen Seite nach einem sinngebenden Metanarrativ sehnen, es aber auch gleichzeitig ablehnen, ein solches zu formulieren. So beschreiben sie einen diaphanen Möglichkeitsraum, in dem »ein gleiches Recht auf Verwurzelung wie auf Entwurzelung, auf das Gleichheitsrecht der Kulturen und zugleich auf ihr Recht, sich voneinander radikal zu unterscheiden«, (S. 27) skizziert wird. Die Frage, vor der sich die Autoren und mit ihnen wir Intellektuellen, die in der Dekonstruktion und der Hybridität, der Dritten Räume und der situativen Identitäten sozialisiert sind, drücken, lautet, ob heterogene Gesellschaften nicht doch einer übergeordneten politik- und handlungsleitenden Großerzählung bedürfen, die sie in ihrem politischen und narrativen Selbstbild strukturiert, weil die Heterogenität als pures Nebeneinander nicht als sinngebend empfunden wird, wenn ihr kein sinnstiftender Endpunkt vorausgeht, auf den diese Vielheit zuläuft und der die Entwicklung der Gesellschaft auf diesem Weg begründet. Und vor allem weil diese Pluralität, die wir als Intellektuelle ersehnen, weil wir es als bereichernd, herausfordernd und anregend empfinden, uns in der Vielheit immer wieder zu verlieren und neu zu definieren, viele Menschen überfordert und verunsichert, die nun ein Angebot für Eindeutigkeiten und zur Ambiguitätsreduktion von rechten Populisten und Islamisten bekommen, während wir noch weiter mit Dekonstruktionen beschäftigt sind. Die Angebotsunterbreiter wie Marine Le Pen, Geert Wilders, die Schwedendemokraten, die UKIP, die AfD oder Pegida warnen vor Parallelstrukturen, Chaos, Unordnung und Bezugslosigkeit, dort wo wir Mehrfachzugehörigkeiten, Fluidität und Code-Switching hochhalten. Die Salafisten und Islamisten winken mit wahren Identitäten, während wir die Unentschiedenheit und die Hybridität als Normalität betrachten.

Die große Frage, die sich nun an uns stellt – und zu der die Autoren des konvivialistischen Manifests sich nicht vorwagen – ist, ob es auch Großerzählungen geben kann, die sinnstiftend und strukturierend auf Politik und Zivilgesellschaft Einfluss nehmen können, ohne exklusiv und homogenisierend zu wirken. Dabei stellt sich wieder einmal die Frage, ob ein Verfassungspatriotismus als Basis ausreicht, um heterogene Gesellschaften – etwa die deutsche Gesellschaft – zukünftig politisch weiterzudenken. Braucht es vielleicht zusätzlich einen sinnstiftenden Endpunkt, ein handlungsleitendes Motiv oder Leitbild, welches politisch definiert, wie dieses neue heterogene Deutschland sich erzählt? Wer erzählt und entwirft dieses Motiv? Und lässt ein solches Leitbild – eine Neudefinition des pluralen postmigrantischen Deutschlands – nicht auch wieder ›Andere‹ zurück, wie Pegida oder Salafisten? Wenn Soziologen sagen, dass es keine kollektive soziale Identität geben kann ohne die Existenz einer Outgroup, dann müssen wir entweder Heterogenität mit dem Fortbestand von Outgroups zusammendenken. Oder wir denken weniger sozialpsychologisch und orientieren uns am philosophischen Ansatz Martin Bubers und seinem »Ich« in Gegenüberstellung zum »Du«. So könnte ein neues deutsches »Wir«, zwar immer noch nur in Kombination mit einem »Ihr« gedacht werden, aber dieses »Ihr« wäre keine dichotome Ingroup-Outgroup-Kategorie, sondern Bezugspunkt eines sinnstiftenden Narratives in einer dynamischen Integrationslogik, die danach strebt, Ungleichheit in der Gesellschaft abzubauen und Gleichwertigkeit als Basis eines Zusammenlebens in einer Gesellschaft zu sehen, die von Vielheit, Heterogenität und Pluralität gekennzeichnet ist. Die Integration in dieses Leitmotiv bzw. Metanarrativ der Vielheit oder der pluralen Demokratie wäre dann eine Zielperspektive, die für die Politik handlungsleitend und für die Zivilgesellschaft sinnstiftend wirken könnte.

## Integration als Weg – Konvivialismus als Ziel?

Das Problem, Integration als politisches Leitmotiv für eine Form des Zusammenlebens anzubieten, die auf Vielheit und Gleichwertigkeit gründet, verweist auf den Begriff der Integration selbst. Dieser hat sich in den letzten 35 Jahren – seit der Veröffentlichung des sogenannten Kühn-Memorandums (Kühn 1979) – in Deutschland in einem steten Wechselspiel zwischen Wissenschaft, Politik, Zivilgesellschaft und Medien als Vorstellung einer Kerngesellschaft etabliert, an welche sich Einwanderer oder Migranten anzupassen haben. Problematisch an dieser Perspektive sind zum einen der unilaterale Bezugspunkt sowie die suggerierte Bringschuld der Migranten, was den Blick von gesellschaftlichen Aufgaben weglenkt. Der Begriff wird dadurch seit Jahrzehnten einseitig verwendet. Auf diese Weise ist der Integrationsbegriff paradoxerweise selbst zu einem Integrationshemmnis und zu einem Exklusionsbegriff geworden. Das Paradoxon der Integrationsfrage besteht heute darin, dass mit dem Anstieg struktureller und sozialer Integration und mit einer zunehmenden Etablierung von Migranten und ihren Nachkommen in der bürgerlichen Mitte sowie in Elitepositionen, die etablierten Eliten weitere Hürden der Integration einbauen und Schließungen vornehmen. Sie erweisen sich also selbst als desintegrativ, was mit einer Angst vor Verteilungskämpfen zusammenhängen kann: »Die Migranten, die zu den besten Aspiranten auf Integration zählen, sind bevorzugt Ziel von Stigmatisierung, bedrohen sie doch vermeintlich am stärksten den Status der Einheimischen,« so der Frankfurter Soziologe Ferdinand Sutterlüty (2010). Die Distinktionsmechanismen, die Ungleichheiten trotz struktureller und sozialer Aufstiege symbolisch zementieren, wirken vor allem mit dem Argument der »kulturellen Inkompatibilität« von Migranten weiter, weswegen eine stärkere kulturelle Identität eingefordert wird, die aber gleichzeitig negiert wird. Hierbei konzentriert sich die Debatte in Deutschland (und anderen europäischen Ländern) verstärkt auf die größte religiöse Minderheit: die Muslime. Die Forderung nach kultureller Integration gewinnt zunehmend an Bedeutung, wird doch die kulturelle Diversität als Bedrohung für eine definierbare, klare nationale Identität gesehen. Dies liegt vor allem daran, dass nationale Identität in Deutschland nicht heterogen gedacht wird – es fehlt dafür ein politisches Leitbild.

Besonders die kritische Migrationsforschung, aber auch Migrantenselbstorganisationen und involvierte Einzelpersonen distanzierten sich in den letzten Jahren zunehmend vom Integrationsbegriff. Mit der Kritik geht auch der Wunsch einher, den im Jahr 2005 etablierten Begriff »Menschen mit Migrationshintergrund« wieder abzuschaffen, wie dies etwa Klaus Bade gefordert hat. Dabei handelt es sich keineswegs um kleinliche Begriffsdebatten. Vielmehr stehen diese Diskussionen exemplarisch für viel breitere gesellschaftliche Aushandlungsprozesse um Zugehörigkeit, Wandel der nationalen Identität und die Kernfragen heterogener postmigrantischer Gesellschaften: Wie wollen wir miteinander leben, wer gehört zum nationalen Kollektiv und was hält immer diverser werdende Gesellschaften im Kern zusammen? Da der Integrationsbegriff immer noch nur selten gesamtgesellschaftlich gedacht und auf die Perspektive der Bringschuld seitens der Zugewanderten und ihrer Nachkommen verengt wird, wurde in den letzten Jahren wiederholt gefordert, den Begriff zu ersetzen, z.B. durch den Begriff der Inklusion. Weil jedoch der Inklusionsbegriff im öffentlichen Verständnis mit Menschen mit Behinderung verbunden wird, gelingt die Ausweitung des Inklusionsbegriffes derzeit noch nicht. Außerdem bleibt die Frage offen, ob eine Abschaffung oder Ächtung des Integrationsbegriffes letztlich sinnvoll ist, wenn die Strukturen, die ihm zugrunde liegen, erhalten bleiben. Böcker, Goel und Heft haben dies in ihrer kritischen Reflexion zum Integrationsbegriff bereits verworfen: »Der Gewalttätigkeit des Integrations-Diskurses kann nicht durch die Wahl eines alternativen Begriffes entgegengewirkt werden. Weniger das Wort Integration ist problematisch, sondern die dem Diskurs zugrundeliegenden rassistischen Ausgrenzungen, die mit jeder unkritischen Rede von Integration reproduziert werden« (Böcker/Goel/Heft 2010). Ziel muss daher die Verschiebung des Blickes sein: Weg von den Defiziten, die den Minderheiten zugeschrieben werden, hin zu jenen, die Teilhabestrukturen dadurch erschweren, dass sie die Strukturen dafür nicht schaffen oder blockieren. Ziel ist daher eine Ausweitung des Integrationsbegriffs auf die gesamte Gesellschaft und eine kritische Reflexion des Begriffes, dem stets ein politisch technokratischer Anspruch anhaftet und dem die emotional-affektive Komponente fehlt. Diese wiederum ist im Begriff des Konvivialismus enthalten. Warum also nicht eine Kopplung zwischen moral-philosophischer und politisch-funktionalistischer Konzepte hin zu einer »konvivialen Integration«? Integrationskonzepte, die sich regulierend auf heterogene Gesellschaften beziehen, könnten mit erweiterten, konvivialen Assoziationen verknüpft werden: Es könnte versucht werden, den Begriff der Integration im konvivialistischen Sinne zu öffnen, um die Essentialisierung kultureller Identitätskonstruktionen, die derzeit mit dem Integrationsbegriff einhergeht, aufzubrechen Abgrenzungen von Gruppen zueinander beweglich zu machen, zu verschieben und aufzulösen. Diese Idee könnte dem in Deutschland negativ etablierten gesellschaftspolitischen, technokratischen und einseitig orientierten Konzept der »Integration« als normative Forderung eine emotional-affektive Ausweitung geben und somit das eingangs erwähnte Paradoxon zwischen kognitiver Erkenntnis und affektiver Verweigerung der Einwanderungsrealität neu angehen. Vor allem könnte die konviviale Integration einen Kompass für eine gesamtgesellschaftliche Politik im postmigrantischen Deutschland bilden, in dem eine Anerkennung der Migrationsrealität stark verspätet erfolgt ist und nun zu einer Neuverhandlung von rechtlichen, gesellschaftlichen und politischen Positionen im Anschluss an erfolgte Migrationen und die Selbstanerkennung Deutschlands als einer Einwanderungsgesellschaft führt.

Auf einer Veranstaltung zum zehnjährigen Jubiläum des deutschen Zuwanderungsgesetzes im April 2015 sagte die Beauftragte der Bundesregierung für Migration, Flüchtlinge und Integration, Aydan Özoguz, sinngemäß‹ dass wir eine integrative Politik für 81 Millionen Menschen in Deutschland und nicht mehr für 16 Millionen Menschen mit Migrationshintergrund brauchen. Damit macht sie klar, dass die Frage, wie wir in diesem Land zusammenleben wollen, alle Menschen gleichermaßen betrifft. Hier ist ein Paradigmenwandel zu beobachten, der die statische Verwobenheit des Integrationsbegriffs mit dem Migrantischen auch in der Politik dokumentiert.

Konviviale Integration lässt sich somit neu definieren als ein gesellschaftsstrukturierendes Leitmotiv, das sich aus den Teilsegmenten Anerkennung, Chancengerechtigkeit und Teilhabe zusammensetzt mit dem Ziel, Diskriminierung und gesellschaftliche Ungleichheit zu überwinden. Darüber spannt sich das sinnstiftende Narrativ, dass ein Zusammenspiel dieser moralphilosophischen Prinzipien nicht nur durch Perspektiven und Handlungsstrategien der Akteure »vor Ort« gelingt. Der Konvivialismus konzentriert sich zu wenig auf das politische System als strukturgebende und strukturverändernde Instanz und zu stark auf die Strategien des Zusammenlebens von Akteuren und Gruppen: »Wie leben diese zusammen, wie gelingt ihnen das oder eben auch nicht?«, ist die Kernfrage des Konvivialismus. »Welche Rolle kommt bei der Strukturierung des Zusammenlebens dem politischen System zu und welche Strukturveränderung muss von der Politik eingefordert werden, damit der gesellschaftlichen Zusammenhalt gestärkt wird?«, sind aber konkrete Fragen, die von der Integrationspolitik gestellt werden. Insofern wäre eine Verzahnung der beiden Konzepte zielführend. Konvivialität geht eher von einem Prozess aus, in dem sich gleichberechtigte Elemente zusammenfügen, aber auch unterscheiden, überschneiden und Grenzen ziehen. Der Antrieb und die Dynamik erscheinen in der Beschwörung und Benennung von maximaler Vielheit zu liegen. Damit aber die Anerkennung und das Hochhalten maximaler Vielheit nicht die Gefahr in sich tragen, irgendwann auch soziale Ungleichheit als Teil der Vielfaltserzählung zu sehen, muss ein sinnstiftender Endpunkt formuliert werden und ein politischer Weg der Umsetzung gefordert werden.

Die Großerzählung, die hinter der konvivialen Integration stehen könnte, hätte zum Inhalt, wie es gelingen könnte, vor dem Hintergrund wachsender Ungleichheit und einer wachsenden kulturellen Diversität – also einer zunehmenden Super-Heterogenisierung – eine Gesellschaft norm- und sinngebend zusammenzuführen und Zugehörigkeit und Identifikation für alle Bürger zu schaffen, und zwar einschließlich der Neu-Bürger. Die Gesellschaft muss sich als »Einheit der Verschiedenen« erzählen, wie dies auch Bundespräsident Joachim Gauck in seiner Rede zur 65-jährigen Feier des deutschen Grundgesetzes getan hat. Integration in ein vielfältiges Kollektiv oder Integration in ein kollektives Narrativ bedeuten allerdings immer die Einfügung von neuen Elementen in eine vermeintlich schon bestehende Entität. Daher müsste parallel auch diese Entität neu erzählt werden. Wenn die Entität die Nation war, das Volk, die nationale Identität, das deutsche Wir – so muss es Ziel der konvivialen Integration sein, genau diese Entitätsbestandteile im Sinne eines integrativen Zusammenlebens neu zu erzählen: Was bedeutet Nation, Volk, deutsche Identität – jetzt wo immer mehr Menschen für sich in Anspruch nehmen dazuzugehören, auch wenn ihre Vorfahren nicht hier geboren sind und ihre Namen unvertraut klingen? Die Herausforderung liegt darin, dieses narrative Kollektiv in seiner Heterogenität zu einer authentischen Identität zu führen, die auf Vielheit gründet. Konviviale Integration wäre dann das leitende Motiv einer durch Vielfalt gekennzeichneten Gesellschaft, die nicht mehr aus Migranten und immer schon Dagewesenen besteht, sondern postmigrantisch den Blick ausweitet und Ungleichheiten in der Gesellschaft adressiert. Dabei wäre Integration der Weg und Konvivialität der sinnstiftende Endpunkt. Konvivialität würde dabei verstanden als Zusammenleben vieler in einer Einheit, die zunächst noch nationalstaatlich strukturiert ist, aber mit einer inklusiven Erzählung einer Nation, für die Pluralismus und Diversität konstitutiv sind. Dies ist eine politische Herausforderung, die parallel zu strukturellen Integrationsmaßnahmen narrativ flankiert werden muss.

Das Wort Integration taucht im konvivialistischen Manifest an keiner Stelle auf. Die Autoren schreiben auf S. 63: »Jeder Einzelne darf hoffen, dass ihm eine ebenso große Würde zuerkannt wird wie allen anderen Menschen und dass ihm hinreichende materielle Bedingungen zuganglich sind, um seine Auffassung vom guten Leben, unter Berücksichtigung der Auffassungen anderer, zu verwirklichen, und sich um die Anerkennung der anderen zu bemühen, indem er, wenn er es wünscht, am politischen Leben und an allen Entscheidungen teilnimmt, die seine Zukunft und die seiner Gemeinschaft betreffen.« Es würde sich lohnen, diese Definition in den neuen, auf die Gesamtgesellschaft ausgeweiteten und als Leitmotiv definierten konvivialen Integrationsbegriff einzubauen.

## Anerkennung, Chancengerechtigkeit und Teilhabe (ACT) in der konvivialen Demokratie

Die Autoren des Manifests beschreiben das »Prinzip der gemeinsamen Sozialität: Die Menschen sind gesellschaftliche Wesen, deren größter Reichtum in ihren sozialen Beziehungen besteht.« (S. 61) In postmigrantischen Gesellschaften werden soziale Beziehungen besonders über Minderheitenrechte und -positionen offensiv ausgehandelt sowie Fragen nach nationaler Identität, Zugehörigkeiten, Privilegien und Repräsentationen neu gestellt. Die Frage nach dem »Wer sind wir?« tritt in diesen Gesellschaften, die von einem Migrationsdiskurs geprägt sind, stärker in den Vordergrund. Dabei geht es auch um die Sicherung von Privilegien, wenn zunehmend Menschen, die andere Hautfarben oder Namen haben, mit beanspruchen, Teil des nationalen Kollektivs zu sein, tritt die Herausforderung der Demokratie, ihr Versprechen der Gleichheit und Gleichwertigkeit zu erfüllen, deutlich zu Tage. Dabei kämpfen nicht nur Migranten und ihre Nachkommen um mehr Anerkennung, Chancengerechtigkeit und Teilhabe, sondern gemeinsam mit ihnen große Teile der nicht-migrantischen Bevölkerung, denn Minderheitenrechte werden als ein Basiselement demokratischer Gesellschaften verstanden.

Die Gesellschaftsbeziehungen zwischen Personen mit und ohne Migrationshintergrund sind zunehmend verwoben. Allein 35 Prozent der deutschen Bevölkerung haben bereits in der Verwandtschaft Menschen mit Migrationshintergrund, wodurch sich migrantische Bezugspunkte in der Gesellschaft ausweiten (Foroutan et al. 2014). Durch familiale Bezugspunkte, durch Freundschaftsbeziehungen, Arbeits- und Nachbarschaftskontakte entstehen Interaktionen, neues Wissen, Empathie, Perspektivwechsel und Positionierungen in der Gesellschaft. Sie entstehen aber nicht nur durch Kontakt sondern auch durch ein neues Narrativ, welches die Einwanderungsgesellschaft als konstituierend sieht und dementsprechend als legitime Basis des Nationalstaates, der sich als Einwanderungsgesellschaft neu erzählt, aber die alte Erzählung der demokratischen Verfasstheit hochhält, worin nun die Erzählung der Einheit in Vielfalt mündet. Es bilden sich in dieser Gesellschaft der Vielfalt postmigrantische Allianzen, die über die subjektive Bezugsebene hinausgehen und sich vor allem anhand einer Haltung zur offenen Demokratie – zunehmend symbolisiert durch die Haltung zu Minderheitenrechten – definieren und nicht anhand einer migrantischen oder nicht-migrantischen Herkunft.

Die Politik richtet sich in Deutschland zehn Jahre nach den Kämpfen um das deutsche Zuwanderungsgesetz, welches das Land auch juristisch zu einem Einwanderungsland machte, neu aus und eröffnet Perspektiven jenseits des Migrantischen. Die postmigrantische Perspektive auf das ganze Land wird von der Dynamik getragen, dass Anerkennung, Chancengerechtigkeit und Teilhabe – als Grundsäulen einer konvivialen Integration – Versprechen gegenüber allen Bürgern in einer pluralen Demokratie sind und dementsprechend alle Bürger diesbezüglich ansprechbar gemacht werden müssen. Wenn wir Konvivialismus als gelungene Form des Zusammenlebens in heterogenen Demokratien betrachten, dann ist Integration nicht länger nur eine Forderung, die ausschließlich an Migranten zu adressieren ist. Konviviale Integration wäre eine system- und strukturgebende Aufgabe, die begleitet wird von einem positiv-affektiven Metanarrativ jenseits homogenisierender und hyper-individualistischer Perspektiven. Das Metanarrativ formuliert durch die Ausweitung der Perspektive über das Migrantische hinaus einen durch Integrationspolitik zu strukturierenden Zwischenraum für die gesamte Gesellschaft. In der Auseinandersetzung mit diesem Zwischenraum werden auch die Ränder wieder dialogisch involviert. Es geht in diesem politischen Projekt der konvivialen Integration auf dem Weg zu einer konvivialen Demokratie nicht darum, Menschen in diesem Zwischenraum aufzulösen. Die Frage, die sich dem konvivialen Projekt durchgängig stellt, ist, wie sich in einer individualisierten Welt ein Kollektiv bzw. ein kollektives Band schaffen lässt ohne zugleich die Individualität aufzugeben. Wie ist es möglich, die Verschiedenheit aller einzelnen Identitätskonstruktionen und -aushandlungen anzuerkennen, keine auszuschließen, Ambiguitätstoleranz zu fördern und gleichzeitig den Fokus auf eine politisch heterogene, nicht-ausschließende, kollektive Narration zu richten?

Diese Aufgabe könnte durch das politische Projekt der konvivialen Integration gelöst werden – nämlich mit der Zieldefinition, Anerkennung, Chancengerechtigkeit und Teilhabe (ACT) zu gewährleisten. Dadurch ließe sich ein integrativer Zwischenraum erzeugen, um den sich die Politik, aber auch die gesellschaftliche Aushandlungsdynamik suchend herumbewegt, um in dieser diskursiven Arena langsam und kontinuierlich die Vielfalt als Mitte der Gesellschaft erkennbar zu machen und nicht als konfliktives, migrantisches Randphänomen. So entstünde – in Anlehnung an Hannah Arendt – ein politischer Prozess rund um die Auseinandersetzung mit diesem Zwischenraum, der sowohl verbindet als auch trennt aber verhindert, dass eine Integration weiterhin als Assimilation in einen Kern von bereits Etablierten wahrgenommen wird. Die konviviale Integrationspolitik lebt nicht davon, dass von Beginn an Gleiche mit Gleichen zusammenkommen und die Ränder sich noch stärker polarisieren. Sie lebt vielmehr von unterschiedlichen und verschiedenen Positionen von Einzelnen, die mit diesen Differenzen leben. Allein, dass es aber der Verständigung bedarf, bezeugt Differenz unter Menschen. Die konviviale Integration entsteht analog dazu nicht mehr »um mich herum«, auch nicht »um uns herum«, sondern »zwischen uns«. Das »Zwischen« konstruiert hierbei ein ambivalentes Gemeinsames, das die Heterogenität der postmigrantischen Gesellschaft reflektiert und gleichzeitig eine Verbindung schafft, ohne aber die Distanz aufzugeben: Weil es »zwischen« uns steht, sind wir nicht unmittelbar miteinander verbunden; da wir uns aber gemeinsam auf dieses Zwischen, unsere »gemeinsame Welt« beziehen (Jaeggi 1997), stehen wir in einem über Sprache und verschiedene Arten von Äußerungen vermittelten Kontakt zueinander. Diese Vermittlung ist von eminenter Bedeutung: Sie bedeutet die Herstellung von Solidarität und erzeugt politische Strukturvorgaben – in dem Fall, die drei Ziele der konvivialen Integration umzusetzen: Anerkennung, Chancengerechtigkeit und Teilhabe (ACT).

Hier müssen allerdings außerhalb der abstrakten Moralität dieser Worte, die mit Sicherheit von den meisten Menschen geteilt werden, in der Tat konkrete Handlungsziele eingefordert und konkrete Aufgaben für Politik und Zivilgesellschaft formuliert werden, die den Zwischenraum in den kommenden Jahre zu einer umkämpften Zone für ACT machen. Die konviviale Integration muss mit Forderungen antreten, um ACT zu konkretisieren: Es braucht eine Schärfung der Antidiskriminierungspolitik zur Stärkung der Anerkennung, wir brauchen gezielte Umverteilungsmaßnahmen zum Abbau von Ungleichheiten und zur Gewährleistung von Chancengerechtigkeit und wir müssen Quoten fordern, zur Sicherstellung der Teilhabe. Folgen den positiv affektiv besetzen Worten keine konkreten Handlungsforderungen, entsteht das, was wir in den Kämpfen nicht nur mit Rechtspopulisten derzeit beobachten können: Der Vorwurf des Gutmenschentums mit abstrakten Weltfriedensträumen. Wir müssen aber den Kampf in der Arena suchen, wenn wir ein konstruktives Angebot machen wollen.

## Literatur

Beigang, Steffen/Canan, Coşkun/Foroutan, Naika/Kalkum, Dorina/Schwarze, Benjamin (2015): Deutschland postmigrantisch II – Einstellungen von Jugendlichen und jungen Erwachsenen zu Gesellschaft, Religion und Identität, Berlin: Humboldt Universität.

Böcker, Anna/Goel, Urmila/Heft, Kathleen (2010): »Integration«, in: Antje Lann Hornscheidt/Adibeli Nduka-Agwu (Hg.): Rassismus auf gut Deutsch – Ein kritisches Nachschlagewerk zu rassistischen Sprachhandlungen, Frankfurt a.M.: Brandes & Apsel, S. 304-310.

Brähler, Elmar/Decker, Oliver/Kiess, Johannes (2014): Die stabilisierte Mitte. Rechtsextreme Einstellung in Deutschland 2014, Leipzig: Universität Leipzig.

Jaeggi, Rahel (1997): Welt und Person. Zum anthropologischen Hintergrund der Gesellschaftskritik Hannah Arendts, Berlin: Lukas Verlag.

Kühn, Heinz (1979): Stand und Weiterentwicklung der Integration der ausländischen Arbeitnehmer und ihrer Familienangehörigen in der Bundesrepublik Deutschland. Memorandum des Beauftragten der Bundesregierung, Bonn.

Sachverständigenrat deutscher Stiftungen für Integration und Migration (SVR) 2014: Deutschlands Wandel zum modernen Einwanderungsland. Jahresgutachten 2014 mit Integrationsbarometer, Berlin.

Sutterlüty, Ferdinand (2010): In Sippenhaft. Negative Klassifikationen in ethnischen Konflikten, Frankfurt a.M./New York: Campus.

The German Marshall Fund of the United States (GMF) (2013): Transatlantic Trends – Key Findings 2013, online verfügbar unter: www.ui.se/upl/files/96123.pdf (letzter Zugriff: 12.06.2015).

# Von der Strukturanalyse zur Morallehre – und zurück

## Für eine neue Ökonomie des Zusammenlebens

*Stephan Lessenich*

Zugegeben: Das Gefühl des Vorbehalts war ganz spontan, ohne weitere oder gar nähere Kenntnis des Sachverhalts. »Das konvivialistische Manifest«: Schon wieder ein Manifest? Neuerdings befindet man sich ja als Autor oder Distributor von Manifesten in nicht allzu guter Gesellschaft. Und dabei rede ich weder von »Manifesto«, dem Duft-»Manifest der Weiblichkeit« von Yves Saint Laurent, noch gar vom »Manifest für eine europäische Wiedergeburt« der französischen Neuen Rechten um Alain de Benoist. Eher schon kommt einem das leicht krude »Beschleunigungsmanifest« für eine antikapitalistisch-akzelerationistische Politik in den Sinn oder aber das unsägliche »Konsumistische Manifest« des selbsternannten Kommunikationstheoretikers Norbert Bolz, der das konsumfeindliche Gotteskriegertum mithilfe der kapitalistischen Konsummaschinerie besiegen will und dafür ganz unverfroren an den Titel von Marx/Engels' Hauptwerk und Megaseller der modernen Manifestgeschichte anschließt. Jetzt also das dieselbe metaphorische Konnotation nutzende Manifest des Konvivialismus. Nun ja, sei's drum.

Obwohl: Irgendwie doch auch nicht. Das kommunistische Manifest bestach ja einerseits durch seine analytisch brillante, im Grunde jedermann verständliche Zeitdiagnose: Alles Ständische und Stehende verdampft, der Arbeiter als bloßes Zubehör der Maschine, die Bourgeoisie als ihr eigener Totengräber. Marx und Engels boten auf engstem Raum eine veritable Strukturanalyse der modernen Industriegesellschaft. Und ihr Text zeichnete sich durch eine aus dieser Strukturanalyse logisch folgende, in der Klarheit ihrer Adressierung und Orientierung kaum zu überbietende politische Perspektive aus: Proletarier aller Länder, vereinigt Euch! Was auch immer man, zumal im Lichte der nachfolgenden anderthalb Jahrhunderte partei- und staatssozialistischer Struktur- und Ereignisgeschichte, von diesem Aufruf heute halten mag: Wenn schon Manifest, dann schon so, also richtig.

Man muss es so deutlich sagen: Sowohl gegenüber der gesellschaftlichen Strukturanalyse wie auch hinsichtlich der politischen Mobilisierungsqualität des Kommunistischen verblasst das konvivialistische Manifest doch ganz erheblich. Ja, es verfehlt dessen Anliegen und Impetus fast ums Ganze. Das liegt nicht nur an der durchweg etwas opaken und wolkigen Sprache – jener Sprache gegenwärtiger französischer Sozialwissenschaft, deren jüngere Beiträge im Allgemeinen und auf Anhieb so ungemein anregend sind, im Detail und bei genauerer Lektüre jedoch auf so eigentümliche Weise im Unbestimmten, Ungefähren bleiben. Und nicht zuletzt deshalb vielleicht auch so ungefährlich.

Doch nicht nur sprachlich, auch inhaltlich ist die Strukturanalyse des konvivialistischen Manifests in ihrem Kern eigentümlich vage: Irgendwie sind Menschheit und Sozialität bedroht, und auf irgendeine Weise hat das mit den herrschenden ökonomischen Vorstellungen und der Kultur bzw. Unkultur des Wachstums zu tun. Als nicht weniger unterbestimmt erweist sich dann aber auch der gesellschaftspolitische Gegenentwurf: Es geht um neue Formen des gütlichen Zusammenlebens, die interindividuelle Kooperation trotz sozialer Rivalität erlauben und durch eine von wem auch immer getragene moralische Fortschrittsbewegung herbeigeführt werden sollen. Nur eines scheint klar: Den »gewaltsamen Umsturz aller bisherigen Gesellschaftsordnung« à la Marx/Engels streben Caillé et al. nicht an. Der Konvivialismus soll friedlich-friedvoll über uns kommen.

Womit zugleich auch der Untertitel des Manifests angesprochen wäre. Auch dieser lässt den mit Umstürzen der Gesellschaftsordnung, zumal den gewaltfreien unter ihnen, grundsätzlich sympathisierenden Leser ebenfalls spontan stutzen. »Für eine neue Kunst des Zusammenlebens«: Das klingt ästhetisierend und irgendwie *bohémien*. Und ist zwar wohl nicht so gemeint, aber vermutlich doch im übertragenen Sinne eines kollektiv-individuellen Anforderungsprofils an die vereinten Zusammenlebenskünstler aller Länder: Empört Euch über die gegenwärtige Lebensweise und verhaltet Euch gemeinsam anders. Weniger gesellschaftliche Strukturumbrüche sind hier gefragt als vielmehr veränderte Formen der Lebensführung – dabei ist das eine nicht ohne das andere zu denken, sind die Formen des sozialen Zusammenlebens doch auf das Engste mit den Funktionen gesellschaftlicher Strukturbildungen verknüpft.

Dass das Manifest mehr als Morallehre denn als Strukturanalyse daherkommt, stellt sein zentrales Problem und seine entscheidende Schwäche dar. Wie man es auch drehen und wenden mag: Wer von der »Mutter aller Bedrohungen« (S. 45) spricht, darf vom Kapitalismus nicht schweigen, kommt um eine Analyse des Gegenwartskapitalismus schlechterdings nicht herum. Wer soziale Kooperationsbeziehungen zum Dreh- und Angelpunkt einer anderen Gesellschaft bzw. einer gesellschaftlichen Transformation erhebt, muss das ubiquitäre flexibel-kapitalistische Wettbewerbsregime in den Blick nehmen, die institutionelle Aushöhlung des regulierten Kapitalismus der Nachkriegszeit, den politischen Durchgriff auf die Subjekte in selbstökonomisierender und selbstrationalisierender Absicht.

Wer als »Kunst des Zusammenlebens« einen Vergesellschaftungsmodus positiver sozialer Relationierung imaginiert, der »die Zusammenarbeit würdigt und es ermöglicht, einander zu widersprechen, ohne einander niederzumetzeln, und gleichzeitig für einander und für die Natur Sorge zu tragen« (S. 47), der muss auch sagen, was realiter der Fall ist, was einem solchen »con-vivere« (ebd.) strukturell entgegensteht: Nämlich das »con-tendere«, das agonale miteinander Wetteifern der durch die systemischen Zwänge kapitalistischer Akkumulation in eine individuell unhintergehbare Struktur von Wettkämpfen und Bewährungsproben gesetzten Marktakteure. Eine Struktur, die systematisch Gewinner und Verlierer erzeugt – übrigens in der Regel ganz ohne das unangenehme Beiwerk physischen Niedermetzelns. Die »offene Gesellschaft« der Marktökonomie exkludiert viel reibungsloser, lautloser, subtiler. Und schafft es dennoch recht effektiv, soziale Existenzen zu ruinieren und die sogenannten »natürlichen« Grundlagen ihrer Produktionsweise zu zerstören.

Politökonomische Fragen, die sich beim Lesen des konvivialistischen Manifests geradezu aufdrängen, lässt dieses leider durchweg unbeantwortet – oder mehr noch, sie bleiben ungestellt. Wo kommt denn das »Streben nach unendlichem ökonomischem Wachstum« (S. 51), das als das Kardinalproblem der Gegenwartsgesellschaft ausgemacht wird, wohl her? Ist es ein Charakterzug des modernen Menschen? Eine psycho-materiale Deformation der Wohlstandsgesellschaft? Oder ein systemisches Problem der kapitalistischen Institutionenordnung, die sich, wie Max Weber wusste, die Subjekte schafft, derer sie bedarf? Wie kommt »das Postulat des absoluten Vorrangs der ökonomischen Probleme vor allen anderen« (S. 52) in die soziale Welt? Durch Zufall (wohl kaum), ideologische Verblendung (letztlich nur bedingt), demokratische Wahlen (zumindest mittelbar leider Gottes schon), die Funktionsnotwendigkeit der immer wieder erneuten Produktion und Realisierung von Mehrwert (so jedenfalls die Annahme des »anderen« Manifests)? Warum also die »Unterordnung aller menschlichen Tätigkeiten unter eine kommerzielle oder quasikommerzielle Norm« (S. 53)? Man wird ja wohl noch fragen dürfen.

Der Kapitalismus und dessen Kritik tauchen im Manifest für eine konvivialistische Kultur des Zusammenlebens nur in Gestalt des »spekulativen Finanzkapitalismus« (S. 42) bzw. der »spekulativen Auswüchse der Finanzwirtschaft« (S. 69) auf – so als ob er in seinen historisch vorgängigen bzw. parallel ja weiter operierenden Varianten des »produktiven« Industrie- oder aber auch des »kreativen« Wissenskapitalismus nicht ebenso problematisch wäre. Zumindest implizit schließt sich das Manifest der mittlerweile fest etablierten Volksweisheit vom »bösen« Finanz- und »guten« Realkapital an, als hätten Ausbeutung und Entfremdung, die private Aneignung der Erträge gesellschaftlicher Arbeit und der strukturelle Zusammenhang von Armut und Reichtum erst mit der politischen Liberalisierung der Finanzmärkte gesellschaftlich Einzug gehalten. Und wie es allseits so beliebt ist, erscheint auch hier die »Standardwirtschaftswissenschaft« (S. 56) als der eigentliche Feind der Konvivialität. Nicht dass die Kritik den Falschen träfe. Aber selbst die deutungs-, diskurs- und hegemoniepolitisch so erfolgreiche neoklassische Wirtschaftswissenschaft ist am Ende des Tages ja doch »nur« die Legitimationstheorie der herrschenden Wirtschaftsweise – bzw. der in sie eingelagerten und durch sie stabilisierten gesellschaftlichen Machtverhältnisse.

Bleibt die konvivialistische Analyse der gesellschaftlichen Bedrohungen somit weitgehend an der Oberfläche, dann gilt dies für die im Manifest skizzierte gesellschaftspolitische Gegenstrategie, gewissermaßen notwendigerweise, ebenso. Oder genauer: Diese Gegenstrategie reflektiert letztlich nicht die gesellschaftlichen Bedingungen der anvisierten neuen Form von Gesellschaftlichkeit. Nichts gegen »Fürsorglichkeit« und »Gabe« (S. 57) als zentrale Gestaltungselemente einer anderen Form des Zusammenlebens – ganz im Gegenteil. Aber wie stellen sich die Konvivialisten unter den strukturellen Bedingungen der Gegenwartsgesellschaft deren soziale Herrschaft jenseits von nicht-kapitalistischen Nischen vor? Was »legitime Staaten« (S. 65) ihren Bürgern, ginge es nach den Konvivialisten, garantieren sollen, liest sich wie ein wunderschöner politischer Moralkatalog – aber wer soll staatliche Politik dazu bringen oder gar zwingen, den Legitimitätskriterien des Konvivialismus zu gehorchen, seinem normativen Narrativ zu folgen?

Was das konvivialistische Manifest als Zukunftsvision zeichnet, ist das ebenso harmonistische wie unrealistische, weil die strukturellen Widersprüche und funktionalen Antagonismen unterschiedlicher gesellschaftlicher Steuerungsmodi ausblendende, Idealbild einer *mixed economy of welfare*: Es geht den Manifestierenden um »das rechte Gleichgewicht zwischen privaten, gemeinsamen, kollektiven und öffentlichen Gütern und Interessen« (S. 66). Nun gut: Wer würde nicht in der besten aller Welten leben wollen, in der man sich von allen Dingen, die ja für gewöhnlich immer zwei Seiten haben, immer nur die mit der Schokolade aussuchen könnte – ohne sich die jeweils dunkle, bittere Seite der jeweiligen Steuerungsmacht mit einzukaufen.

Nicht nur die politökonomische Logik, auch alle historische Erfahrung lehrt, dass der perfekte, komplementäre Steuerungsmix von Markt, Haushalt, Gemeinschaft und Staat eine sozialtechnologische Wunschvorstellung ist. Jedenfalls auf dieser Ebene ist die Kunst des Zusammenlebens eine Illusion: Wer dem Markt systematisch verwertbaren Wert – sagen wir: Arbeitskraft als potenziell mehrwertproduzierende Lohnarbeit – auf dem Wege von dessen bzw. deren Vergesellschaftung in Privathaushalten, Solidargemeinschaften oder öffentlichen Institutionen zu entziehen trachtet, der hat mit der massiven Gegenreaktion »des Kapitals« zu rechnen. So in den letzten anderthalb Jahrhunderten und bis auf den heutigen Tag ungezählte Male in unendlich vielen Varianten geschehen. Und so lange die Kapitallogik nicht systematisch und nachhaltig gebrochen wird, wird sich an dieser dialektischen Dynamik auch nichts Substanzielles ändern, konvivialistische Moral hin oder her.

Zu diesen Widersprüchen der konvivialistischen Agenda passt, dass der konviviale Universalismus sogleich wieder kommunitaristisch eingeholt wird: »Gewiss kann es Konvivialismus nur in der Öffnung zu anderen geben, aber es bedarf auch einer hinreichend stabilen inneren Zusammengehörigkeit, damit er Quelle von Vertrauen und Wärme sein kann.« (S. 75) Schon bei der Rede von gemeinschaftlicher Wärme kann es jedem Außenstehenden durchaus frösteln. Die Semantik eines »reterritorialisierten« und »relokalisierten« (vgl. ebd.) Universalismus steht aber für ein noch viel größeres Manko des konvivialistischen Entwurfs, für sein wohl größtes Funktions- und Legitimationsproblem: In ihm spiegelt sich die Lebenswelt der relativ gesicherten Sozialmilieus im globalen Norden. Diese soziale Standortgebundenheit ihrer gesellschaftspolitischen Positionierung aber wurde in der »Reihe von Diskussionen« (S. 36), die – so das Vorwort des Manifests – über anderthalb Jahre hinweg »in einer Gruppe von etwa vierzig frankophonen Autoren« (ebd.) geführt wurden, offenbar nicht thematisiert.

Jedenfalls wird sie im Rahmen des veröffentlichten Textes nicht reflektiert. Dass aber »die auf uns einstürmenden Gefahren aller Art« (S. 44) zu einem großen Teil »noch nicht für uns alle unmittelbar offenkundig« (ebd.) seien, kann man nur als Intellektueller aus der OECD-Welt für eine »Tatsache« (ebd.) halten. Sicher, in Frankreich und zumal in Deutschland, wo weder die Folgen der Finanzmarktkrise noch die Effekte der globalen Umweltkrisen für die allermeisten Menschen unmittelbar lebensweltlich relevant werden, mag man glauben, dass die Dinge so dramatisch nicht oder aber wenigstens noch nicht seien. In vielen Regionen des globalen Südens aber und für die überwältigende Mehrheit der Weltbevölkerung sind die im Manifest beschworenen Gefahren durchaus schon ganz reale, alltägliche Lebensbedingungen. Deswegen ist politisches Engagement dort auch keineswegs »nur im Rahmen einer Zukunftsethik denkbar« (ebd.): Ganz im Gegenteil geht es jenseits unserer wohlfahrtskapitalistischen Breitengrade schlicht um existenzielle Fragen der Gegenwartsmoral, um die moralische und insbesondere die materielle Ökonomie des Überlebens. Dass das »Gefühl der extremen Dringlichkeit angesichts der möglichen Katastrophe« (S. 59) in diesen Weltregionen auf ganz andere Weise gesellschaftlich präsent ist, wissen die Konvivialisten sicher. Ihre programmatische Perspektive bestimmt dieses Wissen aber definitiv nicht.

Zugegeben: All dies klingt nach keinem guten Haar, das an dem konvivialistischen Manifest zu lassen wäre. Ganz so ist es nun allerdings auch nicht. Gewiss wird man den Autoren und Autorinnen einigen gesellschaftspolitischen Kredit gewähren wollen, zumal sie einleitend auch selbst einräumen, dass man sich hier auf »den größten gemeinsamen Nenner des alternativen Denkens« (S. 36) zu einigen versucht habe – auf eine Minimaldoktrin, »die von allen geteilt werden kann« (S. 50). Die »Verheißungen der Gegenwart Wirklichkeit werden zu sehen« (S. 40) ist, nicht nur wegen der manifesten Anklänge an die gesellschaftswissenschaftliche Programmatik der Kritischen Theorie, aller Ehren wert. Und das Ziel, »einen neuen, radikalisierten und erweiterten Humanismus zu erfinden« (S. 58), klingt tatsächlich nach einer die kapitalistische Gesellschaftsformation überwindenden Utopie, nach der Organisationsform einer freien zivilgesellschaftlichen Assoziation.

Doch wie soll es dazu kommen? Durch den guten Willen und die bessere Einsicht aller? Das konvivialistische Manifest ist durchgängig im Modus des »Muss« gehalten: Es geht um all das, was anstünde und passieren müsste. Aber wie soll der Schritt von der normativen Präskription zur politischen Aktion vollzogen werden? Und wer soll aus dem Sollen das Sein hervorbringen? Liest man das Manifest, dann findet sich darin nicht viel mehr als ein Plädoyer für eine Politik der Gefühle: Es geht um die ehrliche »Entrüstung« der einen und die gebotene »Scham« der anderen, »Affekte und Leidenschaften« seien zu mobilisieren (vgl. S. 72) – doch die Trägerinnen und Adressaten dieser Gefühlsbewegung bleiben im Dunkeln. Von wem soll dann aber »auf die bestehenden politischen Spiele« (S. 73) Einfluss genommen werden? Und wie soll dieser politische Einfluss, so das Manifest an einer Stelle gleichsam über sich selbst hinauswachsend, konkret sogar »radikal« (ebd.) gewendet werden?

Das Kommunistische Manifest konnte dereinst aus guten Gründen radikale Kante zeigen: »Mögen die herrschenden Klassen vor einer kommunistischen Revolution zittern. Die Proletarier haben nichts in ihr zu verlieren als ihre Ketten. Sie haben eine Welt zu gewinnen.« Das Problem ist: Für die breiten Mittelschichten des globalen Nordens trifft genau dies heute nicht mehr zu. Sicher, das ist zugleich ein erfreulicher Sachverhalt, und jedem Einzelnen der Begünstigten ist das bisschen (oder auch ein bisschen mehr) Wohlstand selbstverständlich zu gönnen. Aber für radikale, im Ergebnis revolutionäre soziale Veränderungen stellen die relativ wohlhabenden unter den Weltbürgerinnen eben doch ein, vorsichtig ausgedrückt, retardierendes Moment dar. Bei einem wirklich grundlegenden Wandel der gesellschaftlichen Verhältnisse – und das würde ja bedeuten müssen: der globalen gesellschaftlichen Verhältnisse – hätten sie materiell einiges zu verlieren. Es hilft nichts, diesen Sachverhalt zu ignorieren oder sich schön zu reden: Wer eine neue Form des Zusammenlebens in der Weltgesellschaft anstrebt, der wird für eine massive Umverteilung sozialer Lebenschancen eintreten müssen, für eine nationale wie transnationale Option für die Ärmeren. Damit ist aber auch klar: Diese neue Form des Zusammenlebens wird ohne schwere, ja schwerste Verteilungskonflikte nicht zu haben sein.

Es scheint nicht so, als seien die Denker des konvivialistischen Manifests auf solche Verhältnisse eingestellt – oder als wollten sie die Welt um sie herum darauf einstellen. Im Gegenteil, ihr politischer Verfahrensvorschlag für einen gesellschaftlichen Weg in die Konvivialität ist von geradezu entwaffnender Harmlosigkeit. Und er ist zugleich, auch das muss man wohl sagen, ein Ausdruck von intellektueller Selbstüberschätzung: Eben noch wird ein »neuer Progressivismus« (S. 73) in Aussicht gestellt, der »frei von jedem Ökonomismus und von jedem Szientismus« (ebd.) zu sein habe – um schon im nächsten Satz das operative Heil in einem Parlament der wohlmeinenden Gebildeten zu suchen, in einer »Weltversammlung …, in der sich Vertreter der organisierten Weltzivilgesellschaft, der Philosophie, der Geistes- und Sozialwissenschaften sowie der verschiedenen ethischen, spirituellen und religiösen Strömungen zusammenfinden, die sich in den Prinzipien des Konvivialismus wiedererkennen« (S. 74). Unwillkürlich hat man hier das große Rund des Galaktischen Senats aus »Star Wars« vor Augen – nicht aber eine der »Mutter aller Bedrohungen« Herr werdende politische Institutionenordnung. Soll diese im konvivialen Diskurs von Männern des Geistes und der Geistlichkeit gestiftet werden, dem weltgesellschaftlichen Fußvolk zum Wohlgefallen und zur freundlichen Beachtung?

Ich kann mir nicht helfen: Da ist mir dann doch das schlicht-direkte marx/engels'sche »Proletarier aller Länder, vereinigt Euch!« näher. Und es scheint mir sogar auch, selbst unter den gegebenen Bedingungen fortgeschrittener sozialstruktureller Differenzierung, realitätstüchtiger zu sein. Einer neuen Ökonomie des Zusammenlebens – und einer eben solchen bedürfte es – wird der alte, als hoffnungslos antiquiert geltende Kampfspruch des Kommunistischen Manifests jedenfalls eher gerecht als die Moralappelle des konvivialistischen. Marx und Engels deuteten die Geschichte ihrer Gesellschaft als eine der »Empörung der modernen Produktivkräfte gegen die modernen Produktionsverhältnisse, gegen die Eigentumsverhältnisse, welche die Lebensbedingungen der Bourgeoisie und ihrer Herrschaft sind«. Damals wurden immerhin noch Ross und Reiter genannt – und es wurde nicht suggeriert, dass man auf eine andere Welt, auf neue Formen des Zusammenlebens, sich ohne schwerste soziale Kämpfe würde einigen können.

So viel Realitätssinn täte auch dem Manifest der Konvivialisten gut – und solcherart Politisierung ihrem gesellschaftlichen Anliegen.

# Konvivialität international

# Konvivialismus und Multikultur

## Postkoloniale Reflexionen

*Ina Kerner*

Das konvivialistische Manifest zielt auf eine andere, eine bessere Welt ab. An Stelle von Individualismus und Eigennutzenmaximierung empfiehlt es eine kooperative Orientierung, gegen die zunehmende Ökonomisierung aller Lebensbereiche Prinzipien der Fürsorglichkeit, statt zerstörerischem Wachstum ökologische Vernunft, statt Krieg Dialog. Konvivialismus wird bestimmt als »Kunst des Zusammenlebens (con-vivere), die die Beziehung und die Zusammenarbeit würdigt und es ermöglicht, einander zu widersprechen, ohne einander niederzumetzeln, und gleichzeitig für einander und für die Natur Sorge zu tragen« (S. 45). Die Zielsetzungen des Manifests erstrecken sich explizit auch auf Aspekte lokaler und globaler Diversität. Als eine von mehreren »Verheißungen der Gegenwart« wird die Entstehung eines »mehrstimmigen Universalismus, eines Pluriversalismus« in Aussicht gestellt, der möglich werde durch einen »Dialog der Zivilisationen«, dem wiederum »das Ende des Kolonialzeitalters und der Rückgang des Eurozentrismus« den Weg bereite; neben dem interzivilisatorischen Dialog garantiere die erfolgreiche Geschlechtergleichstellung »von Mann und Frau« den neuen Pluriversalismus (S. 40). Flankiert wird er von einem »neuen, radikalisierten und erweiterten Humanismus« und damit der »Entwicklung neuer Formen der Menschlichkeit«; von zentraler Bedeutung für diese wichtige Aufgabe sei eine Wiederaneignung der Vergangenheit, und zwar der Vergangenheit »der ganzen Menschheit in der Vielfalt all ihrer kulturellen Traditionen« (S. 55). In diesem Zusammenhang ist auch das »Prinzip der gemeinsamen Menschheit« zu sehen, welches das Manifest zur unerlässlichen Grundlage jeder legitimen Politik erhebt: »Unabhängig von den Unterschieden der Hautfarbe, der Nationalität, der Sprache, der Kultur, der Religion oder des Reichtums, des Geschlechts oder der sexuellen Orientierung gibt es nur eine Menschheit, die in der Person jedes ihrer Mitglieder geachtet werden muss« (S. 57). Als moralische Minimalüberlegung folgt daraus: »Jeder Einzelne darf hoffen, dass ihm eine ebenso große Würde zuerkannt wird wie allen anderen Menschen und dass ihm hinreichende materielle Bedingungen zugänglich sind, um seine Auffassung vom guten Leben, unter Berücksichtigung der Auffassungen anderer, zu verwirklichen, und sich um die Anerkennung der anderen zu bemühen, indem er, wenn er es wünscht, am politischen Leben und an allen Entscheidungen teilnimmt, die seine Zukunft und die seiner Gemeinschaft betreffen« (S. 59).

Was nun bedeuten diese pluriversalen und humanistischen Verheißungen, Prinzipien und Überlegungen konkret? Welche gesellschaftlichen und politischen Vorkehrungen scheinen nötig, um sie zu verwirklichen? Und welche Herausforderungen gehen mit diesen Vorkehrungen einher? Das sind die Fragen, denen ich im Folgenden nachgehen möchte. Dabei werde ich nicht den Weg einschlagen, der traditionellerweise in der Politischen Theorie und teilweise auch im politischen Diskurs gewählt wird, wenn Fragen dieser Art auf der Tagesordnung stehen: den Weg über Ansätze des Multikulturalismus und des Kosmopolitismus. Stattdessen werde ich mich vornehmlich auf postkoloniale Positionen stützen. Damit stehen Theorien im Mittelpunkt, die menschliche Differenzen nicht in erster Linie im Sinne unterschiedlicher Kulturen thematisieren, etwa distinkter Formen zu sprechen, zu essen, sich zu kleiden oder zu beten, sondern vielmehr im Sinne machtvoller Konstruktionen und Zuschreibungen, die mit jeweils spezifischen gesellschaftlichen Rollen- und Platzzuweisungen einhergehen – und zwar selbst noch unter Bedingungen rechtlicher Gleichheit. Eine Wiederaneignung der Vergangenheit kann vor diesem Hintergrund nur bedeuten, neben kultureller Vielfalt vor allem jene Diskurse und Praktiken zu beleuchten, die das Prinzip der gemeinsamen Menschheit gerade negierten – indem sie einem Teil der Menschheit den Status des Menschlichen und damit jede Würde absprachen und praktisch verweigerten. Politisch folgt aus diesem Fokus, dass die Zielperspektive nicht darauf beschränkt sein kann, funktionierende Formen des kulturellen Nebeneinanders zu fördern und Individuen mit kulturellen Rechten auszustatten. Vielmehr muss es (ferner) darum gehen, gesellschaftlich wirksamen Differenzkonstruktionen und den ihnen inhärenten Machteffekten entgegenzuwirken; und zwar wenn möglich lokal bzw. national wie auch global.

Das ist bei weitem kein bescheidenes Unterfangen; interessanterweise aber wird es im Feld postkolonialer Positionen durchaus mit konvivialistischem oder zumindest mit konvivialistisch kompatiblem Vokabular diskutiert. Pal Ahluwalia etwa, der den Haupteinsatz postkolonialer Theorien in der Kritik und in Versuchen der Zerstörung und Überwindung imperialer Differenzlogiken ausmacht, spricht sich zu diesem Zweck explizit für eine postkoloniale Ökonomie der Gabe aus (Ahluwalia 2002: 197). Angelehnt an Arbeiten von Marcel Mauss und ihre Weiterentwicklung durch George Bataille und Hélène Cixous sieht Ahluwalia in der Gabe, die keine Gegengabe erwartet, eine disruptive Kraft – und ein Medium der Versöhnung. Damit sei diese Form der Gabe dazu geeignet, sowohl Kreisläufe der Rache zu unterbrechen, als auch den Rekurs auf Rhetoriken der Schuldzuschreibung zu verhindern. Als Beispiel dienen Ahluwalia Nelson Mandela und Jomo Kenyatta, die beide nach Ende ihrer Haftzeit einen radikalen Neuanfang bestrebt hätten anstelle von Vergeltung für das an ihnen selbst und an vielen ihrer Landsleute begangene Unrecht; und die in beiden Fällen tatsächlich einen Prozess nationaler Rekonstruktion in Gang setzen konnten, der von dem Versuch getragen war, die vormaligen rassistischen Dichotomisierungen, die sowohl dem Kolonialismus als auch dem Apartheidsregime zur Strukturierung von Politik und Gesellschaft gedient hatten, hinter sich zu lassen (ebd.: 198).

Ahluwalia führt nicht aus, worin in diesen Fällen die Gabe besteht. Allerdings liegt es nahe, zunächst an Akte des Verzeihens und Vergebens zu denken. Bereits Hannah Arendt hat die große Bedeutung solcher Akte für das Politische unterstrichen. Dabei hat sie das Verzeihen – ähnlich wie Ahluwalia die Gabe – mit der Rache kontrastiert, seine Unberechenbarkeit herausgestellt und es als Medium eines Neuanfangs qualifiziert. »Verzeihen ist die einzige Reaktion, auf die man nicht gefasst sein kann, die unerwartet ist, und die daher, wiewohl ein Reagieren, selber ein dem ursprünglichen Handeln ebenbürtiges Tun ist«, hat sie in ihrem Buch »Vita Actica« erklärt; das Vergeben hat sie dort als »eine dem Handeln selbst innewohnende Fähigkeit zur Korrektur des Mißratenen« umschrieben (Arendt 1981: 235f.). Wichtig für das Politische ist das Verzeihen Arendt zufolge, weil es eine Beziehung zwischen Personen verändert: jener Person, die verzeiht, und jener, der verziehen wird. Politisches Handeln denkt Arendt grundsätzlich als interaktiven, kollektiven Prozess; das Verzeihen, das ein »Rückgängigmachen eines Gehandelten« (ebd.: 236) darstellt, ist vor diesem Hintergrund dazu angetan, durch Fehlhandlungen erzeugte Handlungsblockaden aus dem Weg zu räumen und ein gemeinsames, ergebnisoffenes Handeln der Beteiligten, das durch das missratene Tun unwahrscheinlich geworden war, neuerlich zu ermöglichen.

Obwohl ihm auf diese Weise eine eminent wichtige Bedeutung für das Handeln selbst zukommt, bleibt das Verzeihen bei Arendt auf die Ebene personaler Interaktionen beschränkt und als Figur des Politischen vergleichsweise abstrakt. Ahluwalia geht mit seiner These von der disruptiv-versöhnenden Doppelfunktion der Gabe, die hierarchisierende und entwürdigende Denk- und Gesellschaftsmuster zu überwunden hilft und auf diese Weise den Weg für bessere – und in diesem Zusammenhang lässt sich ruhig sagen: konvivialere – Alternativen freimacht, einen deutlichen Schritt weiter. Dies tut er zum einen dadurch, dass sich bei ihm die disruptive Kraft der Gabe explizit auch auf strukturelle Aspekte bezieht; und zum anderen dadurch, dass seine Überlegungen auf Kontexte bezogen sind, in denen Gebende und Nehmende nicht nur dadurch unterschieden sind, dass sich Letztere Ersteren gegenüber auf illegitime oder zumindest problematische Weise verhalten haben, sondern zudem auch dadurch, dass sie ihnen die menschliche Würde aberkannt haben. Dies wiederum bedeutet, dass die Gabe in diesen Fällen eine Handlungsgemeinschaft überhaupt erst konstituiert – und zwar eine, die Gebende und Nehmende einschließt. Der Beziehungsaspekt des Verzeihens ist bei Arendt auf prinzipiell Gleiche bezogen, das Verzeihen korrigiert ein Vergehen innerhalb einer bereits bestehenden Gemeinschaft; bei Ahluwalia ist die Gabe der Versuch, neben Versöhnung eine Gemeinschaft von Gleichen überhaupt erst einmal zu gründen. Er macht deutlich, dass dies ein sozialer Akt ist und damit ein Akt, der Beziehungen zwischen Menschen impliziert; die Etablierung von Rechtsgleichheit mag derartige Akte unterstützen, kann sie aber nicht ersetzen. Ahluwalia unterstreicht ferner, dass die Herstellung eines gesellschaftlichen Zustandes, in dem jeder Einzelne hoffen darf, dass ihm eine ebenso große Würde zuerkannt wird wie allen anderen Menschen, die »Transzendierung« überkommener Differenzkonstruktionen und Bevölkerungsklassifizierungen voraussetzt; und dass dies im Zweifelsfalle wichtiger sein kann als ein positiver Rekurs auf die Vielfalt kultureller Traditionen, der ja in der Regel etablierte Grenzziehungen eher reproduziert als dekonstruiert. Ahluwalia affirmiert also die maussianischen Grundintentionen des konvivialistischen Manifests; und korrigiert dessen eher an Vielfalt denn an Macht orientierten Zugriff auf menschliche Gruppendifferenzen.

Auch wenn seine Ausführungen zur disruptiven, versöhnenden und in der Konsequenz gesellschaftskonstituierenden Kraft der Gabe zu überzeugen vermögen, hinterlassen sie doch die Frage, ob und inwiefern auf politischem Wege Voraussetzungen geschaffen werden können, die solche Gaben wahrscheinlich machen; denn es erscheint weder fair noch zielführend, just von jenen, denen Leid zugefügt wurde, einseitigen moralischen Heroismus zu fordern oder auch nur zu erwarten. Welche Vorkehrungen also muss eine Gesellschaft treffen, um unterdrückte oder anderweitig entwürdigte Bevölkerungsgruppen für gesamtgesellschaftliche Konvivialität im Sinne des Manifests überhaupt zu interessieren? Wie ist es zu ermöglichen, dass jene, die (bzw. deren Vorfahren) über Jahrhunderte von allgemeinen Gleichheitsproklamationen explizit ausgenommen wurden, einem neuen, radikalisierten Humanismus tatsächlich Vertrauen entgegen bringen können? Um sich einer Beantwortung dieser schwierigen Fragen zumindest zu nähern, lohnt ein Blick in die Arbeiten von Paul Gilroy, auf den ja auch in der Einleitung zur deutschen Übersetzung des Manifests verwiesen wird (vgl. S. 24f.). In seinem Buch »After Empire: Melancholia or Convivial Culture« fasst Gilroy Konvivialität zunächst als analytischen Begriff mit irreduziblem Bezug zu Konstellationen der Diversität: Konvivialität bezeichne den »Prozess des Zusammenlebens und der Interaktion, der Multikultur zu einem ganz gewöhnlichen Aspekt des sozialen Lebens in den urbanen Räumen Großbritanniens und den postkolonialen Städten anderswo gemacht hat« (Gilroy 2004: xi, Übers. IK). Dass Gilroy hier von Multikultur spricht – »multiculture« im englischen Original – heißt nun nicht, dass er vor diesem Hintergrund auch Theorien und Politiken des »Multikulturalismus« affirmieren würde. Im Gegenteil ist Konvivialität für ihn eine Alternative zum Multikulturalismus, der ja nie umhin kommt, kulturelle Differenzlinien wenigstens implizit zu affirmieren. Konvivialität, wie Gilroy sie versteht, setzt hingegen Konstellationen kultureller Offenheit voraus. Diese wiederum führten starre, geschlossene Identitäten ad absurdum und lenkten die Aufmerksamkeit auf die stets unvorhersehbaren Mechanismen der Identifizierung, die kulturelle Differenzlinien durchaus zu überschreiten in der Lage sind (vgl. ebd.). Wie aber lassen sich jene Momente, die in den urbanen Zentren postkolonialer Städte quasi-organisch entstanden sind, zu einem Konvivialismus erweitern, der auch andere gesellschaftliche Sphären und Räume umfasst?

Für Gilroy liegt der Schlüssel hierzu zunächst einmal in Analysen, die Gesellschaft vom ihn durchziehenden Rassismus her denken – Analysen also, die Rassismus in seiner gesellschaftsstrukturierenden Kraft ernst nehmen, statt ihn auf ein Problem gesellschaftlicher Randgruppen zu reduzieren. Ganz auf der Linie des konvivialistischen Manifests plädiert er in diesem Zusammenhang nicht zuletzt für eine Wiederaneignung der Vergangenheit. Allerdings steht bei ihm dabei die europäische Kolonialgeschichte einschließlich der eng mit ihr verwobenen europäischen Rassismusgeschichte im Vordergrund – und nicht, wie im Manifest selbst vorgeschlagen, die Vielfalt menschlicher Traditionen. Gilroy zufolge gilt es nachzuvollziehen, auf welche Weise die imperiale und koloniale Herrschaft Europas zu einer Amalgamierung von Rassismus und Nationalismus geführt hat, die noch in der Gegenwart Effekte zeitigt. Ferner müssten aktuelle Formen des politischen Nationalismus einer ständigen kritischen Prüfung unterzogen werden. Denn zwar sei dieser nicht notwendig xenophob, jedoch berge er aus historischen Gründen, nämlich jener der erwähnten Amalgamierung, stets die Gefahr hierzu.

Die Etablierung einer konvivialen Kultur erfordert nach Gilroy jedoch noch vier weitere Anstrengungen – Anstrengungen, die explizit auch außerakademisches politisches Handeln betreffen. Erstens plädiert er für eine Erneuerung des politischen Liberalismus, für einen Liberalismus, der damit rechne, sich durch systematische Reflexionen seiner kolonialen Muster und Implikationen entweihen zu lassen, anstatt derartige Reflexionen abzuwehren. Zweitens empfiehlt er, Rassismus und Antirassismus als zentrale Politikfelder zu verhandeln, anstatt sie auf die eine oder andere Weise zu individualisieren und zu privatisieren, auf Probleme individueller Einstellungen und zwischenmenschlicher Interaktionen zu reduzieren. Der dritte Aspekt ist eine Revision des europäischen Selbstverständnisses, die Etablierung einer Sicht auf die europäische Moderne, welche die vielfältigen Einflüsse kolonialer und imperialer Erfahrungen ernst nimmt; der vierte die Anerkennung des großen Einflusses der schwarzen Kultur (Kunst, Musik, Literatur) auf Europa, einschließlich der Rolle, die der Konsum und die Aneignung afro-amerikanischer Kulturformen für eine Wiedererfindung europäischer Öffentlichkeiten in der zweiten Hälfte des 20. Jahrhunderts spielte, also in der Zeit nach der faschistischen Periode (ebd.: 162).

Dass sich solche Anstrengungen radikal von allen Bestrebungen unterscheiden, gesellschaftliche Integration durch an kulturelle Minderheiten adressierte Assimilationsforderungen zu erreichen, muss wohl kaum betont werden; nach Gilroy liegt die Bringschuld zur Schaffung der Voraussetzungen einer konvivialen Kultur eindeutig auf der Seite der Mehrheitsgesellschaft bzw. des Staates. Aber auch von Theorien und Politiken des Multikulturalismus heben sich Gilroys Vorschläge ab. Denn es geht ihm in der Tat wenig darum, sicherzustellen, dass Angehörige kultureller Minderheiten ein Leben im Einklang mit ihren von der Mehrheitsgesellschaft nicht geteilten Traditionen, Regeln und Normen führen können – wie wichtig dies grundsätzlich auch sein mag. Vielmehr geht es ihm, hierin wieder ganz im Einklang mit dem konvivialistischen Manifest, um eine Erneuerung des Humanismus und eine Entwicklung neuer Formen der Menschlichkeit. Ein solcher Humanismus, den er im Anschluss an die theoretischen Arbeiten von Frantz Fanon entwickelt, ist für Gilroy allerdings nur als ein Humanismus nach dem Rassismus denkbar. Er erfordert eine Welt, die nicht länger nach dem Muster »rassischer« Dichotomien organisiert ist, sondern individuelle Lebensentwürfe jenseits dieser Muster ebenso erlaubt wie Austausch und Vermischung (ebd.: 43ff.). Dies ist auch der Grund dafür, dass Gilroy Rassismus statt kulturelle Diversität als das zentrale Problem der gegenwärtigen Gesellschaften Europas ausweist und eine kritische Reflexion des europäischen Rassismus zu deren zentralen Aufgaben zählt. Eine solche Reflexion wiederum könne nicht zuletzt zeigen, dass das »Rassendenken« funktional dafür war, dass sich humanistische Proklamationen der Vergangenheit de facto oftmals als exklusiv anstatt als allgemein erwiesen und damit im Endeffekt den Humanismus selbst entstellten (vgl. ebd.: 165f.) – denn dieser war weitgehend auf weiße Europäer beschränkt.

Folgt man Gilroy, kann sich eine konvivialistische Erneuerung des Humanismus also nicht auf die Proklamation von Prinzipien der gemeinsamen Menschheit beschränken; zum Zwecke einer Radikalisierung und Erweiterung des Humanismus reicht es nicht aus, die vormals Exkludierten nun ausdrücklich zu inkludieren. Zusätzlich müssen die Mechanismen, die tief in die europäische Geistes-, Politik- und Sozialgeschichte eingeschriebenen rassistischen Denkweisen offengelegt und bekämpft werden, die dazu führen konnten, dass Humanismen der Vergangenheit grundlegenden Prinzipien einer gemeinsamen Menschheit hohnsprachen oder zumindest nicht gerecht wurden. Es muss gewährleistet werden, dass sich die genannten Mechanismen nicht reaktualisieren; und schließlich muss das Vertrauen in den Humanismus selbst wiederhergestellt werden. Dass dies ein Programm ist, zu dessen Verwirklichung es auch im deutschen Sprachraum mit seiner spezifischen und vielfältigen Rassismusgeschichte einiges zu tun gibt, versteht sich fast von selbst.

Der europäische Kolonialismus und der westliche Imperialismus haben nicht nur auf der nationalen Ebene der unterschiedlichsten Länder ihre Spuren hinterlassen, sondern auch das transnationale Gefüge der Welt nachhaltig beeinflusst. Wenn nun Konvivialismus etwas ist, das neben der lokalen und nationalen Arena verschiedener Kontexte auch die Weltgesellschaft betrifft, stellt sich auch auf dieser Ebene die Frage nach der Ausbuchstabierung der konvivialistischen Verheißungen, Prinzipien und Überlegungen, nach den Vorkehrungen, die getroffen werden müssen, um ihre Umsetzung zu ermöglichen, und nach den Herausforderungen, die diese Vorkehrungen mit sich bringen. Das Manifest selbst verhandelt Aspekte globaler Diversität und weltweiter Differenzen auf tendenziell optimistische Weise; wie eingangs schon erwähnt, verheißt es, dass »das Ende des Kolonialzeitalters und der Rückgang des Eurozentrismus [...] den Weg zu einem wirklichen Dialog der Zivilisationen« eröffneten, der wiederum »das Entstehen eines neuen Universalismus« ermögliche, eines »mehrstimmigen Universalismus, eines Pluriveralismus« (S. 40). In grundsätzlicher Übereinstimmung mit kulturrelativistischen Konzeptionen von *Multiple Modernities* liegt das Hauptaugenmerk des Manifests damit auf Momenten der Pluralität, der Vielfalt und des Dialogs. Hat Carl Schmitt die Idee eines »Pluriversums« anstelle des geläufigeren Universums noch an die Möglichkeit von Feindschaft und Kampf gekoppelt (vgl. Schmitt 1963: 54), wird »Pluriversalismus« im Sinne eines mehrstimmigen Universalismus im Manifest zum Kernelement der konvivialen »Kunst des Zusammenlebens«.

Eine Distanzierung von einstimmigen (westlichen) Ausformulierungen des Universalismus zugunsten einer Affirmation unterworfener nicht-westlicher Wissenssysteme, von *Multiple Moralities* und der Überzeugung, dass auch mit allgemeinem Geltungsanspruch versehene normative Aussagen stets kulturell gebunden sind und daher in unterschiedlichen Kontexten entsprechend distinkt ausfallen werden, findet sich auch im Umfeld postkolonialer Studien: Walter Mignolo etwa bezieht sich in diesem Sinne positiv auf die Idee einer »Pluriversalität als universalem Projekt« (Mignolo 2014: 49, Übers. IK). Pluriversalität – »pluriversality« im englischen Original – ist für Mignolo die »Hegemonie der Wahrheit in Klammern« (ebd., Übers. IK). Hierin sieht er sowohl eine theoretische als auch eine praktische Alternative gegenüber der in seinen Augen hochgradig problematischen globalen Dominanz westlicher Denkmuster, die ihre Wahrheitsansprüche in der Regel nicht einklammerten, d.h. als kontextgebunden markierten, sondern absolut setzten. Die globale Dominanz des westlichen Denkens sei mit dem im sechzehnten Jahrhundert in den Amerikas einsetzenden europäischen Kolonialismus etabliert worden, der wiederum mit einer massiven Kolonisierung des Wissens einherging, einer Entwertung lokaler Wissens- und Normsysteme ebenso wie lokaler Religionen, Künste und Alltagspraktiken (vgl. ebd.: 24f.). Vor diesem Hintergrund begegnet Mignolo dem westlichen Denken und letztlich der gesamten westlichen Moderne mit prinzipieller Skepsis. Er hält wenig von Versuchen, die positiven Aspekte der Moderne analytisch zu isolieren, ihre positiven Verheißungen zu affirmieren oder gar den Versuch zu unternehmen, sie durch einen Prozess der Inklusion der zuvor Exkludierten zu vollenden. Denn Momente der Exklusion und der epistemischen Gewalt sind ihm zufolge für die westliche Moderne konstitutiv, Modernität und Kolonialität zwei untrennbare Seiten derselben Medaille. Die Lösung könne daher nur in Akten einer Entkopplung bzw. Separation vom westlichen Denken und seinen universalistischen Zivilisierung-, Fortschritts-, und Entwicklungsprätentionen liegen, in der Affirmation nichtwestlicher Wissenssysteme (vgl. ebd.: 27). Den Universalismus, den übrigens auch Carl Schmitt mit Imperialismus und im Kriegsfall mit einer Entmenschlichung der Feinde assoziiert hat (vgl. Schmitt 1963: 55), sucht Mignolo durch eine »Pluriversalität« zu ersetzen, die nie beansprucht, allgemeingültige Regeln aufstellen zu können, sondern stets auf konkrete Kontexte bezogen bleibt.

Im Vergleich zu Mignolos Plädoyer für »Pluriversalität« durch Akte der Entkopplung von der westlichen Moderne ist das konvivialistische Manifest, das »Pluriversalismus« mit einem (den Westen einschließenden) Dialog der Zivilisationen assoziiert, weniger radikal und der europäischen Tradition gegenüber weniger skeptisch. Dies mag daran liegen, dass seine Verfasser_innen ein derart homogenes und letztlich statisches Bild der europäischen Tradition wie jenes, das den Überlegungen Mignolos zugrunde liegt, von vornherein zurückweisen würden – da sie selbst die westliche Moderne eher als Schauplatz theoretischer Auseinandersetzung und politischer Kämpfe begreifen denn als Expansionsprojekt mit zweischneidiger (Modernität/Kolonialität), darin jedoch einheitlicher Wirkung. Es mag aber auch damit zusammenhängen, dass sich das Manifest in der Tat vornehmlich aus europazentrierten Erfahrungen und Beobachtungen speist. Der Umstand, dass in der dort formulierten Liste gegenwärtiger Bedrohungen der »Fortbestand, die Entstehung, die Zunahme oder die Wiederkehr der Arbeitslosigkeit, der Ausgrenzungen und der Armut fast überall in der Welt, besonders im alten Europa, dessen Wohlstand gesichert zu sein schien« (S. 38) genannt wird, ist ein augenfälliges Beispiel – wenn man bedenkt, dass sich Westeuropa von außen betrachtet immer noch viel eher als *Gated Community* des Wohlstands, der sozialen Sicherungssysteme und der subventionierten Opernhäuser darstellt denn als Konzentrationspunkt der Prekarität; und dass austeritätspolitische Sparzwänge, informelle Arbeitsverhältnisse und krisenbedingte Armutseffekte etwas sind, von dem das alte Europa – ganz anders als viele andere Weltregionen – in den vergangenen Jahrzehnten vergleichsweise lang ›verschont‹ geblieben ist.

Dazu passt, dass auch das Nord-Süd-Verhältnis im Manifest in erster Linie zukunftsgerichtet als eines der Kooperationsmöglichkeiten verhandelt wird und weniger als ein Verhältnis globaler Ungleichheit, das es allerdings auch ist. »Die Ausrottung des Hungers und der Armut ist ein nunmehr erreichbares Ziel, unter der Bedingung einer gerechteren Verteilung der vorhandenen materiellen Ressourcen im Rahmen der Entstehung neuer Bündnisse zwischen den Akteuren des Nordens und des Südens«, heißt es etwa in der Auflistung unterschiedlicher Verheißungen der Gegenwart (ebd. 41). Auch an diesem Punkt klingt eine postkoloniale Analyse oft anders, wenngleich in diesem Feld wohl niemand bestreiten würde, dass Armutsbekämpfung und eine gerechte Ressourcenverteilung wichtige politische Ziele darstellen. Doch es geht dort ferner darum, gegen jede Form der Naturalisierung von Armut im globalen Süden anzuschreiben – und zwar mit den Mitteln der Historisierung. So hat bereits Frantz Fanon unterstrichen, der relative Reichtum Europas sei »auf dem Rücken der Sklaven errichtet worden, er hat sich vom Blut der Sklaven ernährt, er stammt in direkter Linie vom Boden und aus der Erde dieser unterentwickelten Welt« (Fanon 1981: 79). In der Tat diente der europäische Kolonialismus wirtschaftlich gesehen in erster Linie der Extraktion, und das Ende des Kolonialzeitalters in der zweiten Hälfte des 20. Jahrhunderts ging *nicht* mit einer radikalen globalen ökonomischen Restrukturierung einher; weshalb es sicher nicht von ungefähr kommt, dass viele Postkolonien noch heute von Armut geprägt sind. Fanon hielt neben binnenökonomischen Veränderungen eine »Neuverteilung der Reichtümer« für unabdingbar, um die kolonialen Wirtschaftsbeziehungen tatsächlich zu beenden (ebd.: 80). In diesem Sinne forderte er Kolonialreparationen nach dem Vorbild der Wiedergutmachungszahlungen für die Naziverbrechen in Form von nicht-konditionalisierter Hilfe (ebd.: 83ff.) – eine Forderung, die nach wie vor aktuell ist (vgl. u.a. www.colonialismreparation.org). Wenngleich nun einige seiner Formulierungen in diesem Zusammenhang – so erklärte er, dass »die unterentwickelten Länder mit großzügigen Investitionen und technischer Hilfe unterstützt werden« müssten (Fanon 1981: 86) – den Eindruck erwecken könnten, er habe sich für klassische Maßnahmen der Entwicklungszusammenarbeit ausgesprochen, unterstrich Fanon mit Nachdruck, dass es ihm dabei dezidiert *nicht* um »ein Werk der Barmherzigkeit« ginge (ebd.). Vielmehr sah er Reparationen als Grundbedingung für einen doppelten Neuanfang: für einen ökonomischen Neuanfang der Postkolonien nach der Dekolonisation und für einen politischen Neuanfang im Nord-Süd-Verhältnis. »Die moralische Wiedergutmachung, die uns mit der nationalen Unabhängigkeit zuteil wurde, blendet uns nicht; sie kann uns nicht ernähren« (ebd.: 83), erläuterte er ihre Bedeutung. Anders als Akte der Barmherzigkeit sind Reparationszahlungen ein Versuch der *materiellen* Wiedergutmachtung, die freilich einen moralischen Mehrwert hat, da Reparationen idealerweise auf der geteilten Einsicht beruhen, dass wiedergutzumachendes Unrecht überhaupt stattgefunden hat. Die geforderte Hilfe »bestärkt die Kolonisierten in dem Bewußtsein, dass man ihnen etwas *schuldig* ist, und die kapitalistischen Mächte in der Erkenntnis, daß sie *zahlen müssen*« (ebd.: 84), schrieb Fanon entsprechend.

Bekanntermaßen bestand die zentrale Funktion der rassentheoretischen Legitimierung kolonialer Herrschafts- und Ausbeutungsverhältnisse darin, eine Vorstellungswelt zu befeuern, nach welcher der Kolonialismus *kein* Unrecht war. Wenn nun Fanon darauf verweist, dass zu den Hinterlassenschaften des europäischen Kolonialismus globale Ungleichheit zählt, und wenn er vor diesem Hintergrund Reparationsforderungen formuliert, scheint er damit von der Stoßrichtung des konvivialistischen Manifests, das Hunger und Armut im Zuge neuer Nord-Süd-Bündnisse beenden will, zunächst einmal weit entfernt. Bei genauerer Betrachtung kann man ihn jedoch nicht nur selbst als konvivialistisch, sondern letztlich sogar als konvivialistischer denn das Manifest lesen. Denn zum einen schaffen die Reparationen die hinreichenden materiellen Bedingungen dafür, dass es auch in den Postkolonien möglich ist, dass wirklich alle ihre Auffassung vom guten Leben verwirklichen können. Zum anderen leisten sie eine nachträgliche Anerkennung des kolonialen Unrechts auch in ethisch-moralischer Hinsicht. Und im besten Falle überbrücken sie just jene rassistischen Differenzziehungen, ohne die der Kolonialismus gar nicht möglich gewesen wäre. Damit zeigen sie einen Weg auf, das Prinzip der gemeinsamen Menschheit, das im konvivialistischen Manifest zur Grundlage jeder legitimen Politik erklärt wird, tatsächlich universal zu verstehen. Das ist nicht wenig; auch wenn es mit Blick auf die unmittelbare praktische Umsetzbarkeit mehr Fragen aufwirft als beantwortet. Aber auch damit ist es dann wieder ganz auf der Linie des konvivialistischen Manifests. Was kein Einwand ist – sondern eine Aufforderung zum Weiterdenken.

## Literatur


Ahluwalia, Pal (2002): »Towards (Re)Conciliation: The Postcolonial Economy of Giving«, in: David Theo Goldberg/Ato Quayson (Hg.), Relocating Postcolonialism, Oxford u.a.: Blackwell, S. 184-204.

Arendt, Hannah (1981): Vita Activa oder Vom tätigen Leben, München, Zürich: Piper.

Fanon, Frantz (1981): Die Verdammten dieser Erde, Frankfurt a.M.: Suhrkamp.

Gilroy, Paul (2004): After Empire: Melancholia or Convivial Culture?, London, New York: Routledge.

Mignolo, Walter (2014): »Further Thoughts on (De)Coloniality«, in: Sabine Broeck/Carsten Junker (Hg.), Postcoloniality – Decoloniality – Black Critique: Joints and Fissures, Frankfurt a.M./New York: Campus, S. 21-51.

Schmitt, Carl (1963): Der Begriff des Politischen, Berlin: Duncker & Humblot.

# Konvivialismus als neuer Internationalismus

*Claus Leggewie*

Die »Naivität«[1] der konvivialen Idee ist ihren Verfechtern hoch anzurechnen. In einer Weltlage, deren »Alternativlosigkeit« zu betonen vermeintliche Realisten nicht müde werden, ist auf einer Alternative zu bestehen so gutgläubig wie zukunftsweisend. Im Folgenden möchte ich versuchen, die »Realpolitik« (außen-)politischen Handelns mit der konkreten Utopie einer konvivialen Weltgesellschaft zu verbinden, ohne beides – im Sinne einer realpolitischen Resignation oder »kritischen Kritik« – gegeneinander auszuspielen.

Der Bericht des Club of Rome und die Umweltkonferenz der Vereinten Nationen in Rio de Janeiro 1972 haben das Bewusstsein von der Verletzlichkeit des blauen Planeten verbreitet und Prinzipien der Nachhaltigkeit wie der gemeinsamen (wenn auch unterschiedlichen) Verantwortung für den Zustand der Welt plausibel gemacht; das Dogma materialistischen Denkens und die Konventionen rein utilitären Wirtschaftshandelns wurden durch nicht-utilitäre Sichtweisen und einen profunden Wertewandel erschüttert. Doch bekanntlich brachte das Ende des Ost-West-Konfliktes nicht die erhoffte Friedensdividende, eher steuern der ehemalige Westen und Osten auf überholt geglaubte Territorial- und Religionskonflikte zu, die einer »Weltinnenpolitik« Hohn sprechen.

Die Agenda der internationalen Politik ist wieder von unmittelbaren Sicherheitsinteressen und Schutzbedürfnissen präokkupiert, während globale Allmendegüter (wie der Schutz des Weltklimas) und Perspektiven guten Lebens in den Hintergrund treten. Ähnlich restriktiv wirkt die globale Finanzkrise, die ganze Volkswirtschaften, darunter die südliche Peripherie der Europäischen Union, in den Strudel zog. Im Sinne des konvivialistischen Manifests möchte ich ausführen, dass den (berechtigten!) Sicherheits- und Überlebens-

**1** | Ich verwende den Begriff nicht in seiner alltagssprachlichen Ineinssetzung mit Dummheit, Unwissenheit und Unterkomplexität, sondern im Sinne Kants als »Ausbruch der der Menschheit ursprünglichen Aufrichtigkeit wider die zur anderen Natur gewordenen Verstellungskunst« (Kant 1968: 440).

interessen *nicht* durch »realistische« Sicherheits- und utilitaristische Wachstumsdoktrinen entsprochen wird, sondern durch ein Denken, das im Feld der internationalen Beziehungen und des globalen Regierens auf eine nicht-utilitäre Logik des Gabentausches rekurriert.

## Eine neue Matrix internationaler Konflikte

Vor allem zwei kriegerische Konflikte haben die Matrix internationaler Politik verschoben:

a) Mit der völkerrechtswidrigen Annexion der auf ukrainischem Staatsgebiet gelegenen Krim durch die Russische Föderation im März 2014 und weitere, von der Vision »Neurussland« getriebene Schritte zur territorialen Arrondierung ist an der östlichen Peripherie Europas ein brisanter Territorialkonflikt entbrannt. Dieser (bisher) *low-intensity-conflict* nährt die autokratische Herrschaft des Präsidenten Putin und verschärft die strukturelle Wirtschaftskrise der Russischen Föderation, die nun durch Sanktionen und den Verfall des Erdölpreises wie des Rubels zusätzlich geschwächt ist. Die nach dem Zerfall der Sowjetunion aufgebauten Allianzen Russlands mit den NATO- und EU-Staaten wurden eingefroren, das Wirtschaftsgeschäft zwischen Russland und seinen westlichen Nachbarn wurde spürbar eingeschränkt, die ideologische Verhärtung nahm nicht nur auf der russischen Seite zu. Die *Euromajdan*-Demonstrationen in Kiew und anderen ukrainischen Städten und der mit der EU geschlossene Handelsvertrag wurden in Moskau, das die Ukraine als natürliches Einflussgebiet betrachtet, als aggressiver Akt interpretiert; die Westorientierung der Ukraine verschärfte Ängste vor Isolation und Umzingelung der Kreml-Führung, die nationalistische und chauvinistische Emotionen schürt und mit der Unterstützung euroskeptischer Parteien und Nadelstichen im Baltikum und auf dem Balkan die Spaltung der Europäischen Union betreibt. So ist die offene Unterstützung von politischen Strömungen in Westeuropa (wie dem Front National in Frankreich, Ukip in Großbritannien und der Alternative für Deutschland) zu deuten, die sich gegen einzelne oder sämtliche Vertragswerke der Europäischen Union stellen. Die Verhärtung des außenpolitischen Kurses der Russischen Föderation spiegelt sich in einer zunehmend anti-demokratischen Innenpolitik: Meinungs-, Versammlungs- und Pressefreiheit werden massiv verletzt, die politische Opposition und die Bürgerrechte stark beeinträchtigt, Minderheiten unterdrückt.

b) Erschüttert wurde die Post-1989er-Ordnung noch stärker im Mittleren Osten, wo der Islamische Staat (IS, auch ISIS) im zerfallenden Gebiet von Syrien und Irak, beide Kernregionen des arabischen Islam und erst nach dem

Ersten Weltkrieg durch die Kolonialmächte Großbritannien und Frankreich als Nationalstaaten mit künstlichen Grenzen geschaffen, die Gründung eines Kalifates proklamierte und durch rasante Landgewinne fürs erste vollendete Tatsachen schuf. Die radikal-sunnitische Bewegung bekämpft die in Irak und Syrien vorherrschenden schiitischen Bevölkerungsgruppen, ebenso die in der Golf-Region vorherrschenden Regionalmächte Iran und Saudi-Arabien und generell westlich-liberale Ordnungen. Die Dschihadisten pflegen eine extreme und, wie islamische Rechtsgelehrte in aller Welt betonen, dem Koran und der Überlieferung zuwider laufende Auslegung des Islam.

Extremistische Muslime erkennen das Existenzrecht des Staates Israels nicht an und unterstützen weltweit antisemitische Emotionen und Aktionen. Im September 2014 bildeten zehn Staaten unter Führung der USA, darunter arabische Staaten und de facto der Iran, eine Allianz gegen IS, ohne dessen Schlagkraft und Expansionsdrang zunächst nachhaltig zu verringern; in den besetzten Gebieten hat IS eine Terrorherrschaft gegen Andersgläubige errichtet, aber auch eine funktionierende Infrastruktur für die Bevölkerung bereit gestellt. IS hat erfolgreich dschihadistische Kämpfer in den westlichen Ländern rekrutiert, deren Rückkehr als erhebliches Risiko für ihre innere Sicherheit betrachtet wird. Die Terroranschläge in Paris zu Beginn des Jahres 2015 wurden als direkte Wirkung der Ausbreitung des IS beschrieben.

Beide Vorstöße haben erstens die »westfälische« territoriale Ordnung der postkolonialen bzw. postsowjetischen Zeit radikal in Frage gestellt, zweitens nationale, demokratisch (schwach) legitimierte Staatsapparate destabilisiert und drittens in den verwüsteten Landstrichen massive Flüchtlingsbewegungen ausgelöst. Indem sich die Konflikte in unmittelbarer Nachbarschaft von NATO-Staaten (Türkei und ostmitteleuropäische Mitgliedsländer) abspielen, ist eine militärische Eskalation denkbar, sogar großflächige Kriegshandlungen zwischen »Ost« und »West« sind nicht auszuschließen.

»Angst essen Seele auf«, könnte man die drohenden Folgen einer solchen Entwicklung in Anlehnung an einen bekannten Filmtitel nennen. Wo die zerstörerische Logik des Krieges greift und die Inbesitznahme eines Territoriums (unter Hinnahme der weitgehenden Zerstörung bestehender Infrastrukturen, darunter historische Kulturstätten und sämtliche Bildungseinrichtungen) wichtiger erscheint als seine produktive, allseits förderliche Entwicklung, wo ferner soziale und politische Kooperation durch ethnische Spannungen und religiösen Hass, also Modi absoluter Feindschaft durchkreuzt werden, wo schließlich Armut und soziale Depravierung, noch eskaliert durch verheerende Epidemien wie die von Westafrika ausgehende Ebola-Krankheit Aspirationen des blanken Überleben vordringlich machen, scheinen mittel- und langfristige Vorsorge und großflächige Kooperationen aussichtslos und eben »naiv«. Die Militarisierung ethnisch-religiöser Konflikte, die Ressourcenknappheit in

Folge der Finanzkrise speziell im globalen Süden und die generelle Eintrübung der Zukunftsaussichten durch Terrorakte und Naturkatastrophen haben bereits viele Menschen guten Willens und einschlägige politische Initiativen demotiviert.

Ungeachtet dessen gehen die Bemühungen zum Schutz globaler Allmendegüter und die Formulierung von »Sustainable Development Goals« (SDG's) weiter. Der Multilateralismus der Vereinten Nationen ist geschwächt und durchlöchert, aber die Herkulesarbeit für einen völkerrechtlich bindenden Vertrag zur Verringerung und Beendigung klimaschädlicher Treibhausgase trägt Früchte, ein Durchbruch im Herbst 2015 ist möglich. Ähnliches gilt für den Schutz und die Bewahrung anderer globaler Allmendegüter wie Trinkwasser, für den Meeresschutz und für die Erhaltung der Artenvielfalt, und es müsste auch eine globale Kommunikationsordnung mit freiem und sicherem Zugang zu Informationen umfassen. Um zu verhindern, dass diese mittel- und langfristigen Vorhaben einer Weltinnenpolitik in den Strudel der dargelegten Konflikte geraten, muss die Agenda der Diplomatie auf globale Entwicklungsziele eingestellt bleiben und diesen eine Weltbürgerbewegung Nachdruck und Legitimation verleihen.

## Internationaler Gabentausch?

Einer derart konvivialistischen Außenpolitik liegt eine Denkweise des Gabentausches nach Marcel Mauss zugrunde, die ich knapp rekapitulieren möchte. Die Gabe geht über einfache Reziprozität (im Sinne der Wechselwirkung) insofern hinaus, als dem freiwilligen Akt des Gebens ein ekstatischer, selbsttranszendierender Charakter der Beziehung zum Anderen innewohnt und sie über zunehmend anonymisierte Ketten von Geben, Nehmen und Erwidern verläuft; in der Annahme der Gabe liegt die Erfahrung des Ergriffen-Seins durch den Anderen und dessen Sache. Die Paradoxie besteht darin, dass es vertraglich oder normativ keine *Pflicht* zum Geben, Annehmen oder Erwidern gibt. Jeder Beteiligte kann an jedem beliebigen Punkt dieses Zyklus »aussteigen«. Der Geber kann also nicht von vornherein damit rechnen, etwas für die Gabe zurückzubekommen. Zwar *wird* faktisch häufig erwidert, aber das Motiv zu geben kann nicht darauf unmittelbar zurückgeführt werden, etwas zu erhalten. Deshalb ist die Freiheit genauso konstitutiv für die Gabe wie die Pflicht. Die aus einer Gabe häufig erwachsende empfundene Verpflichtung lässt sich nicht einklagen: Nur zum Tausch gehört *notwendig* das Prinzip der Wechselseitigkeit, auch wenn die Erwiderung nicht direkt an den Geber adressiert sein muss. Die Gegengabe zirkuliert zwischen diversen Kollektiven und über Generationen hinweg.

Ein auf der Gabe beruhender Transfer von Ressourcen (im Unterschied zu rein symbolischen Gesten/Gaben) unterscheidet sich grundsätzlich vom marktförmigen Tausch. Denn man weiß nicht, ob man etwas zurück erhält, was reziproziert wird und wann man etwas erwidert bekommt. Dies liegt jeweils in der Hand des Empfängers einer Gabe. Daraus lassen sich Schlussfolgerungen ziehen, die auf die Re-Etablierung von solidarischen und moral-ökonomischen Handlungsformen abzielen: Genossenschaften, karitative Hilfe, Non-Profit-Organisationen, Spenden, Stiften, bürgerschaftliches Engagement – mit diesen Begriffen ist das weite und differenzierte Feld (bzw. der »Dritte Sektor«) bezeichnet, das weder auf die Logik des Marktes noch auf die der staatlichen Allokation reduziert werden kann. Es geht hier um einen Ressourcentransfer auf der Basis von Vertrauen ohne Erwartung eines konkreten Entgelts, aber im Blick auf eine konviviale moralische Ökonomie und einen materiellen Nutzen für alle oder viele.

Interessant ist nun, dass Marcel Mauss seine ethnologisch fundierte Theorie vor dem Hintergrund und im klaren Bezug auf eine zeitgenössische Problematik entwickelt hat, nämlich die Rückzahlungen von Schulden bzw. die Leistung von Reparationen, die das Deutsche Reich als im Ersten Weltkrieg unterlegene Nation an die Siegermächte zu leisten hatte (Mallard 2011). Mauss bezog in weniger beachteten politischen Schriften die Position, dass das Deutsche Reich zwar Rückzahlungs- und Reparationspflichten hatte, diese jedoch besser durch Moratorien und Schuldenerlasse zu temperieren waren, um einer nationalistischen Trotzreaktion von Schuldnern (wie Gläubigern!) vorzubeugen. Zugespitzt: Durkheim, Mauss' Lehrmeister (und Onkel) konzipierte Solidarität als inner-gesellschaftliche, Mauss als zwischen-gesellschaftliche. Für Mauss sind Gesellschaften immer konstitutiv auf »internationalen« d.h. interkulturellen Austausch angewiesen (vgl. Adloff 2013).

## Internationaler Konvivialismus

»The proof of the pudding is in the eating«, sagt ein altes Sprichwort. Das Gabeparadigma und eine konvivialistische Strömung können ihre Vitalität und Leistungsfähigkeit unter Beweis stellen, wenn man sie als Alternative zu versagender Kooperation plausibel machen und Strukturelemente in aktuellen Kooperationsprozessen aufspüren kann. Dies kann in diesem kurzen Beitrag nicht geschehen, aber es sollen fünf empirisch wie konzeptionell vielversprechende Untersuchungsfelder identifiziert werden.

1) Im Zentrum steht die aktuelle Schuldenproblematik, die Verschuldung der öffentlichen und privaten Haushalte sowohl von reichen OECD-Ländern wie insbesondere von Ländern der Peripherie im »globalen Süden«. Statt dass die Gläubiger (Staaten und Banken) ihnen eine Rückzahlung der Schulden aufoktroyieren (um den Preis eines in diesem Fall unaufhaltsamen Kollapses), sollten sie einen Schuldenerlass und Zahlungsmoratorien gewähren, verbunden mit Maßnahmen, die eine selbstragende Entwicklung ermöglichen.[2] Der Gedanke an Schuldvergebung wirkt weniger bizarr, wenn man sich die *wechselseitige* Verstrickung von Schuldner und Gläubiger vor Augen führt – und den damit verbundenen Verlust an Handlungsfreiheit auch für diejenigen, die im Fall des Zusammenbruchs der mit Forderungen überzogenen Volkswirtschaften Südeuropas (im wahrsten Sinne) *ad calendas graecas* auf die Zahlung von Zinsen und die Rückzahlung von Schulden warten müssen und auf diese Weise mit in den Strudel geraten. Man müsste einsehen, dass die Fabrizierung der aktuellen Finanzkrise ein Werk *beider* Seiten gewesen ist.

Zu verhindern ist ein Kollaps nur durch weitere Gaben in der Hoffnung, dass diese Investition bessere Früchte trägt.

Gegen Abzahlen stünde Vergebung, gegen Schuldknechtschaft Freiheit. »Für eine transkapitalistische Ökonomie können darum nur die vorwärtsweisenden, die stiftenden, gebenden und überschießenden Gesten konstitutiv sein. Allein futurisch engagierte Operationen sprengen das Gesetz des Äquivalententauschs auf, indem sie dem Schuldigwerden und Schuldenmachen zuvorkommen« (Sloterdijk 2008: 52f.). Nur die radikale Unterbrechung des öden Rückzahlungsgeschäfts erlaubt in dieser Sicht einen neuen Anfang und

**2** | Vgl. dazu Fallbeispiele in Leggewie (2013). Die folgenden Überlegungen bauen auf dieser Darstellung auf und erweitern sie.

gäbe – vermutlich zur Verwunderung des Geschädigten selbst – auch diesem die Freiheit wieder.

2) Das korrespondierende Gegenstück finanzieller »Großzügigkeit« ist die in den letzten Jahrzehnten quantitativ explodierte und zum Faktor der transnationalen Politik aufgestiegene Philanthropie diverser Spielarten, die durch schwerreiche Mäzene wie Bill Gates und Warren Buffett personifiziert (und in den Augen von Kritikern auch kompromittiert) wird. In diesen philanthropischen Aktivitäten, die überwiegend auf die Bekämpfung von Epidemien und lebensbedrohenden Krankheiten zielen, wird das in der Ökonomie vorherrschende Muster reziproken Austauschs modifiziert und Asymmetrie zum Strukturmerkmal. Da diese soziale Aktivität häufig unter dem Verdacht steht, egoistische Motive der Geber zu bedienen, ist es an der Zeit, heutige Philanthropie in ihre historischen, ethnografischen und religiösen Kontexte einzuordnen und ihre weltweit sehr vielschichtige Praxis zu registrieren. Dabei mögen egoistische Gratifikationen eine Rolle spielen, doch bleiben jene originären Aspekte uneigennütziger Sorge, Unterstützung und Förderung vordringlich, die jenseits konkreter Transfers eine generelle »Liebe zur Menschheit«, so die wörtliche Übersetzung des Begriffs Philanthropie, zum Ausdruck bringen. Hier liegen die wesentlichen Unterschiede zu marktlich-unternehmerischen wie zu staatlich-politischen Aktivitäten, wobei solche durchaus auch im Philanthropie-Geschehen eine Rolle spielen, wenn philanthropische Unternehmungen professionalisiert werden.

Wenn Philanthropie in materieller Hinsicht durch die radikale Asymmetrie der Interaktionsordnung charakterisiert ist, stellt das ihren Bezug zum Gabentheorem nicht in Frage. Problematisch ist eher, dass sich anders als bei steuerfinanzierten Sozialtransfers und ähnlich wie bei geschäftlichen Transaktionen selektive und inegalitäre Präferenzen durchsetzen können und es häufig an einer öffentlichen Rechenschaftspflicht mangelt. Die Definition von »Bedürftigkeit« der zu unterstützenden Gruppen kann durch ethnische, religiöse, ästhetische und andere Vorurteile und Stereotypen bestimmt sein, was an sich nicht verwerflich sein muss, in der Gesamtbilanz aber soziale Ungleichheiten verschärfen und ungewollt oder kontraintentional Diskriminierungen Vorschub leisten kann.

3) In diesem Zusammenhang ist eine Gabe-Variante erwähnenswert, die für die Zukunft globaler Kooperation wesentlich zu sein scheint: die ins Kollektive gewendete Praxis der Adoption. Adoptionen, also »Annahme an Kindes statt«, sind private Initiativen, die aus partiell egoistischen Motiven der Selbstverwirklichung (Kinderwunsch) erfolgen, aber eine starke Komponente liebevoller Fürsorge für eine faktisch oder symbolisch verwaiste Person aufweisen, d.h. in hohem Maße Altruismus implizieren. Das Element persönlicher Grati-

fikation ist auch hier wieder nicht a priori kritisch zu sehen, auch wenn es zu egoistischen Übersteigerungen kommen kann. Ein Teil der Adoptionen findet aus »armen Ländern« statt, bewegt sich also im Nord-Süd-Verhältnis, so dass ihnen indirekt ein Aspekt der Entwicklungskooperation innewohnt, der – wie in solchen Konstellationen üblich – ambivalent sein kann. Lohnend für die Betrachtung globaler Kooperationsbeziehungen ist nun das strukturelle Element in der Adoption, das nicht allein in familialen Beziehungen, sondern etwa in der »Lokalen Agenda 21« zum Ausdruck kommt und wiederum asymmetrische, gleichwohl reziproke Muster einer Bezugnahme auf übergeordnete und verbindende Menschheitsziele und Kollektivgüter aufweist. Von ähnlicher Struktur ist die generöse Aufnahme von Flüchtlingen oder die Auslobung von Stipendien für ausländische Interessenten und Interessentinnen, die sich in einem wohlhabenden Land aus- und fortbilden lassen, in der Regel, um anschließend in der Heimatregion tätig zu werden – im Sinne einer erweiterten Gabe auch für dortige öffentliche Belange, so dass das Stipendium indirekt auch Dritten und Vierten zugutekommt.

Damit ist am Rande das Skalenproblem in der globalen Kooperation angesprochen. Das Engagement zum Schutz von Kollektivgütern (etwa bei den Klimaverhandlungen) leidet regelmäßig daran, dass die Bezugnahme auf ein Problem wie Klimawandel zeitlich wie räumlich abstrakt zu sein scheint, da es vermeintlich »weit weg« und »lange hin« auftauchen wird. Im Gabe-Muster langfristiger und lockerer Reziprozitätsketten ist eine temporale Dimension eingebaut, insofern Gaben stets eine »Investition in die Zukunft« darstellen, die eine nächste und übernächste Generation anvisiert. Damit rückt das »weit weg« sowohl räumlich wie zeitlich näher und lässt Zukunftsaufgaben in nachvollziehbaren sozio-biologischen Reziprozitätsketten plausibel erscheinen.

4) Mauss hat bei den Reparationsverhandlungen zwischen Kriegsgegnern des Ersten Weltkrieges die Möglichkeit einer gemeinsamen und einvernehmlichen Verständigung über in der Vergangenheit liegende Übel (hier: der kriegerische Konflikt) unterstellt. Diese Erwartung hat sich nach 1945 in der deutsch-französischen und deutsch-polnischen »Aussöhnung« erfüllt. Ein korrespondierendes Element der materiellen Kompensation ist demnach der moralische Aspekt der »Aufarbeitung der Vergangenheit«, der die »Wiedergutmachung« von Schäden, die Restitution von Eigentum und die Anerkennung der Täterverantwortung durch Einzelne und sie repräsentierende Staaten mit einem (freiwilligen, weder a priori zu erwartenden noch gar zu fordernden) Verzeihen der Opferseite beantwortet.

Es ist in diesem Zusammenhang interessant (und beunruhigend), dass im Rahmen der von Deutschland ausgehenden bzw. der Bundesregierung zugeschriebenen Intervention zur Lösung der Schuldenkrise in Griechenland alte Forderungen nach Reparationsleistungen für vom Deutschen Reich begangene

Kriegsverbrechen wieder aufkamen. Unter anderem hat die jüdische Gemeinde von Thessaloniki Deutschland nach einem ergebnislosen Rechtsstreit über zwei Jahrzehnte vor griechischen Gerichten vor dem Europäischen Gerichtshof für Menschenrechte auf Entschädigungszahlungen verklagt. Es geht dabei um »immaterielle Schäden« sowie ein Lösegeld in Höhe von 2,5 Millionen Drachmen, das die jüdische Gemeinde 1943 an den Regionalkommandanten der Nazis, Max Merten, gezahlt habe. Mit der Summe, die nach heutigem Stand etwa 45 Millionen Euro entspreche, seien damals 9.000 Juden aus der Zwangsarbeit ausgelöst worden. Vor dem Zweiten Weltkrieg lebten in Thessaloniki mehr als 50.000 jüdische Einwohner, von denen weniger als 2.000 den Holocaust überlebten. Die Bundesregierung verweist stets darauf, die Frage der Reparationen sei seit Langem durch internationale Abkommen geregelt. Ungeachtet der Frage, ob solche Forderungen im legalen Sinne berechtigt sind, illustriert der Fall noch einmal den engen Zusammenhang von Schuld und Schulden – der Gläubigerforderung wird eine Reparationsleistung entgegengesetzt.

Gegen den reinen *Homo faber* (oder *oeconomicus*) hielt Hannah Arendt zwei Fähigkeiten des *zoon politikon* hoch: die Fähigkeit zu *verzeihen* (ein Mittel gegen die Unwiderruflichkeit des Geschehenen) und das Vermögen, *Versprechen* zu geben und zu halten (gegen die Annahme der Unabsehbarkeit von Zukunft). »Im Rückgriff auch auf den Begriff der Handlung von Hannah Arendt, der dem der Mauss'schen Gabe im Grunde sehr nahe steht, lässt sich eine allgemeine Kategorie beschreiben, die man ›konstitutive Handlung‹ nennen könnte. Solche Handlungen eröffnen und generieren Möglichkeiten, die zuvor nicht bestanden, und sie lassen dort etwas entstehen, wo es vorher nichts gab« (Caillé 2008: 218). Solche Handlungen ermöglichen, wieder Vertrauen aufzubauen, wo zuvor nur Misstrauen herrschte. Arendt hat sich intensiv mit dem Verzeihen befasst, weil es den neuen, unberechenbaren Anfang erlaubt. Sie griff damit ein christliches Motiv auf, wobei sie die Erfahrung der Urgemeinde der Jünger Jesu historisierte und säkularisierte; die personale Liebe Jesu interpretierte sie in einem »durchaus diesseitigen Sinne«, der auch über die individuelle und private Relation zwischen einem Schuldigen und dem, der ihm vergibt, hinausgeht. Wesentlich war ihr, dass beide Seiten ihre Freiheit, neu zu beginnen, erhalten; von den langfristigen Folgen einer schlimmen Vergangenheit oder Tat werden diejenigen befreit, denen verziehen wird, aber eben auch denen, die verzeihen. Genau wie das Strafen leugnet Verzeihen nicht das Unrecht einer Tat, aber es unterbricht eine verhängnisvolle Spirale der Fixierung auf diese schuldbeladene Vergangenheit (vgl. dazu Kodalle 2013).

Der Zusammenhang von Reparationsleistungen und »Aufarbeitung der Vergangenheit« bzw. transnationaler Gerechtigkeit in der Folge von Kriegs- und Staatsverbrechen, ethnischen Säuberungen und dergleichen, also die moralische wie materielle Kompensation vergangenen Unrechts, hat seit der Holocaust-Debatte in den 1980er Jahren zu einer weltweiten Entschädigungsbewegung geführt. Sie reicht bis zur historischen Sklaverei zurück, schließt die Vertreibung und Ausrottung indigener Bevölkerungen sowie Kolonialverbrechen und zahlreiche Völkermorde ein, aber auch die anhaltende Kampagne zur Restitution von Raubkunst verschiedener Spielarten. Ohne dies hier näher ausführen zu können, ist es vermutlich reizvoll, solche globalen Interaktionen nicht nur unter völkerrechtlichen, geschichtspolitischen und moralischen Aspekten zu diskutieren, sondern sie ex negativo auch unter dem Gaben-Theorem zu betrachten: gewaltsame Entwendungen und Massentötungen werden durch moralische Anerkennung und materielle Kompensation unter dem Aspekt einer inklusiven Kooperation »wieder gut gemacht«.

5) Wie eine indirekte Gabe unter diesem Aspekt aussehen kann, zeigt schließlich die von den Vereinten Nationen angeregte und in mehreren Konventionen postulierte Einbürgerung von Staatenlosen. Nach einer Berechnung des UNHCR in Genf sind im Jahr 2014 mindestens zehn Millionen Menschen staatenlos, d.h. sie besitzen keine Staatsangehörigkeit. Das schränkt den Zugang zu Bildung, Gesundheitsversorgung und Arbeitsmarkt sowie die Bewegungsfreiheit erheblich ein und schafft die dauernde Angst, ausgewiesen zu werden. Die meisten Staatenlosen sind Opfer von jüngerer ethnisch und religiös motivierter Diskriminierung, der ganz überwiegende Teil ist vor Krieg und Bürgerkrieg geflüchtet. Die Zahl der Staatenlosen wächst nicht nur aus diesen Fluchtgründen, sondern auch deshalb, weil (nach Aussage des UNHCR) »alle zehn Minuten (...) irgendwo in der Welt ein staatenloses Kind geboren (wird)«, sich der extralegale Status also von Generation zu Generation vererben und auf Dauer setzen kann. Es müsste für eine europäische Gemeinschaft, die sich historisch bis in die jüngste Zeit durch koloniale Verbrechen und ethnische und politische Säuberungen verschiedener Art kompromittiert hat, auf der Hand liegen, hier die Verleihung einer europäischen Staatsbürgerschaft zu erleichtern und Staatenlosigkeit zu beenden.

Wenn hier am Ende von einer europäischen Staatsbürgerschaft die Rede war, dann ist dies nicht nur eine territoriale Bestimmung, sondern auch eine normative. Ein Vorwurf an den Konvivialismus lautet, er sei einer eurozentrischen Tradition verpflichtet. Eine postkoloniale Theorie (oder soll man sagen: Stimmung) begnügt sich oft damit, die imperiale Schattenseite der westlichen Systeme grell auszuleuchten. So kritisch sich dieses Denken gibt: Es kann nicht sein, dass im Blick auf Fehler westlicher Kolonial- und Militärmächte der Terror von Dschihadisten oder das Versagen korrupter Staatsklassen beschwiegen oder mit Rücksicht auf die Umzingelungsangst Russlands dessen Aggression auf der Krim und in der Donbass-Region hingenommen wird. »Worlding Beyond the West«, wie eine exemplarische Buchreihe heißt, kann marginalisierte Autoren und verdrängte Ansätze aus dem globalen Süden präsentieren, aber kaum ohne einen normativen Maßstab, der nicht durch die (selbst-)kritischen

Denkschulen des Westens hindurchgegangen ist. Die Selbstverzwergung der Europäischen Union muss ein Ende haben. Aus der (oft nur vermeintlichen) Bürgerferne und Bürokratieherrschaft der EU hilft nicht, wie es auch das Manifest häufig andeutet, der Rückzug in die (immer nur vermeintliche) Gemütlichkeit des nationalstaatlichen Biotops heraus, sondern nur ein entschiedener weltoffener europäischer Kosmopolitismus.

## Literatur

Adloff, Frank (2013): »Mauss'sche Gaben. Eine Kooperation sui generis?«, in: Journal für Religionsphilosophie, Heft 2: S. 85-97.

Caillé, Alain (2008): Anthropologie der Gabe, hg. und eingeleitet von Frank Adloff und Christian Papilloud, Frankfurt a.M./New York: Campus.

Kant, Immanuel (1968): Kritik der Urteilskraft. Studienausgabe, Bd. 8, Darmstadt: WBG.

Kodalle, Klaus-Michael (2013): Verzeihung denken. Die verkannte Grundlage humaner Verhältnisse, Paderborn: Fink.

Leggewie, Claus (2013): Zukunft im Süden, Hamburg: edition koerber.

Mallard, Grégoire (2011): »The Gift Revisited: Marcel Mauss on War, Debt and the Politics of Reparations«, in: Sociological Theory, 29(4): S. 225-247.

Sloterdijk, Peter (2008): Zorn und Zeit, Frankfurt a.M.: Suhrkamp.

# Was tun? Zur politischen Verantwortung der Wissenschaft im Zeitalter der Economentalität

*Henning Hahn*

In den ersten Teilen benennt das konvivialistische Manifest grundsätzliche Herausforderungen und entwickelt allgemeine Überlegungen zu Alternativen. Im Kapitel V wird dann die Frage gestellt, was das Ganze für die Praxis bedeutet. Darin wird die bevorstehende politische Auseinandersetzung mit folgenden Worten beschrieben:

»Es soll nicht verschwiegen werden, dass man, um erfolgreich zu sein, gewaltigen und furchterregenden Mächten entgegentreten muss, Mächten sowohl finanzieller, materieller, technischer, wissenschaftlicher oder intellektueller als auch militärischer oder krimineller Art. [...] Die drei Hauptwaffen gegen diese kolossalen und oft unsichtbaren oder nicht zu lokalisierenden Mächte sind folgende:
Die Entrüstung über die Maßlosigkeit und die Korruption sowie die Scham, die all jenen spürbar gemacht werden muss, die direkt oder indirekt, aktiv oder passiv die Prinzipien der gemeinsamen Menschheit und der gemeinsamen Sozialität verletzen [...]« (S. 71, 72).

Weiter werden als Hauptwaffen bezeichnet: »Das Gefühl, Teil einer gemeinsamen Weltgemeinschaft [...] von Individuen [...] zu sein, die am selben Kampf für eine ganz und gar menschliche Welt teilnehmen«, sowie »die Mobilisierung der Affekte und Leidenschaften«, um eine »weltweit wirklich demokratische, zivilisierte und konvivialistische Gesellschaft zu errichten« (S. 72).

## Die Verantwortung des Theoretikers

Damit sind die wichtigsten politischen Mittel zur Bekämpfung von Ökonomismus, Utilitarismus (in der hier gemeinten Negativbedeutung), Unmenschlichkeit und Umweltzerstörung benannt. Es ist wohl kein Zufall, dass sie unter der Überschrift »Was tun?« eingeführt werden. Jedenfalls finden wir in Lenins gleichlautendem Hauptwerk (1902) eine interessante Parallele. Unter anderem widmet er sich darin der Rolle des Bildungsbürgertums in der sozialistischen Bewegung und der Gefahr, dass der Klassenkampf durch kurzfristig verbesserte Arbeitsbedingungen zum Erliegen kommt. Reformismus und Sozialdemokratie verbesserten zwar die Lebensverhältnisse des Proletariats, die strukturellen Ursachen von Abhängigkeit und Beherrschung blieben aber unangetastet. Deshalb müsse es innerhalb der sozialistischen Bewegung eine Elite geben, die der Arbeiterschaft einen verständlichen Begriff ihres Beherrschtwerdens vermittelt, damit ihr Unrechtsbewusstsein wach hält und ihnen zudem eine echte Alternative zu Ausbeutung und Abhängigkeit vor Augen stellt.

Unter einer gewandelten Begrifflichkeit und Problemlage scheint mir diese Rückblende auf Lenin passend zu sein, um das im Manifest zum Ausdruck kommende Selbstverständnis seiner Autoren, aber auch mögliche Kritikpunkte daran zu verdeutlichen. Im Grunde geht es im Manifest darum, den politischen Kampf um Begriffe und ihre affektive Einordnung aufzunehmen. Ziel ist es, ein »Umschlagen der weltweiten öffentlichen Meinung« (S. 74) zu bewirken.

Ich stimme diesem Anliegen und dem sich darin ausdrückenden Verantwortungsbewusstsein ausdrücklich zu. Die im Manifest dargestellten globalen Risiken und Ungerechtigkeiten legen Intellektuellen in der Tat eine erhebliche Mitverantwortung dafür auf, mehr Bewusstsein für diese Probleme zu schaffen und sich an Lösungen zu beteiligen. Immerhin ist die Art und Weise, wie in sozialwissenschaftlichen und philosophischen Theorien einzelne Hinsichten ausgewählt, Zusammenhänge zwischen ihnen hergestellt und sie in größeren Erzählungen mit Sinn ausgestattet werden, eine wesentliche Voraussetzung für die politische Einordnung von Erfahrungen und die Formulierung politischer Ansprüche. Theoretisieren ist letztlich eine Praxis, durch die bestimmte Handlungsweisen wahrscheinlich und bestimmte Sichtweisen erst möglich werden. Und wie für jede Praxis gilt auch für die Praxis, wie die Sozialwissenschaften die Welt erzählen, dass mit ihr eine Verantwortung für die damit verbundenen Einstellungen und Konsequenzen verbunden ist.

Insbesondere für die normativen Wissenschaften ist der Gedanke aber noch fremd, dass vernünftige Prinzipien und Ziele nicht nur gut begründet sein sollten, sondern auch mit Praktiken verbunden sein müssen, die diesen Prinzipien und Zielen entsprechen. Eine gute (sprich: verantwortungsvolle) Sozialwissenschaft und Philosophie braucht nicht nur gute Begründungen und richtige Fakten, sondern auch eine Reflexion über ihre politischen Konsequenzen. Um diesen Gedanken zu verdeutlichen, möchte ich zwei Beispiele aus der Debatte über das Weltarmutsproblem und aus der jüngsten Theoriebildung zu globaler Gerechtigkeit heranziehen.

Die Frage, wer für globale Armut verantwortlich ist – und welche begrifflich-affektiven Gründe zur Verantwortungsübernahme damit verbunden sind –, wurde zunächst häufig so beantwortet, dass es sich um eine abwendbare humanitäre Katastrophe handelt. Eine implizite Absicht bestand darin, Affekte wie Mitleid und Mildtätigkeit auf Seiten der Wohlhabenden auszulösen, verbunden mit dem starken Pflichtbewusstsein, helfen zu müssen, weil man es kann. Eine Kritik an dieser Darstellung lautet, dass sie die falschen Affekte mobilisiert. Vor allem werde das Weltarmutsproblem so dargestellt, als läge es außerhalb unserer unmittelbaren Verantwortung. Wir können nichts für entfernte Katastrophen und können dafür auch nicht unmittelbar haftbar gemacht werden. Aus dieser Kritik resultierte dann der Versuch, globale Armut als ein Phänomen globaler Ungerechtigkeit in den Blick zu nehmen, was starke Affekte der Empörung, aber auch selbstbewusste Anspruchshaltungen auf Seiten der Depravierten auslöst. Wenn Armut als eine Sache der Gerechtigkeit begriffen wird, geht sie alle an, die an ungerechten Kooperationsweisen und Regeln beteiligt sind. Um humanitäre Hilfe wird gebeten, Gerechtigkeit wird beansprucht und erkämpft.

Sachlich sind möglicherweise beide Sichtweisen berechtigt. Aber da die Art und Weise, wie Phänomene begrifflich eingeordnet werden, den affektiven Zugang zu ihnen jeweils unterschiedlich bestimmt, hat sich die Sichtweise durchgesetzt, dass das Weltarmutsproblem als ein Problem der Gerechtigkeit verstanden werden sollte. Eine verwandte Debatte, an der sich diese implizite Reflexion über mögliche politische Konsequenzen noch besser nachvollziehen lässt, ist die zwischen Kosmopolitisten und sogenannten Realisten. Kosmopolitisten der ersten Stunde haben dafür argumentiert, dass uns eine universalistische Moral der wechselseitigen Achtung angesichts globaler Missstände und Risiken im Grunde auf die Gründung einer freiheitlichen Weltrepublik verpflichtet, wenn auch in subsidiärer und föderaler Gestalt. Die realistische Schule zeichnet dagegen ein Bild eigeninteressierter Staaten, die gegeneinander Machtpolitik betreiben und keine moralischen Motive befolgen (sollten).

Auch hier geben beide Sichtweisen für sich genommen plausible Ansichten wieder, ihre praktische Angemessenheit ist aber noch einmal aus Sicht der mit ihnen verbundenen Affekte und politischen Konsequenzen unterscheidbar. Das Problem des utopischen Denkens liegt darin, dass es entweder Resignation oder Radikalismus provoziert, weil es sich nicht in existierende politische Handlungsprozesse und Verantwortlichkeiten zurückübersetzen lässt. Dagegen wähnt sich der Realismus zu Unrecht als eine rein empirische Schule, weil er mit seinen Grundannahmen eine zynisch-konservative Grundhaltung unterstützt, die nicht nur moralischen Zielen, sondern eben auch realpolitischen Erfordernissen im Wege steht. Wenn John Rawls in dieser Debatte eine Zwischenposition einführt, die er als »realistische Utopie« bezeichnet, dann begründet er dies ausdrücklich damit, dass eine der politischen Wirklichkeit angemessene Sichtweise am ehesten geeignet ist, Hoffnung zu bereiten. Das primäre Ziel wäre dann nicht Wahrheit, sondern die Vermittlung einer produktiven Einstellung, die politische Handlungen motivieren soll:

»For so long as we believe for good reasons that a self-sustaining and reasonably just political and social order both at home and abroad is possible, we can reasonably hope that we or others will someday, somewhere, achieve it; and we can then do something toward this achievement. This alone, quite apart from our success or failure, suffices to banish the dangers of resignation and cynicism.« (Rawls 1999: 128)

Zusammengefasst stellt die Aufstellung sozialwissenschaftlicher und philosophischer Theorien selbst eine Praxis dar, mit der eine politische Verantwortung für die Einstellungen, die sie erzeugt, und die Handlungen, die sie dadurch ermöglicht, einhergeht. Ein Stück weit verstehe ich das konvivialistische Manifest so, dass es sich um eine gemeinsame Anstrengung handelt, dieser Verantwortung gerecht zu werden. Das Manifest ringt um einen Begriff von der Welt, über den wir uns als existentiell Zusammenlebende verstehen können und der uns auch affektiv miteinander verbindet, und zwar nicht nur als eine moralische Gemeinschaft vernünftiger Wesen, sondern auch als Angehörige einer globalen Schamgesellschaft und als Mitglieder einer globalen politischen Ordnung, deren Ungerechtigkeiten uns unmittelbar angehen. Entsprechend geht es in der Problemanalyse des Manifests darum, Gefühle von Wut, Empörung und Unbehagen zu stimulieren, während es im von mir betrachteten praktischen Teil eher um die Umwandlung dieser Gefühle in Entschlossenheit geht. Dazu muss ein Gefühl der Gewissheit darüber vermittelt werden, was zu tun ist, und Zuversicht verbreitet werden, es erreichen zu können.

Gesetzt also, dass Intellektuelle eine bedeutsame Rolle darin spielen, wie wir die Welt nicht nur kognitiv erkennen, sondern auch affektiv erfahren, kommt ihnen eine besondere Verantwortung im politischen Kampf um Begriffe und Gerechtigkeitsnarrative zu. Hier setzt meine Kritik an. Erstens ist es fragwürdig, ob Geistes- und Sozialwissenschaftler überhaupt sonderlich geeignete Kandidaten sind, um die Rolle öffentlicher Intellektueller auszufüllen. Zweitens und schwerwiegender sind Zweifel darüber angebracht, in wessen Namen sie dabei sprechen dürfen. Als Teil einer kosmopolitischen Avantgarde haben sie besondere Verantwortlichkeiten, repräsentieren aber auch eigene Interessen und besondere Sichtweisen. Und schließlich stellt sich die Frage danach, was denn nun wirklich konkret zu tun ist. Genauer: Welche Art von politischer Auseinandersetzung ist im »Kampf gegen diese kolossalen und oft unsichtbaren oder nicht zu lokalisierenden Mächte« (S. 71) geboten – und welche

Mittel sind dabei erlaubt? Gesetzt nämlich, dass die genannten Bedrohungen die gesamte Menschheit gefährden und die ökonomische Wachstumsideologie längst eine Art totalitärer Herrschaft eingerichtet hat – was beides nicht ganz von der Hand zu weisen ist –, welche Affekte und Leidenschaften wären dann angemessen, wenn nicht Ressentiment und Feindschaft? Oder anders gefragt: Sprengen nicht die Konfliktlinien, die das Manifest zieht, zu Ende gedacht den Rahmen friedfertigen Protests?

## Wissenschaft als politischer Beruf

Beginnen wir mit der Frage, ob ein Kreis führender europäischer Sozialwissenschaftler und Philosophen überhaupt der geeignete Adressat sein kann, um den Kampf um das öffentliche Bewusstsein anzuführen. Dem ließe sich entgegenhalten, dass der öffentlich-mediale Impact von Wissenschaftlern eher bescheiden anzusetzen ist. Philosophinnen und Soziologen pflegen ausdifferenzierte Fachdiskurse und gehorchen einer Logik wissenschaftlicher Innovation. All dies prädestiniert sie nicht gerade für die Politik. Auf der anderen Seite ist dadurch auch eine Mutlosigkeit aufgekommen, die sich allzu oft als Bescheidenheit kaschiert. In meiner Wahrnehmung haben sich viele Intellektuelle in ihrer faktischen Ohnmacht eingerichtet und auf den Standpunkt zurückgezogen, dass jedes Streben nach ›Weltverbesserung‹ naiv sei. Politik sei nicht ihre Aufgabe und entsprechende Ambitionen richteten eher Schaden an, denn zu nutzen. Das ist häufig genug zutreffend, aber in dieser Allgemeinheit eben auch eine bequeme Sichtweise. Zum vollen Bild gehört, dass eine reflektierte Abtragung des akademischen Habitus und ein reflektiertes sich-in-die-Welt-Einschalten durchaus zur Verantwortung von Wissenschaftlern gehört. Unstrittig ist zumindest ihre besondere Verantwortung als Hochschullehrer, wodurch sie einen nicht geringen Einfluss auf zukünftige Entscheidungsträger und Meinungsführerinnen ausüben.

Nun ist es zweifellos richtig, dass Wissenschaftler oftmals einen ungelenken Umgang mit der Öffentlichkeit pflegen; richtig ist aber auch, dass es gerade darum Teil ihrer politischen Verantwortung ist, dies zu ändern. Dazu macht das konvivialistische Manifest einen begrüßenswerten Aufschlag. Es geht ja nicht um den Anspruch, die Interpretationshoheit *in toto* zu erringen, sondern darum, im Rahmen des eigenen Handelns Stellung zu beziehen und unbequeme Wahrheiten zu artikulieren, wie die, dass das Mantra der Alternativlosigkeit bestimmte Interessen transportiert und Ökonomen in Sachen politischer Deutungshoheit in die Rolle mittelalterlicher Theologen geschlüpft sind. Und gerade weil ein weltweiter Einstellungswandel notwendig geworden ist, ein einzelner Wissenschaftler aber die Rolle eines globalen öffentlichen Intellektuellen kaum mehr auszufüllen vermag, sucht das konvivialistische

Manifest zu Recht nach einem positions- und fächerübergreifenden Konsens, der von einem akademischen Kollektivsubjekt getragen werden kann.

## Mit wessen Mandat?

Aber genau daran schließt sich ein zweiter Kritikpunkt an. Drückt sich im Manifest nicht als Kehrseite des Muts zur Verantwortung auch ein anmaßender Wille zur Selbstermächtigung aus? Immerhin handelt es sich um ein klar elitistisches und zudem eurozentristisches Projekt, in dem Wenige im Namen Aller sprechen. Auch wenn sich die Unterzeichnergruppe nicht einfach als Anwalt der gesamten Menschheit versteht, sondern ausdrücklich einen Anstoß zu weiteren Diskussionen geben will und eine »Weltversammlung«, bestehend aus Vertretern »der organisierten Weltzivilgesellschaft, der Philosophie, der Geistes- und Sozialwissenschaften sowie der verschiedenen ethischen, spirituellen und religiösen Strömungen« (S. 74) anstrebt, handelt es sich dabei doch um den Aufbau eines rein akademischen Kollektivsubjekts, in dem die Interessen der weltweit Benachteiligten allenfalls indirekt repräsentiert werden. Ich bestreite nicht, dass sich im Manifest bereits eine Sensibilität für dieses Problem ausgedrückt findet und dass eine weltweite Versammlung nach dem Modell des Weltsozialforums ein geeigneter Ansatzpunkt wäre. Nicht von der Hand zu weisen ist aber auch, dass die Rede von der besonderen Verantwortung der Intellektuellen sowie das zwischen den Zeilen hervortretende Bewusstsein, einer kosmopolitischen Klasse anzugehören, Legitimationsfragen aufwirft, die wir an alle Spielarten expertokratischer oder avantgardistischer Ansprüche zu stellen haben: Verschleiert sich im Verantwortungsbewusstsein nicht immer schon ein latenter Paternalismus?

Ähnlich steht es mit dem im Manifest, nun ja, ebenfalls manifest werdenden europäischem Blickwinkel. Darin wird der Kampf gegen die Ideologie des Wachstums beschworen – und fraglos zu Recht, weil die Wachstumsdoktrin immer mehr zum Teil des Problems als Teil der Lösung geworden ist. Jedenfalls gilt das für den globalen Norden. Aus Sicht der großen Schwellenländer des globalen Südens, in denen beinahe die Hälfte der Erdbevölkerung lebt, drängt sich eine andere Sichtweise auf. Dort ist wirtschaftliches Wachstum der wichtigste Erklärungsfaktor für den Erfolg im Kampf gegen absolute Armut und ein Garant für höheres Einkommen und eine längere Lebenserwartung, aber auch für mehr Glück. So kommt es in internationalen Verhandlungen häufig zur Konfrontation zwischen den alten Industrienationen, die einen maßvollen Umgang mit der Umwelt anmahnen, und den aufstrebenden Industrieländern, die ein Recht auf eine nachholende Entwicklung beanspruchen. Natürlich ist nicht in Abrede zu stellen, dass das Wachstum in diesen Ländern von verheerenden Umweltproblemen begleitet wird und zunehmend soziale

Spannungen erzeugt. Trotzdem ist es offenkundig, dass ein auf Wachstum gegründetes Wohlstandsversprechen in diesen Ländern einen anderen Appeal hat – und dass aus Sicht dieser Länder wohl ein anderes, nämlich ressourcenverträglicheres und sozial gerechteres Wachstum vernünftig wäre. Diese Sichtweise ist zunächst einmal berechtigt und sollte mit in die Diskussion eingebracht werden. Daher gilt auch hier, dass das konvivialistische Manifest nur den ersten Schritt setzt, dass aber schon der zweite, legitimationsstiftende Schritt darin bestehen müsste, die Suche nach einem gemeinsamen Konsens transkulturell und auf Augenhöhe mit Vertretern aus dem globalen Süden zu betreiben.

## Legitime Mittel und Ziele im Kampf

Wenn wir somit festhalten, dass Intellektuelle eine besondere Verantwortung zur Gegenkolonialisierung des öffentlichen Bewusstseins haben, diese aber über transparente und transkulturelle Diskurse legitimiert werden muss, bleibt immer noch der dritte Kritikpunkt abzuarbeiten, dass das Manifest die politischen Konfliktlinien sehr scharf zeichnet, in den praktischen Konsequenzen aber zu zahm bleibt. Wo es in Kapitel V konkreter werden soll, fällt zunächst einmal der militärische Ton auf. Es geht um »Hauptwaffen« (S. 72), »Mobilisierung« (S. 72) und darum, die Entrüstung »spürbar« zu machen (S. 72). Sachlich scheint dieser Ton durchaus angemessen, wenn es gilt, Ungleichheit und ihre zugrundeliegende Ideologie zu bekämpfen sowie die Nutznießer einer fehlregulierten Globalisierung massiv zu enteignen und zu entmachten. Aufgrund der dramatischen Analysen und der kämpferisch angekündigten Konsequenzen scheint das Manifest in letzter Konsequenz darauf hinauszuwollen, die politische Ordnung von Grund auf (also revolutionär) zu verändern. Auch darin scheint das konvivialistische an das kommunistische Manifest anzuschließen.

Dann aber lesen wir, dass dieser Umsturz »auf konviviale Weise« geschehen soll: »Indem man miteinander rivalisiert, ohne einander zu hassen und zu vernichten. Mit der Perspektive sowohl der Reterritorilisierung und Relokalisierung wie der Öffnung hin zu einer organisierten Weltzivilgesellschaft.« (S. 73) In diesen Passagen wird der Text da, wo er zunächst Radikalität und Konkretheit ankündigt, handzahm und im Ton widersprüchlich. Das ist nachvollziehbar, hinterlässt aber ein unbefriedigendes Gefühl, das ich in den abschließenden Passagen so gut es geht auszudrücken versuche.

Zunächst einmal zeigt sich in der Forderung nach der Relokalisierung der Politik flankiert mit der Hoffnung auf die fortschreitende Organisation der Weltzivilgesellschaft eine anerkennenswerte Sensibilität dafür, dass sich globale Herrschaftsstrukturen nicht einfach über Nacht ersetzen lassen, sondern durch gezielte Reformen verbessert oder zurückgedrängt werden müssen. Ebenso drückt sich in den konkreten Reformmaßnahmen, »ein Mindesteinkommen sowie ein Höchsteinkommen einzuführen« (S. 75), lokale politische Öffentlichkeiten zu schaffen, die Umwelt zu schützen und die Arbeitslosigkeit zu bekämpfen, ein begrüßenswerter Pragmatismus aus. Unter dem Strich zeichnet der konvivialistische »New Deal« (S. 74) eine realistische Utopie, die an bestehende Entwicklungen und Interessen ansetzt.

Aber auch zwischen diesem Reformprogramm und dem politischen Status Quo klafft eine Lücke, die kaum mit den Mitteln eines durch die Arbeit am Begriff erzeugten Bewusstseinswandels zu schließen sein dürfte. Die Hoffnung, konvivialistische Reformziele allein auf der Ebene der Einsicht und des gesellschaftlichen Diskurses realisieren zu können, widerspricht in erheblichem Maße der asymmetrischen Struktur bestehender Machtverhältnisse, wie sie im Manifest ja deutlich angesprochen wird. In dieser Struktur sind politische Verständigungsprozesse (und wissenschaftliche Produktionsprozesse) selbst vom »Sound des Sachzwangs« durchdrungen. Medien, Universitäten und zivilgesellschaftliche Gruppen, in denen sich der verlangte Bewusstseinswandel formieren müsste, unterliegen selbst der um sich greifenden Economentality. Gemeint ist nicht bloß, dass die ökonomistische Kolonialisierung zwischenmenschlicher Beziehungsformen voranschreitet, sondern dass wir es mit einem System der ökonomistischen Selbstbeherrschung zu tun haben, mit dem wir als Effizienzwächter unserer Selbst jederzeit kollaborieren. Man denke an Apps zum Self-Enhancement, die Bereitschaft zur beruflichen Selbstausbeutung oder rein Output-orientierte Selbstevaluationen.

Solange Struktur und Agenten der Öffentlichkeit dem Diktat der Ökonomisierung unterstehen, sind die Möglichkeiten einer subversiven deliberativen Praxis so stark eingeschränkt, dass die Frage erlaubt sein muss, ob es nicht konsequenter wäre, stattdessen die Sprache des Klassenkampfes zu wählen oder zumindest andere Widerstandsformen in Erwägung zu ziehen. Dass ersterer Weg verschlossen bleibt, liegt auch darin begründet, dass dem Manifest keine Geschichtsphilosophie zugrunde liegt. Es gibt kein eschatologisches Finale, das Gewalt legitimieren könnte, lediglich ein Rückbauprogramm, um das Primat der Politik zurückzugewinnen und in die Hände der Zivilgesellschaft zu legen. Aber auch diese realistische Utopie wird ihrem Attribut nicht gerecht, wenn sie die Durchökonomisierung der Welt als eine Art Unfall versteht, den es neu zu durchdenken und gegen die Interessen der darin Privilegierten zu reparieren gälte. Die ökonomische Globalisierung folgt Regeln, die von transnationalen Unternehmen und den Regierungen reicher Handelsnationen gezielt durchgesetzt wurden. Und um diesen »gewaltigen und furchterregenden Mächten« (S. 71), wie es im Eingangszitat heißt, Einhalt zu gebieten, sind konvivialistische Weisen der Auseinandersetzung womöglich unzureichend.

Aus all dem ergibt sich folgende Beobachtung: Das Manifest beschreibt erhebliche Bedrohungen und Ungerechtigkeiten, antwortet darauf aber mit einem moderaten Reformprogramm, das zudem allein mit Mitteln der öffentlichen Bewusstmachung und argumentativen Auseinandersetzung durchgesetzt werden soll. All dies bleibt aber ideale Theorie, solange es nicht die dazu nötigen Refugien einer verständigungsorientierten Kommunikation gibt, Refugien, die in der nichtidealen Welt kaum mehr unabhängig existieren. In der Summe scheint darum die Analyse der nötigen Konsequenzen hinter die Analyse der Missstände zurückzufallen.

Dies ist eine Diskrepanz, die in der Gerechtigkeitsdebatte der letzten Jahrzehnte häufig anzutreffen ist, weswegen ich zum Abschluss kurz noch einmal auf sie eingehen möchte. Dort wird in der Regel ein Verständnis von Gerechtigkeit entwickelt, nach dem die globale Ordnung massive Ungerechtigkeiten aufweist, um dann Vorschläge für umfassende politische Reformen zu begründen. Vorausgesetzt wird anscheinend, dass diese Ungerechtigkeiten einen Designfehler darstellen, der, um ihn zu reparieren, bloß identifiziert werden muss. Damit wird aber weder hinreichend beachtet, wie weit die im Begriff der Economentalität ausgedrückte Struktur globaler Herrschaft bereits die Räume politischer Reflexion und ihre Agenten selbst erfasst hat, noch, dass diese Struktur einer rationalen Agenda folgt und somit aus wohlverstandenen Eigeninteressen heraus erbittert verteidigt wird. Im Grunde müsste aus den Analysen schwerer globaler Ungerechtigkeit eine Theorie des globalen politischen Widerstands, zumindest aber eine Theorie des globalen zivilen Ungehorsams folgen.

Anschließend an die einleitenden Überlegungen zur praktischen Verantwortung des Theoretisierens selbst stellt sich dann aber wieder die Frage, ob das Manifest nicht vielleicht die globalen Risiken und Ungerechtigkeiten überzeichnet, weil es praktische Konsequenzen nahelegt, die es selbst nicht zu ziehen bereit ist. Ich bin mir keinesfalls sicher darüber, wie diese brisante Frage angemessen zu beantworten wäre, habe aber den Eindruck, dass sie im konvivialistischen Manifest zu Unrecht ausgeblendet wird. Nehmen wir den konkretesten Vorschlag einer angemessenen Begrenzung des Höchsteinkommens. Die Front bildet hier nicht nur der begriffliche Kampf um das richtige Verständnis sozialer Verantwortung oder politischer Chancengleichheit. Vielmehr geht es um die praktische Bedeutung sämtlicher für das liberale Selbstverständnis konstitutiver Leitbegriffe: das Menschenrecht auf Eigentum als quasi naturrechtlicher Anspruch, die Freiheit des Einzelnen im Sinne einer Unverfügbarkeit gegenüber öffentlichen Gemeinwohlvorstellungen und die Forderung nach sozialer Gerechtigkeit im Sinne von Leistungsgerechtigkeit.

Der Punkt ist, dass eine Umdeutung normativer Leitbegriffe nur von Erfolg beschieden sein wird, wenn zunächst die institutionellen Voraussetzungen für einen kritischen Diskurs zurückgewonnen werden. Das heißt, dass die Etablierung einer konvivialistischen Semantik liberaler Leitbegriffe – wie sie etwa Axel Honneth mit seinem Begriff »sozialer Freiheit« (Honneth 2012) vornimmt – bereits den politischen Kampf um den öffentlichen Raum voraussetzt. Die Universität ist solch ein politischer Raum, in dem mit alternativen Sichtweisen und Lebensentwürfen experimentiert werden kann. Am Anfang einer Initiative von Akademikern sollte daher eine klare Aussage zu erkennen sein, wie der ökonomistischen Gleichschaltung der Universität entgegengetreten werden kann. Auch ihr Beitrag kann sich nicht auf den Kampf um den Begriff zurückziehen, sondern er muss beim politischen Kampf um die strukturellen Voraussetzungen der Begriffsbildung ansetzen. Oder anders gesagt: der Kampf um Begriffe müsste selbst so geführt werden, dass wir uns zunächst einmal darüber klarer werden, wie auch wir eine Economentalität annehmen konnten und warum wir ihr bereitwillig die Tür zur Universität geöffnet haben. Begrifflich verlangt das eine Neuverständigung auf die politische Bedeutung der autonomen Universität, praktisch mehr hochschulpolitische Unbeugsamkeit.

## Literatur

Honneth, Axel (2012): Das Recht der Freiheit. Grundriss einer demokratischen Sittlichkeit, Frankfurt a.M.: Suhrkamp.

Rawls, John (1999): The Law of Peoples, Cambridge Mass.: Harvard University Press, 128.

# Autorinnen und Autoren

**Britta Acksel, Johannes Euler, Leslie Gauditz, Silke Helfrich, Brigitte Kratzwald, Stefan Meretz, Flavio Stein und Stefan Tuschen:** Die Autor*innen praktizieren, denken und erforschen die Welt der Commons. Sie sind im nomadischen Commons-Institut aktiv.

**Frank Adloff** ist Professor für Allgemeine und Kultursoziologie an der Friedrich-Alexander-Universität Erlangen-Nürnberg.

**Benjamin Best** ist Soziologe und wissenschaftlicher Mitarbeiter am Wuppertal Institut für Klima, Umwelt, Energie.

**Micha Brumlik** ist emeritierter Professor am Institut für Allgemeine Erziehungswissenschaft der Johann Wolfgang Goethe-Universität Frankfurt a.M. und Senior Advisor am Zentrum Jüdische Studien Berlin-Brandenburg.

**Adalbert Evers** (Prof. i.R.) ist Senior Fellow am Centrum für Soziale Investitionen und Innovationen (CSI) an der Universität Heidelberg.

**Christian Felber** ist Buchautor, Lektor an der Wirtschaftsuniversität Wien und Initiator der »Gemeinwohl-Ökonomie« und »Bank für Gemeinwohl«, Österreich.

**Naika Foroutan** ist Professorin für Integrationsforschung und Gesellschaftspolitik an der Humboldt-Universität zu Berlin und stellvertretende Direktorin des Berliner Instituts für empirische Integrations- und Migrationsforschung (BIM).

**Henning Hahn** ist Wissenschaftlicher Mitarbeiter am Forschungsschwerpunkt Ethik der Globalisierung der Universität Kassel.

**Volker Heins** ist Mitglied des Vorstands des Kulturwissenschaftlichen Instituts (KWI), Essen, und Forschungsbereichsleiter am Käte Hamburger Kolleg/ Centre for Global Cooperation Research, Duisburg.

**Dirk Jörke** ist Professor für Politische Theorie und Ideengeschichte an der TU Darmstadt.

**Sacha Kagan** ist wissenschaftlicher Mitarbeiter am Fach Kulturvermittlung und Kulturorganisation der Leuphana Universität Lüneburg und Koordinator des internationalen Netzwerks Cultura21.

**Ina Kerner** ist Juniorprofessorin für Diversity Politics an der Humboldt-Universität zu Berlin.

**Claus Leggewie** ist Direktor des Kulturwissenschaftlichen Instituts (KWI), Essen, und Ko-Direktor des Käte Hamburger Kollegs/Centre for Global Cooperation Research, Duisburg.

**Stephan Lessenich** ist Professor für Soziale Entwicklungen und Strukturen an der Ludwig-Maximilians-Universität München und Ko-Direktor der DFG-Kollegforschergruppe Postwachstumsgesellschaften an der Friedrich-Schiller-Universität Jena.

**Steffen Mau** ist Professor für Makrosoziologie an der Humboldt-Universität zu Berlin.

**Danny Michelsen** ist Promotionsstipendiat der Friedrich-Ebert-Stiftung und arbeitet am Göttinger Institut für Demokratieforschung.

**Rupert Graf Strachwitz** ist Vorstand der Maecenata Stiftung, München, und Direktor des Maecenata Instituts für Philanthropie und Zivilgesellschaft, Berlin.

**Christine Unrau** ist Doktorandin in der Politischen Theorie und Ideengeschichte an der Universität Köln und Research Assistant am Käte Hamburger Kolleg/Centre for Global Cooperation Research, Duisburg.

**Andrea Vetter** promoviert in Europäischer Ethnologie an der Humboldt-Universität Berlin und ist Mitarbeiterin des Konzeptwerks Neue Ökonomie, Leipzig.

**Heike Walk** ist Bereichsleiterin am Zentrum Technik und Gesellschaft der TU Berlin und Privatdozentin am Center for Metropolitan Studies der TU Berlin.

**Franz Walter** ist Professor für Politikwissenschaft an der Universität Göttingen und Direktor des Instituts für Demokratieforschung.

**Gesa Ziemer** ist Professorin für Kulturtheorie und Vizepräsidentin Forschung an der HafenCity Universität in Hamburg.